Melitze Juli 2010 (1. Hausarbeit Dr. Damrow)

Grundlagen der Sozialen Arbeit

Herausgegeben von K. Bock · M. Dörr ·
H. G. Homfeldt · J. Schulze-Krüdener · W. Thole

Band 16

Gender und Soziale Arbeit

Annäherungen jenseits des
Mainstreams der Genderdebatte

von

Lotte Rose

Schneider Verlag Hohengehren GmbH

Grundlagen der Sozialen Arbeit

Herausgegeben von Karin Bock, Margret Dörr, Hans Günther Homfeldt, Jörgen Schulze-Krüdener, Werner Thole

Wissenschaftlicher Beirat:
Daniel Gredig, Gerhard Fieseler, Sabine Hering, Christian Lüders, Frank Nestmann, Thomas Olk, Uwe Sander, Albert Scherr, Benedikt Sturzenhecker, Norbert Wohlfahrt, Holger Ziegler, Maud Zitelmann

Umschlaggestaltung: Regina Herrmann, Esslingen

Gedruckt auf umweltfreundlichem Papier (chlor- und säurefrei hergestellt).

Bibliografische Information der Deutschen Nationalbibliothek

Die Deutsche Nationalbibliothek verzeichnet diese Publikation in der Deutschen Nationalbibliografie; detaillierte bibliografische Daten sind im Internet über ›http://dnb.d-nb.de‹ abrufbar.

ISBN 978-3-8340-0220-4

Schneider Verlag Hohengehren, Wilhelmstr. 13, 73666 Baltmannsweiler

Das Werk und seine Teile sind urheberrechtlich geschützt. Jede Verwertung in anderen als den gesetzlich zugelassenen Fällen bedarf der vorherigen schriftlichen Einwilligung des Verlages. Hinweis zu § 52a UrhG: Weder das Werk noch seine Teile dürfen ohne vorherige schriftliche Einwilligung des Verlages öffentlich zugänglich gemacht werden. Dies gilt auch bei einer entsprechenden Nutzung für Unterrichtszwecke!

© Schneider Verlag Hohengehren, 73666 Baltmannsweiler 2007
Printed in Germany – Druck: Hofmann, Schorndorf

Inhaltsverzeichnis

Was das Buch bieten möchte – und was es nicht bietet 1

Erste Umkreisungen des Buchthemas 4
Was ist Gender? 4
Warum ist Gender ein Thema für Soziale Arbeit? 16
Warum tut sich Soziale Arbeit mit dem Thema Gender schwer? 20

**Das Problem der „Schnappmechanismen"
in der Genderdebatte** 29
Gender betrifft Frauen 31
Gender heißt Frauenbenachteiligung 34
Die „dunklen Seiten" des Geschlechterverhältnisses 39
Zentralität der Genderkategorie 45
Eindeutige Polaritäten 48
Genderqualität ist Genderparität 52
Genderqualität ist Geschlechtshomogenität 56
Gleichgeschlechtliche Zuständigkeiten 58
Geschlechtsrollenerweiterung als Ziel 61
Genderbildungsarbeit als Synonym für genderbezogene Praxis 64
Genderbezogene Selbstreflexion als Bußgang 65

**Entwicklungsherausforderung für die
Genderdebatte** 68
Gebrauchswert statt Moral 68
Genderdebatte ohne Tabus 73
Das Problem mit den männlichen Benachteiligungen 76
Doppelseitige Diskursfigur 81
Das Problem mit der Empirie 86

Das Problem mit den Deutungen 91
Gender als Ressource in der professionellen Hilfebeziehung 98
Wie wird über weibliche und männliche Klienten geredet? 104
Leerstelle: Männliche Klienten 111
Wie wird über weibliche und männliche Fachkräfte geredet? 115
Soziale Arbeit als Frauenberuf 122
Soziale Arbeit – auch ein Männerberuf 125
Genderqualität in der Sozialen Arbeit: Besondere Praxis? 136
Genderqualität: segmentierte Praxis? 138
Hindernisse in der intergeschlechtlichen Fachdebatte 144
Gender als Qualitätsdimension in der Sozialen Arbeit –
„work in progress" 151

Literatur 154

Was das Buch bieten möchte – und was es nicht bietet

„Gender als Qualitätsdimension in der Sozialen Arbeit" – dieser Titel klingt schwergewichtig. Er markiert zunächst einmal, dass Gender eine Qualitätsdimension Sozialer Arbeit darstellt. Dazu wird es auch kaum Einwände geben. Seit den ersten kritischen Impulsen der Neuen Frauenbewegung zur Geschlechterfrage in den 70er Jahren gibt es eine langanhaltende Debatte zur Relevanz von Genderdimensionen und Genderkompetenz in der Sozialen Arbeit, in deren Verlauf sich das Genderthema – trotz aller Kontroversen – erfolgreich als Fachstandard etablierte. „Wer meint, „geschlechtsneutral" arbeiten zu können, arbeitet unprofessionell", bringen Lothar Böhnisch und Heide Funk als GenderexpertInnen der Sozialen Arbeit die entstandene Selbstverständlichkeit einprägsam auf den Punkt (Böhnisch, Funk 2002, 18). Im Zuge dessen blieb es nicht aus, dass die Fachliteratur zu Gender mittlerweile eine unübersehbare Zahl von Publikationen – Grundsatzpapiere, Praxis- und Qualifizierungskonzepte, Dokumentationen, Artikel, Expertisen, Bücher, Handbücher – hervorgebracht hat. Warum dann noch ein Buch?

Zwei Motive sind treibend. Zum ersten sorgen die aktuellen Studienreformprozesse und Akkreditierungsprozeduren dafür, dass es in den Hochschulen relativ selbstverständlich geworden ist, bei der Bestimmung der Kompetenzziele der neuen sozialen Studiengänge nun auch Gendergerechtigkeit und Genderkompetenz zu nennen. So beschloss der Akkreditierungsrat 2005 bei der Überarbeitung der Verfahrensregeln zur Akkreditierung, dass die Agenturen die Umsetzung des Konzepts der Hochschule zur Förderung der Geschlechtergerechtigkeit im gegebenen Studiengang überprüfen sollen, was die Hochschulen unter einen nicht unerheblichen Ausweisungsdruck in Sachen Gender bringt. Parallel werden entsprechende Modulkonzepte erarbeitet, in denen das erforderliche genderbezogene Sachwissen, die genderbezogene Selbstkompetenz und die genderbezogene Praxiskompetenz zur Entwicklung dieser Genderkompetenz programmatisch klein gearbeitet werden. Diese Vorgänge sind zweischneidig: Angesichts des Reformdrucks werden curriculare Bausteine formuliert, um Gender fachpolitisch zu „platzieren". Dabei werden aber viele offene Fragen der Genderqualifizierungen nicht mehr gestellt, die gestellt werden müssten. Dies leitet über zum weiteren Buchmotiv.

Zum Zweiten ist da der Eindruck, dass das Genderthema als Qualitätsentwicklungsthema in einer besonderen Art und Weise „beschwert" ist. Dies spüren viele, denen daran gelegen ist, Gender als Fachthema in Theorie und Praxis zu etablieren. Als eine von ihnen bringt dies Margrit Brückner auf den Punkt, wenn sie anspricht,

„dass *Gender* ein emotional aufgeladenes Thema ist, welches Irritationen hervorruft: Frauen wehren sich gegen erwartete und erfahrene geschlechtsspezifische Diskriminierungen, Männer nehmen eine Verteidigungshaltung ein oder ziehen sich in ihre männlichen Netzwerke zurück. Beide Geschlechter sehen andererseits

Das Problem mit den Deutungen 91
Gender als Ressource in der professionellen Hilfebeziehung 98
Wie wird über weibliche und männliche Klienten geredet? 104
Leerstelle: Männliche Klienten 111
Wie wird über weibliche und männliche Fachkräfte geredet? 115
Soziale Arbeit als Frauenberuf 122
Soziale Arbeit – auch ein Männerberuf 125
Genderqualität in der Sozialen Arbeit: Besondere Praxis? 136
Genderqualität: segmentierte Praxis? 138
Hindernisse in der intergeschlechtlichen Fachdebatte 144
Gender als Qualitätsdimension in der Sozialen Arbeit –
„work in progress" 151

Literatur 154

Inhaltsverzeichnis

Was das Buch bieten möchte – und was es nicht bietet 1

Erste Umkreisungen des Buchthemas 4
Was ist Gender? 4
Warum ist Gender ein Thema für Soziale Arbeit? 16
Warum tut sich Soziale Arbeit mit dem Thema Gender schwer? 20

**Das Problem der „Schnappmechanismen"
in der Genderdebatte** 29
Gender betrifft Frauen 31
Gender heißt Frauenbenachteiligung 34
Die „dunklen Seiten" des Geschlechterverhältnisses 39
Zentralität der Genderkategorie 45
Eindeutige Polaritäten 48
Genderqualität ist Genderparität 52
Genderqualität ist Geschlechtshomogenität 56
Gleichgeschlechtliche Zuständigkeiten 58
Geschlechtsrollenerweiterung als Ziel 61
Genderbildungsarbeit als Synonym für genderbezogene Praxis 64
Genderbezogene Selbstreflexion als Bußgang 65

**Entwicklungsherausforderung für die
Genderdebatte** 68
Gebrauchswert statt Moral 68
Genderdebatte ohne Tabus 73
Das Problem mit den männlichen Benachteiligungen 76
Doppelseitige Diskursfigur 81
Das Problem mit der Empirie 86

Ausdruck verleihen. Zum anderen soll er zeigen, dass es vor allem darum gehen soll, einen andersgerichteten Blick auf den Gegenstand „Gender in der Sozialen Arbeit" zu werfen. Wie in allen entwickelten Fachdiskursen hat sich auch in der Genderdebatte über die Jahre ein Mainstream herausgebildet, der Routinemuster dazu vorgibt, wie man über Gender denkt und spricht. Um es metaphorisch zu formulieren: in dem weiten, offenen Feld des Themas sind Pfade angelegt und ausgetreten worden, die, weil sie einsichtig und gut angelegt sind, auch immer wieder beschritten werden. Dies hat aber zur Folge, dass die Phänomene des Feldes immer nur in derselben Weise gesehen werden können, weil sie immer nur von derselben Seite betrachtet werden können. Manche Terrains verschließen sich sogar völlig dem Blick, weil die vorhandenen Pfade gar nicht zu ihnen hinreichen. Das Buch will neue Schneisen anlegen und sie experimentierend begehen – in der Hoffnung, dass dabei etwas zum Thema entdeckt wird, was „packt", um selbst weiter zu gehen und auch dort weiter zu gehen, wo das Buch schon längst aufhört. So bietet das Buch eben nicht das Endprodukt zur genderqualifizierten Sozialen Arbeit, sondern es versteht sich als werbende Einladung zu einem Prozess.

Erste Umkreisungen des Buchthemas

Was ist Gender?

> „Vor einigen Jahren suchte ich einen Computerladen auf. Die Person, die meine Fragen beantwortete, war zweifelsfrei eine Fachkraft. Ich konnte jedoch nicht feststellen, ob er/sie eine Frau oder ein Mann war. Wonach guckte ich?
> 1. Barthaare: Sie/er hatte eine glatte Haut – aber es gibt Männer, die wenig oder gar keine Barthaare haben ...
> 2. Brust: Sie/er trug ein loses Hemd, das locker von seinen/ihren Schultern herabhing. Und: wie viele Frauen sich verschämt erinnern werden, die ihre jugendliche Sexualität in den 50er Jahren durchlebten, gibt es häufiger weibliche Wesen, die flachbusig sind.
> 3. Schultern: Seine/ihre waren schmal und rund für einen Mann, breit für eine Frau.
> 4. Hände: Lange und dünne Finger, die Knöchel für eine Frau ein wenig zu groß, für einen Mann ein wenig zu feingliedrig.
> 5. Stimme: Mittellage, nicht sehr ausrucksvoll für eine Frau, keineswegs jedoch jener gekünstelte Ton, den manchmal Homosexuelle anschlagen.
> 6. Die Art, wie er/sie mich behandelte: Sie gab mir keinen Fingerzeig, ob ich – bezogen auf diese Person – gleichen oder anderen Geschlechts sei. Es gab nicht einmal einen Anhaltspunkt dafür, ob er/sie wusste, dass es mir nicht gelang, ihn /sie einem Geschlecht zuzuordnen.
>
> Und das irritierte mich, obwohl ich zur gleichen Zeit mein Bestes tat, diese Verunsicherung zu verbergen, um sie/ihn nicht in Verlegenheit zu bringen, während ich mit ihm/ihr über Computerpapier sprach. Ich verließ den Laden, ohne die Geschlechtszugehörigkeit des Verkäufers/der Verkäuferin herausgefunden zu haben. Und – als Kind meiner Kultur, das ich nun einmal bin – war ich durch diese unbeantwortete Frage verwirrt."
> (Irene Dölling: Der Mensch und sein Weib. Frauen- und Männerbilder. Berlin 1991, zitiert nach: Mogge-Grotjahn 2004, 7)

Geschlecht stellt historisch und aktuell eine soziale Differenzkategorie dar. Wir brauchen sie – dies spiegelt die Anekdote wider – zur Orientierung und Herstellung von Handlungsfähigkeit und Handlungssinn. Sie schlägt sich in institutionellen Praxen und im Habitus der Individuen nieder. Sie erzeugt eine Unterscheidungslinie zwischen Individuen.

Dies hat zwei miteinander verwobene Effekte: Zum einen „macht" diese Unterscheidungslinie das eine Individuum „anders" als das andere. Individuen erscheinen – qua Geschlecht – verschieden: mit verschiedenen Körpern, ästhetischen Stilen, Haltungen, Verhaltensweisen, Kompetenzen, Problemen, Vorlieben und Abneigungen, Idealen und Träumen. Sie nehmen verschiedene Statuspositionen ein, übernehmen verschiedene Funktionen, bewegen sich in spezifischen Räumen, wie ihnen verschiedene Statuspositionen, Funktionen, Räume zugewiesen werden. Zum anderen stellt diese Unterscheidungslinie jedoch immer auch eine Vergemeinschaftungslinie dar: Sich von anderen auf eine bestimmte Art und Weise zu unterscheiden, erzeugt immanent immer auch Gleichheit. Die Tatsache, dass Männer Männer sind, unterscheidet sie von Frauen und macht sie als Männer zu Gleichen. Umgekehrt gilt ebenso: Die Tatsache, dass Frauen Frauen sind, unterscheidet sie von Männern und macht sie als Frauen zu Gleichen. Das jeweilige Anders-sein verbindet Individuen. Soziale Differenzen erzeugen also gruppenbezogene Zugehörigkeiten. Sie fungieren demnach als ein soziales Ordnungsprinzip, mit dem Individuen in Beziehungen zueinander gesetzt und im gesellschaftlichen Raum verteilt werden.

Und sie werden damit normiert. Es kann schließlich keine soziale Differenz geben ohne die Existenz von erkennbaren Unterschiedsphänomenen, die die Individuen der einen Gruppe tatsächlich typisch anders macht als die der anderen Gruppe. Um nicht gleich zu sein, muss die eine Gruppe etwas aufweisen, was bei der anderen ausgeschlossen ist – und umgekehrt. Die Herstellung und Reproduktion von Genderdifferenzen ist von daher existentiell geknüpft an Gendernormen, die die jeweiligen Geschlechterwelten in unterscheidbarer und damit überhaupt identifizierbarer Weise konturieren. Sie lassen Spezifisches zu, legen Spezifisches nahe, schreiben Spezifisches zu, schließen aber auch Spezifisches aus.

Wie bedeutsam die Geschlechterdifferenz im gesellschaftlichen Gefüge ist, dazu gibt es andauernden Streit. Je nach politischer oder ideologischer Perspektive wird sie als besonders zentrale und damit bedeutsamere oder aber als eher nachrangige gehandelt. Vielleicht reicht es an dieser Stelle, sich jenseits der Kontroversen um das Bedeutungsgewicht von Gender erst einmal pragmatisch auf die schlichte Vorstellung einzulassen, dass Geschlecht eine von vielen sozialen Differenzkategorien darstellt: wirksam und bedeutsam als soziale und biografische Ordnungskategorie, aber weder pauschal relevanter noch marginaler als andere.

Geschlecht als Konstruktion

> „Ich ging dann zu Strittmatters. Erwin lag im Bett und hatte alles schon mal hinter sich. (...) Ich solle es nun auch genug sein lassen. Man könne nichts machen. Laxness habe Island geschaffen, Hamsun, wenn man so will, Norwegen, Tolstoi und Puschkin Rußland. Solle es hier nicht auch Leute geben, die sich vornehmen könnten, dieses Land zu schaffen?"
> (Christa Wolf: Ein Tag im Jahr. 1960–2000. München 2003, 79)

Seit einigen Jahren taucht in der deutschsprachigen Geschlechterdebatte vermehrt der Begriff „Gender" statt „Geschlecht" auf. Dies hat seine Gründe: Während die englische Sprache die begriffliche Unterscheidung zwischen dem biologischen Geschlecht – nämlich „Sex" – und dem sozial hergestellten Geschlecht – nämlich „Gender" – kennt, fehlt diese Differenzierung in der deutschen Sprache. In der

Folge wird „Gender" im deutschsprachigen Diskurs „leihweise" als Bezeichnung benutzt, um eine zentrale Denkvoraussetzung der Geschlechterdebatte zu dokumentieren: Auch wenn Geschlecht auf den ersten Blick scheinbar offensichtlich „etwas" mit der Biologie der Körper zu tun hat, die Annahme also nahe liegt, dass Geschlechterdifferenzen durch die genetischen Programme der Geschlechtskörper erzeugt sind, ist die komplexe soziale Textur der Geschlechterdifferenzen doch genau besehen ein sehr menschliches, „selbsterzeugtes" Produkt.

Die Vorstellung von der vermeintlichen Naturhaftigkeit der Geschlechterdifferenz übersieht, dass die Geschlechtskörper nicht aus sich heraus Geschlecht zu einer sozialen Differenzdimension machen können. Vielmehr ist die soziale Bedeutung, die Geschlecht in unserer und vielen anderen Gesellschaften hatte und hat, erst Ergebnis einer kulturellen Konstruktionsleistung – einer praktischen wie auch einer ideellen. Das heißt: es müssen zum einen kulturelle Praxen kreiert werden, die Gender eine identifizierbare Gestalt geben, und es müssen Vorstellungen über Geschlecht und das Geschlechterverhältnis entwickelt werden, die erklären, warum Gender so ist wie es ist. Was Geschlecht gesellschaftlich bedeutet, was also Gender ist, muss den Körpern über soziale Praxen erst „eingespeist" werden. Sie tragen diese Bedeutung nicht per se in sich.

Dafür spricht, dass die Art und Weise, wie Geschlechterdifferenzen gestaltet wurden und werden, bekanntlich historisch und kulturell wandelbar ist. Dafür spricht auch, dass es schließlich viele andere körperliche Unterschiede gibt, die bislang in der Regel nur wenig Anlass zu nachhaltigen sozialen Trennungen gegeben haben. So könnte man ja prinzipiell davon ausgehen, dass z. B. Links- und Rechtshändigkeit oder die Körpergröße durchaus elementar sehr verschiedenes Welterleben, verschiedene Kompetenzen und Schwächen mit sich bringen, dennoch sind weder Händigkeit noch die Körpergröße bislang zu bedeutungsvollen Differenzkategorien geworden, die rechts- und linkshändige, kleine und große Menschen zu Kollektivgruppen mit spezifischem Sozialcharakter haben werden lassen.

Ob und wie Geschlechtererscheinungen zu einer bedeutungsvollen gesellschaftsstrukturierenden Dimension werden, ist demnach nicht sachlogisches Ergebnis irgendwelcher, aus einer biologischen Differenz resultierenden Vorgaben, sondern Folge kultureller Definitionen. Von „Gender" zu sprechen, soll diesen Sachverhalt sprachlich vermitteln. Er besagt: Der soziale Geschlechtsunterschied „Gender" geht nicht im körperlichen Unterschied „Sex" auf. Gender wird und ist stattdessen „gemacht". In der Genderforschung hat sich deshalb die Formel des „Doing Gender" etabliert.

Ob Männer harte körperliche Arbeiten übernehmen, andere schützen und verteidigen, in den Krieg ziehen, führen und leiten, Schmerzen wegstecken und Computer programmieren, ob Frauen Kinder groß ziehen, die Hausarbeit erledigen, sich um das Schöne kümmern, sich um Menschen kümmern, bei Schmerzen weinen, wenig öffentliche Macht haben, kommunikationskompetent sind – diese und andere genderspezifische Phänomene haben nichts – oder zumindest nur sehr wenig, glaubt man den Neurowissenschaften – originär mit ihren jeweiligen Geschlechtskörpern zu tun, aber sehr viel mit sozialen Gestaltungsprozessen: nämlich mit der Frage, wie eine Gesellschaft sich und ihre Arbeit organisiert und welche Ideen sie zu ihrer Genderpraxis entwickelt. Ob die Genderdifferenz beispielsweise als Schicksal der Natur, als sich wechselseitig und harmonisch ergänzende Pole oder als Hierarchie und ein Gegeneinander gedacht werden, ob gar mehr als zwei Geschlechter imaginiert werden, ob Individuen nur ein Geschlecht haben können und ihr ganzes Leben darauf festgelegt sind oder ob Genderwechsel im Lebenslauf normal sind – diese und andere Ideen zu Gender hat es in der menschlichen Geschichte schon gegeben. Manche sind verschwunden, andere gelten immer noch.

Konstruktion – Dekonstruktion

Dies alles läuft darauf hinaus, dass Gender möglicherweise auch noch einmal ganz anders gedacht und gestaltet werden könnte. Der Gestaltungshorizont zu Gender ist jedenfalls im Prinzip offen, vielleicht sogar so offen, dass diese Differenzkategorie einmal ganz entschwindet. Auch wenn sie uns qua Biologie der Körper und historischer Dauerpräsenz als anthropologische Konstante erscheint, ist sie kein ehernes, ewiges Gesetz. Für die Geschlechterkategorie heißt das: „Die biologische Zweigeschlechtlichkeit ist dann nicht mehr die unhinterfragbare Basis oder Voraussetzung gesellschaftlicher Geschlechtszuschreibungen, sie ist nicht von Natur aus gegeben als eine schon existierende Materie, der sich die Kultur einschreibt, sondern die bipolare Unterscheidung selbst erweist sich als kulturell spezifische Form der Klassifikation, die auch, und das ist wesentlich, anders sein könnte und, wie sich zeigt, auch anders ist" (Krauß 2001, 13). Was konstruiert ist und wird, kann auch dekonstruiert sein und werden. Was erdacht wird, kann auch anders gedacht werden. Was in eine spezifische Praxis gegossen wird, kann auch in eine andere Praxis gegossen werden.

Auch wenn es müßig scheint, darüber zu diskutieren, welches Gepräge Gender theoretisch irgendwann einmal haben könnte, weil es in der Sozialen Arbeit um das „Hier und Jetzt" von Individuen geht, hat eine solche Diskussion doch auch aktuelle Relevanz. Sie macht denkbar, dass es möglicherweise auch jetzt schon gesellschaftliche Räume gibt, in denen Gender als basale und dichotome Ordnungsgröße erodiert, dass wir es nicht nur im gesellschaftlichen Längsschnitt mit sehr verschiedenen Genderkonstruktionen zu tun haben, sondern auch im gesellschaftlichen Querschnitt.

Es deutet einiges darauf hin, dass „Gendertexte" gegenwärtig energisch „umgeschrieben" werden – in Institutionen wie auch von Individuen und Gruppen. Zu nennen sind hier die Etablierung des Gleichberechtigungsgedankens in den letzten Jahrzehnten, die zunehmende Realisierung von konkreten Gleichstellungsmaßnahmen, die Veränderung von geschlechtsspezifischen Habitusformen, das kulturelle Spiel mit geschlechtlichen Uneindeutigkeiten, das hoffähig wird. Damit ist die Genderdifferenz keineswegs demontiert, aber diese Erscheinungen sind als

Indizien für Veränderungen oder zumindest für sich abzeichnende Dissonanzen zu registrieren.

Diese Entwicklungen entstehen nicht im „luftleeren Raum", sondern haben wie alle gesellschaftlichen Wandlungen eine konkrete materielle Basis. Helga Kelle (2003) verweist mit Bezug auf den Soziologen Niklas Luhmann darauf, dass die tendenzielle Erosion der Geschlechtertrennlinien als direkter Reflex der modernen gesellschaftlichen Wandlungen zu verstehen ist. Mit dem Übergang unserer Gesellschaft zu zunehmend funktionalen Differenzierungen wird die Geschlechterunterscheidung tendenziell überflüssig. Die Unterscheidung zwischen Männern und Frauen eignet sich nicht mehr für die soziale Codierung von vielen gesellschaftlichen Funktionen in Arbeit, Wirtschaft, Kommerz, Politik, Recht, Bildung, Religion und Kultur in modernen Gesellschaften. Der Geschlechterunterschied verliert damit seine traditionelle, vormoderne Funktion für die Strukturierung von Gesellschaften. Dies deutet darauf hin, dass unser Geschlechterbegriff mittlerweile überdeterminiert ist und einen Überschuss an geschlechtsspezifischen Zuschreibungen produziert (Kelle 2003, 114f).

Dieser Gedankengang mag provozieren. Doch scheint es nicht abwegig anzuerkennen, dass unsere derzeitige Gesellschaft zunehmend weniger die Geschlechterdifferenz „brauchen" könnte. Geht man davon aus, dass soziale Unterscheidungen immer auch eine ganz pragmatische Funktion haben, indem sie Arbeitsteilungen für alle klar und verlässlich festzurren, Auseinandersetzungen um Verantwortlichkeiten unnötig machen und damit die Bewältigung gesellschaftlicher Aufgaben optimieren, dann ist die berechtigte Frage, ob der rationale Gebrauchswert der Genderdifferenz nicht allmählich hinfällig wird.

Die Technisierung unserer Welt hat schließlich erfolgreich zu einem Bedeutungsverlust von Körperkraft geführt – also von dem, was lange Zeit funktionale Grundlage männlicher Arbeitszuständigkeiten war. Umgekehrt haben die medizinischen Entwicklungen und wohlfahrtsstaatlichen Regelungen zur Folge, dass die Sicherung der gesellschaftlichen Reproduktion durch Kindergebären und erfolgreiches Aufziehen der Kinder ihre elementare Bedeutung verloren hat. Damit erodiert eine traditionelle totalisierende Frauenzuständigkeit. Es ist immer weniger dringend erforderlich, dass alle Frauen möglichst viele Kinder großziehen. Zunehmend verschwindet diese Aufgabe denn auch gänzlich aus dem Frauenleben, oder zumindest haben die allgemeinen Lebensverlängerungen bei gleichzeitigem Rückgang der Gebärquote dafür gesorgt, dass Mutterschaft und Kinderfürsorge zu einer biografischen „Episode" zusammenzuschnurren, die längst nicht mehr das gesamte Frauenleben ausmacht. Mit diesen Entwicklungen verlieren sich herkömmliche entscheidende Grundlagen geschlechtsbezogener Arbeitsteilung.

Kontextualität von Gendernormen

Trotz alledem stellt Gender zweifellos weiterhin eine soziale Ordnungskategorie dar. Nur wird es eben in einer solchen widersprüchlichen Gemengelage schwieriger, ihre Grundlagen und Wirkungen zu bestimmen und zu begreifen. Die soziale Realität zeigt, dass die Gendernormen keineswegs eindeutig und klar sind und dass sie zudem sehr beweglich sind. Was zu der einen Zeit galt, gilt heute schon nicht mehr, was an dem einen Ort gilt, gilt woanders nicht. Ein Blick in die Geschichte zeigt, dass vergangene Gesellschaften Frauen und Männer und ihr Verhältnis zueinander vielfach in einer Weise formiert haben, die sich heutzutage überlebt hat, die nicht mehr akzeptabel erscheint, oftmals auch nur noch skurril wirkt. Ebenso gilt, dass in verschiedenen Sozialmilieus und Institutionen die Gendernormen auseinander fallen können. Hierzu eine Pressemeldung zum beruflichen Outfit der Polizei:

„Zur Fußball-Weltmeisterschaft hat das Innenministerium einen Erlass-Entwurf mit detaillierten Vorschriften für das Erscheinungsbild der 30.000 Bundespolizisten vorgelegt. Nach einem Bericht des 'Spiegel' soll demnach nicht nur ein „unrasiertes Auftreten – insbesondere der sog. Drei-Tage-Bart" untersagt sein. Auf dem Index stünden auch der „sog. Lagerfeld-Zopf" oder sonstige Haartrachten, die „als Ausdruck einer ausgeprägt individualistischen Haltung wahrgenommen werden". Das Bundesinnenministerium in Berlin bestätigte am Samstag den Bericht im Grundsatz. Verboten seien ferner „sichtbare Piercings, auch Mundpiercings", sichtbare Tätowierungen sowie mehr als eine Halskette, ein Armband und ein „Freundschaftsband" pro Polizist, schreibt das Nachrichtenmagazin. Ohrschmuck dürften nur Polizistinnen tragen, auf Weisung des zuständigen Abteilungsleiters im Innenministerium allerdings keine Ohrstecker mit mehr als fünf Millimeter Größe. Make-up sei nur zugelassen, soweit es „für eine Polizeibeamtin oder einen Polizeibeamten als sozialadäquat" anzusehen sei. Begründet werde der Entwurf damit, dass mit „Blick auf die Fußball-Weltmeisterschaft ein gepflegtes Erscheinungsbild unverzichtbar" sei und „maßgeblichen Einfluss auf das Vertrauen in der Bevölkerung" habe. Der Erlass solle schon zum 1. Februar in Kraft treten, die Fußball-Weltmeisterschaft beginnt im Juni." (http://www.n-tv.de/623068.html 14.1.2006)

Diese Meldung demonstriert, wie genderspezifische Profile durch gezielte institutionelle Maßnahmen normativ hergestellt werden und wie ihre Konturen durch „Beschneidungen" im direkten und übertragenen Sinne des Wortes geschärft werden: der männliche Polizist muss seine Barthaare rasieren, den Zopf abschneiden, Körperschmuck minimieren usw. Die weibliche Polizistin darf keine zu großen Ohrringe tragen und sich nur sozialadäquat schminken wie im übrigen auch ihr männlicher Kollege. Auch wenn es widersinnig erscheint – diese normierenden Auflagen stecken gleichzeitig voller Hinweise auf Erodisierungsprozesse und Vervielfältigungen der Gendernormen. Dass Make-up auch für Beamte zugelassen scheint, wenn auch mit vorsichtigen Einschränkungen, wäre eine Generation zuvor vermutlich undenkbar gewesen. Ebenso lassen sich Berufe oder rituelle Institutionen finden, in denen Frauen, anders als bei der Polizei, sehr offensiv zu Schminke und Schmuck aufgefordert werden. Dass für die Polizisten Drei-Tage-Bart, Zöpfe und Körperschmuck verboten werden, verweist zudem darauf, dass es offenbar gesellschaftliche Räume gibt, in denen all das Sanktionierte vereinbar ist mit Männlichkeit. Wenn Drei-Tage-Bart, Zöpfe und Körperschmuck nicht irgendwo gelebte und hoffähige männliche Praxis wären und von dort schleichend ins Polizeiamt importiert worden wären, wäre der Erlass wohl kaum notwendig geworden.

So erzeugen verschiedene soziale Institutionen verschiedene und z. T. widerstreitende Genderdifferenzen. Dies hängt vor allem davon ab, welche Funktion die Institutionen haben. Zu vermuten ist, dass die „Beschneidungen" der männlichen Polizisten sehr viel damit zu tun haben, in einer Gewaltinstitution das Bild verlässlicher und „gewaltiger", aber zivilisiert durchgreifender Männlichkeit zu sichern. Deshalb dürfen Polizisten keine Tätowierungen und Piercings zur Schau tragen, die über lange Zeit die Symbole männlicher Outsider waren. Deshalb sind Polizisten zudem von den modernen „Verweichlichungszeichen" der langen Haare u. ä. zu bereinigen. Umgekehrt ist beispielsweise zu erwarten, dass an einem zeremoniellen Ort der Partnerwahl und Partnerschaftsdemonstration, wie der Diskothek, dem Abschlussball oder dem Vereinsfest, Frauen ihren Körper sehr viel deutlicher weiblich herrichten als dies ihnen der Polizeiberuf zugesteht. Die Gestalt der Genderdifferenzen ist also kontextabhängig und keineswegs universal.

An jedem Ort finden sich spezifische Vorlagen und Vorgaben zu Gender. Diese können formell oder informell sein, sichtbar oder verdeckt, streng oder weniger streng, starr fixiert oder relativ offen, folgenreich oder marginal. Immer aber hinterlassen sie ihre in irgendeiner Weise bahnenden Wirkungen. Wenn beispielsweise die Gesetzeslage vorschreibt, dass verheiratete Frauen nicht berufstätig sein dürfen, wie dies noch vor einiger Zeit der Fall war, dann waren damals die Spielräume sicherlich enger als heute, wo es diese formale Regel nicht mehr gibt. Und diese Regel war für ein Frauenleben sehr schwerwiegend. Wenn bei den Bundesjugendspielen Jungen derzeit zum Erreichen einer bestimmten Punktzahl schneller laufen müssen als Mädchen, dann werden die Geschlechter damit in spezifischer Weise konstituiert – nämlich: kräftiger Junge, schwaches Mädchen – und für manch einen Jungen und manch ein Mädchen werden mit diesen Gendernormen Ungerechtigkeiten hergestellt, doch solange die Sportnote nicht entscheidend über die Schulkarriere bestimmt, mag dies weniger schwerwiegend erscheinen wie das Berufsverbot für verheiratete Frauen.

Trotz alledem demonstrieren die Beispiele, dass institutionelle Regelungen und Verfahren Genderdifferenzen in konkrete Formen gießen und handfest darüber entscheiden, welche Konsequenz die jeweilige Genderzugehörigkeit für den Lebensverlauf und die Entwicklungsoptionen hat. Sie schaffen eine materielle Grundlage dafür, wie abgezirkelt ein Frauenleben, ein Männerleben verlaufen muss, welche Biografieoptionen zugänglich sind, wie die Geschlechterbeziehungen aussehen. Die Genderforscherin Helga Krüger hebt deshalb hervor, dass bei der Analyse der Geschlechterverhältnisse diese institutionellen Praxen nicht aus dem Blick zu verlieren sind. Es ist immer zu berücksichtigen, dass Genderkonstruktionen „in die rechtliche, politische und organisatorische Verfasstheit einer

Gesellschaft eingelagert" sind (Krüger 2001, 64), hier also sozusagen einen Nährboden haben. Sie hebt hier vor allem die Berufsbildung, den Arbeitsmarkt, das Rentensystem, das Familiensystem, das öffentliche Erziehungs-, Betreuungs- und Bildungswesen und die beruflichen Care-Tätigkeiten als folgenreich für die aktuelle Realität der Genderverhältnisse hervor.

Kompliziert wird es nun dadurch, dass die verschiedenen Institutionen Gender nicht unbedingt in der gleichen Weise codieren. Für die Individuen, die sich permanent zwischen verschiedenen Institutionen hin und her bewegen, heißt das, dass sie mit wechselnden Genderformen konfrontiert sind. Sie müssen zwischen den Varianten und Widersprüchen ausbalancieren, den eigenen genderbezogenen Habitus flexibel anpassen. Gender kann für sie demnach keine Standardfigur sein, die einmal institutionell aufgedrückt, nun überall „passt". Gender zeigt sich stattdessen schwebend, veränderlich und heterogen. Aus der gesellschaftlichen Perspektive bedeutet dieser Umstand, dass das Sozialgefüge nicht von einer universellen Genderdifferenzlinie gleichförmig durchzogen ist, sondern dass zeitgleich nebeneinander verschiedene, auch gegenläufige Varianten mit unterschiedlichen Botschaften und Normalitätsmodellen existieren, die zudem die Gendertrennlinie verschieden intensiv markieren. Das heißt in der Folge auch, dass Gender nicht für alle Individuen und an allen Orten Identisches bedeutet, sondern dass seine Gestalt sich in einzelnen sozialen Gruppenkontexten und Institutionen verschiedengestaltig herausschält.

Dominanz und Marginalität der Genderdifferenz

Der Umstand der Kontextualität von Gender hilft zu begreifen, wieso die empirischen Befunde zur Genderdifferenz so wenig einheitlich sind. Studien, die eklatante Unterschiede zwischen den Geschlechtern belegen, stehen neben solchen, die genau das Gegenteil mitteilen. Die einen Befragungen fördern zu Tage, dass Menschen in der heutigen Zeit geschlechtsspezifische Normierungen und Benachteiligungen sehen und spüren, die anderen stellen fest, dass sie das Gefühl haben, in ziemlicher Gleichheit zu leben und dass sie von daher die Problematisierung von Genderungleichheit für hysterisch halten. Die einen Beobachtungen hinterlassen den Eindruck, dass Welten zwischen Männern und Frauen liegen, die anderen erwecken das Gefühl, dass sich beide Geschlechter rasant annähern. Diese Ungereimtheiten verwirren immer wieder. Doch es gibt eine einfache Antwort: Nicht die eine oder die andere Diagnose ist richtig oder auch falsch, sondern *beide* stimmen angesichts der Kontextualität von Gender.

Die Soziologin Beate Krais gibt zu bedenken, dass Gender, auch wenn wir es als allgemeine soziale Strukturkategorie auffassen, nicht automatisch in allen sozialen Kontexten von vornherein als dominantes Strukturierungsmerkmal angesehen werden kann. Stattdessen muss genau dieses immer wieder die Frage bei den Betrachtungen sozialer Räume sein: Welche Rolle spielt hier Geschlecht, wie kommt es in den sozialen Beziehungen, in den institutionellen Formen zum Tragen, wie färbt es sie ein? Die Antworten darauf können dann sehr verschieden sein. Geschlecht ist „zwar möglicherweise omnipräsent, aber keineswegs immer in gleicher Weise relevant, und unsere Erkenntnismittel sollten offen sein für diese Perspektive", resümiert die Autorin deshalb abschließend (Krais 2001, 334).

Was diese Idee konkret bedeutet, kann exemplarisch anschaulich werden anhand einer Studie von Steffanie Engler (1997) zur studentischen Kultur. Frage war hier, wie sich in der Welt der Studierenden klassen- und geschlechtsspezifische Differenzen niederschlagen. Hierzu wurden Studierende der Erziehungswissenschaft, der Rechtswissenschaft, der Elektrotechnik und des Maschinenbaus zu ihrem Lebensstil befragt. Dem lag die Vorstellung zugrunde, die auf den französischen Soziologen Pierre Bourdieu zurückgeht, dass sich in kulturellen Praxen und ihren vergegenständlichten Formen, wie z. B. Mobiliar oder Kleidung, soziale Statuspositionen und Distinktionen manifestieren. Vermutet wurde, dass in den Bereichen des Wohnens, Schlafens, Essens und der Kleidung Unterschiede zwischen den Studierenden sichtbar werden, die Aufschluss darüber geben können, wie verschiedene soziale Differenzlinien, die das Leben der Befragten durchkreuzen, den jeweiligen subjektiven Habitus bestimmen. Wie kommen die soziale Herkunft, der Fach- und Berufsbezug, die Geschlechtszugehörigkeit zum Tragen, was rückt wann in den Vordergrund und in den Hintergrund? Das Ergebnis war: Wie Studierende wohnen, sich einrichten und schlafen, ist eng verknüpft mit dem Studienfach, was sie gerne essen und wo sie ihre Kleidung kaufen, ist eng verknüpft mit dem Geschlecht. Was bedeutet dieser Befund?

„Während bei jenen Lebensstilmerkmalen, die sich auf die studentische Wohnkultur beziehen, die Studienfachzugehörigkeit als dominantes Differenzierungskriterium fungiert, ist bei jenen Lebensstilmerkmalen, die einen Bezug zum Körper aufweisen, hier 'Kleidung und Ernährung', das Geschlecht als dominantes Differenzierungskriterium anzusehen. (...) Die Bedeutung dieser Ergebnisse ist weniger in dem Nachweis zu sehen, daß bei bestimmten Lebensstilmerkmalen fachübergreifende Unterschiede zwischen den Geschlechtern bzw. Gemeinsamkeiten zwischen Frauen einerseits und Männern andererseits zu finden sind. Die Bedeutung liegt meines Erachtens vielmehr darin, daß Geschlecht als Unterscheidungsmerkmal einmal eher in den Vordergrund, einmal eher in den Hintergrund rückt. (...)

Zunächst heißt das, daß weder Geschlecht noch Studienfach allein ausreichen, sozial relevante Unterschiede zu erklären. Es scheint vielmehr sinnvoll, Lebensstile differenzierter nach unterschiedlichen Aspekten hin zu untersuchen. Denn wenn bei bestimmten Lebensstilmerkmalen das Geschlecht, bei anderen wiederum das Fach, bei wieder anderen ein Drittes als dominantes Unterscheidungsmerkmal hervortritt und dies je nach untersuchtem Gegenstandsbereich, möglicherweise je nach Kontext und Situation wechselt, so liegt es nahe, zu folgern, daß Lebensstile nicht als einheitliches konsistentes Lebensgefüge aufgefaßt werden können. Die alltagskulturellen Praxen, aus denen die Ordnungsvorstellungen und Denkschemata von Individuen hervorgehen, gestalten sich offensichtlich unterschiedlich. Diese Unterschiedlichkeit, daß bei bestimmten Aspekten das Geschlecht eine zentrale Rolle spielt, während bezogen auf andere Aspekte das Geschlecht von geringerer Bedeutung ist bzw. anderes in den Vordergrund tritt, müßte dann auch in den Habitus eingehen. Der Habitus ist dann nicht als ein einheitliches, in sich schlüssiges System von Dispositionen und Teilungsprinzipien zu fassen, sondern als ein System, in das unterschiedliche, nicht logisch aufeinander bezogene Erfahrungen eingehen (...) und das wiederum unterschiedliche Praxen hervorbringt.

Vor diesem Hintergrund erscheinen Debatten darüber, ob Geschlecht oder Klasse als vorherrschendes Ungleichheitsmerkmal anzusehen ist oder wie das Ineinander dieser getrennt angenommen Kategorien theoretisch zu begreifen ist, als unfruchtbar. Vielmehr wäre danach zu fragen, wann, in welchem Kontext und in welcher Situation welches Ungleichheitsmerkmal in den Vordergrund tritt." (Engler 1997, 323 ff)

Diese Ausführungen machen deutlich, wie die Kontextualität von Gender widersprüchliche und vielgestaltige soziale Genderphänomene hervorbringt. Wenn – wie die Studie rekonstruiert – mal die Studienfachzugehörigkeit zum dominanten Differenzierungskriterium avanciert, mal das Geschlecht, so lehren diese Ergebnisse, dass die Differenzlinie Gender nicht in allen sozialen Situationen gleichförmig dieselbe Relevanz besitzt. Auch wenn noch zu klären ist, warum sie in welchen Konstellationen hervortritt oder nicht, bleibt doch erst einmal das Wissen um die semantische Variabilität der Genderungleichheit festzuhalten.

Verflüssigte Geschlechtsidentitäten

Mit alledem verflüssigen sich Geschlechtsidentitäten. Der übliche Begriff der Geschlechtsidentität suggeriert die Vorstellung eines klar konturierten und festgegossenen Persönlichkeitskerns, der entsprechend vorhandener gesellschaftlicher Normen gebildet und angeeignet wird und das gesamte Leben prägt. Helga Bilden fasst dies zusammen:

„Geschlechtsidentität meint: 1. Stabile Selbstkategorisierung bezüglich des eigenen Geschlechts. Das ist in der Regel das bei der Geburt zugewiesene Geschlecht; 2. Identifizierung mit historisch-kulturellen Bildern von Weiblichkeit und Männlichkeit; 3. Sexuelle Präferenz; die Norm ist heterosexuelle Objektwahl und „Monosexualität", das heißt lebenslang gleichbleibende sexuelle Objektwahl. All das wird in der individuellen Entwicklung in der Regel zu einer Einheit verschmolzen. Geschlechtsidentitäten (...) werden uns beim Aufwachsen als Männer und Frauen eingefleischt." (Bilden 2001, 138)

Dieses geschlossene Konzept mit seinen stark sozialdeterministischen Zügen ist fragwürdig. Es unterschlägt nicht nur die selbstbildende Eigenaktivität der Individuen, durch die es immer wieder möglich ist, dass Individuen Geschlechtlichkeit in bis dahin noch nicht da gewesenen Formen entwerfen und durchsetzen. Es ist außerdem zu eindimensional angesichts der Komplexitäten sozialer Verhältnisse. In einer zunehmend ausdifferenzierten, zerfaserten Welt voller Teilwelten mit Eigengesetzlichkeiten, zwischen denen die Individuen sich hin- und herbewegen, kann Geschlechtsidentität keine konstante Größe sein, sondern sie muss sich „chamäleonartig" nach den sozialen Kontexten verändern. Was in dem einen Raum passend ist, ist in dem anderen unpassend. In einer Welt, die zudem permanenten Veränderungen unterliegt, wandeln sich auch die Geschlechterbilder.

Geschlechtsidentität offenbart sich damit als ein sehr viel diffuseres Etwas als der Begriff im ersten Moment vorgibt. Sie hat Konturen, schließlich ist das Geschlecht als soziale Größe in unserem Alltag permanent erkennbar. Und doch entgleiten diese uns in dem Augenblick, wo wir sie fassen wollen. Vor diesem Hintergrund kritisieren verschiedene AutorInnen schon seit längerem die fehlende Beweglichkeit im üblichen Identitätsbegriff, zu stark sind hier oftmals die Vorstellungen einer einheitlichen und konsistenten Substanz in der männlichen oder weiblichen Identität. Bilden zitiert hierzu Virgina Goldner, die soweit geht, eine einheitlich-eindeutige Geschlechtsidentität gar als Ergebnis pathologischer Prozesse zu bezeichnen, in denen dann alles, was nicht in diesen einheitlich-eindeutigen Selbstentwurf passt, verleugnet, abgespalten oder durch andere Abwehroperationen in den Untergrund geschickt werden muss (Bilden 2001, 142). Angesagt sind stattdessen dynamische, multiple Konzepte, die Individuen als „offene Systeme" verstehen: Identität nicht als monolithische Einheit, sondern als variable Verbindung von Teilselbsten. „Identitäten, auch Geschlechtsidentitäten sind nicht klar, eindeutig, selbstverständlich, wie sie es früher zu sein schienen. Sie müssen neu gedacht werden: kontingent, fluid, nur zeitweise fixiert" (ebd. 137).

Geschlechtsidentität – machen statt haben

Herkömmliche Identitätsvorstellungen haben auch das Problem, die selbstkonturierenden Wirkungen des profanen Alltagshandelns zu unterschätzen. Geschlechtlichkeit ist danach weniger als ein Identitätsmerkmal zu verstehen, das Frauen und Männer *haben*, sondern als ein kulturelles Zeichensystem, das unentwegt situativ und interaktiv inszeniert wird und werden muss. Um sich selbst in einem sozialen Raum zu positionieren, von sich etwas mitzuteilen, sich in Beziehungen zu setzen, Bindungen und Abgrenzungen zu markieren, ist es erforderlich, Zeichen der Geschlechtlichkeit zu bedienen – oder sie je nach Kontext auch zu neutralisieren. Dies geschieht über spezifische Körperhaltungen und -gestaltungen, über Handlungsweisen, über materielle Symbole, ästhetische Geschmacksstile, Denkweisen und anderes. Dies ist es, was der französische Soziologe Pierre Bourdieu als Habitus bezeichnet hat. In ihm erhält eine soziale Position ein Gesicht nach außen und wird gleichzeitig verinnerlicht. Sie wird damit also erst zu einer inneren Realität.

Identität zu schaffen ist also ein sehr konkret-praktischer und weniger der Welt entrückter geistiger Vorgang. Um dies zu illustrieren, zitierte der französische Ideologietheoretiker Louis Althusser das Beispiel der religiösen Gläubigkeit. Der Gläubige wird zum Gläubigen vor allem durch spezifische Handlungen: „Knie nieder, bewege die Lippen zum Gebet, und Du wirst glauben" (Althusser 1977, 138). Die

Gläubigkeit materialisiert sich demnach in Praxisritualen, die mit spezifischen Bedeutungen aufgeladen sind. Und mit dem Exerzieren der Rituale wird die Gläubigkeit dann für das Individuum „wirklich". In den repetitiven und gleichförmig formalisierten rituellen körpergebundenen Handlungen wird kulturelles Bedeutungswissen tradiert und werden soziale Sinngebungen erzeugt und reproduziert. In ihnen „wird Gemeinschaft hervorgebracht, indem die Grenzen der Gemeinschaft und die Grenzen innerhalb der Gemeinschaft bearbeitet, stabilisiert sowie transzendiert werden" (Bausch 2004, 145).

Dieser Vorgang vollzieht sich auch bei der Konstruktion von Geschlecht. „Mit dem Blick auf die Szene des Geschlechts wäre dementsprechend zu übersetzen: die geschlechtlich bestimmten Handlungen, so wie sie im kulturellen Feld definiert sind, erzeugen im handelnden Individuum das Bewusstsein, die subjektive Haltung und Selbstwahrnehmung des sich als weiblich oder männlich erlebenden Subjekts" (Krauß 2001, 40).

Dies lässt die existentielle Bedeutung erahnen, die in so vielen kulturellen Äußerungen von Menschen steckt. Wie sie sich kleiden, frisieren, schmücken, wie sie sich bewegen, welche Musik sie hören, was sie lesen, was sie essen, wie sie sich vergnügen – dies alles und noch vieles mehr sind Handlungen, mit denen Geschlechtsidentität gestiftet wird. Es sind keineswegs bloß monotone Rekapitulationen kursierender vorgestanzter, fremder Handlungsvorlagen. Es sind vielmehr Formen, sich selbst vitale Konturen zu verleihen. Auch wenn dabei immer auf schon vorhandenes symbolisches Material zurückgegriffen wird und werden muss, sind diese Handlungen nicht etwas dem vermeintlich „wirklichen" Selbst Äußerliches und Entfremdetes, sondern bringen sie genau dieses „wirkliche" Selbst performativ hervor.

Geschlechtsidentität ist also weniger als ein feststehendes Rollenskript zu verstehen, das vorgibt, wann was zu tun und zu unterlassen ist, sondern ist eher zu denken als ein selbsterzeugtes Bastel-Produkt aus unzähligen und für Außenstehende in der Regel gar nicht zu überschauenden kulturellen Versatzstücken, die von jedem Individuum und jeder Gruppe auf eigensinnige Weise zu einer weiblichen oder männlichen Selbstinszenierung verarbeitet werden. Dies geschieht niemals voraussetzungslos, d. h. es ist nicht unabhängig von dem vorhandenen „geschlechtlichen Bastelmaterial" der umgebenden Kultur, wie es beispielsweise Traditionen, Kulturen, Medien und Kommerz großzügig als kollektiven kulturellen Wissens- und Aufführungspool anbieten. Aber es ist immer in Arbeit und verändert sich unter der gestaltenden Hand der AkteurInnen. „Import bedeutet nicht zwangsläufig Verlust an Ausdruckskraft. (…) Auch wenn ausgeborgt, handelt es sich nicht um Gebrauchtwaren (…) Ein geänderter Kontext ist so gut wie ein neuer Text. Alte Formen unter anderen Umständen sind auf ihre Weise neu" (Willis 1981, 10), formulierte einmal der Kulturtheoretiker Paul Willis zu den Gestaltungsprozessen jugendlicher Subkulturen und verwies damit auf die immanenten Veränderungsdynamiken ästhetischer Inszenierungen.

Zwangsläufig wird dabei Neues hervorgebracht. Denn das Inszenierte trägt grundsätzlich das Potential in sich, dass es ein wenig „verrückt" ist zu dem, was symbolisch zitiert, reinszeniert, kritisiert oder ironisiert wird. Es kann für Außenstehende verwirrend sein, weil sie die benutzten Quellen nicht kennen und damit dann auch nicht die Anspielungen. Es kann völlig unverständlich sein oder missverstanden werden, weil Zeichen verformt, ironisiert, aus Ursprungskontexten in neue Kontexte transportiert oder ungewohnt kombiniert werden und dabei ihren Sinn verändern. So sind beispielsweise Erwachsene häufig damit konfrontiert, dass sie jugendliche Inszenierungen nicht begreifen, weil sie sich im vorhandenen Fundus jugendkultureller Ästhetisierungen in Musik, Kommerz, Medien, Soaps, Comedy, Comics, Internet, Computerspielen – um nur einige Quellen zu nennen – nicht auskennen. Wie genau wann wo von wem welches Material in welcher Kombination benutzt wird, setzt einen unentwegten Neuschöpfungsprozess in Gang.

Warum ist Gender ein Thema für Soziale Arbeit?

Die rational-pragmatische Argumentation

> Frage: „Deutschland wird immer älter, und die Einwohnerzahl wird sinken – wie verändert sich der Markt für die Handwerksbetriebe?" (...)
> Antwort: „Diese Zielgruppe ist sehr beratungsintensiv, und sie verlangt einen Service von A bis Z. Sie hat sehr hohe Ansprüche an Service, Pünktlichkeit und Bequemlichkeit. Ein Beispiel: Wenn diese Kunden ihr Badezimmer altengerecht gestalten wollen, dann verlangen sie eine Leistung aus einer Hand, sodass etwa der Sanitätsbetrieb, der Fliesenleger und der Maler miteinander kooperieren müssen. Außerdem ist unbedingt zu empfehlen, dass die Handwerksbetriebe ihre Mitarbeiter für den Umgang mit älteren Menschen schulen, damit sie sich zielgruppengerecht verhalten."
> (Aus einem Zeitungsinterview mit Dr. Ulrich Kornhardt vom Seminar für Handwerkswesen der Universität Göttingen, Hessisch-Niedersächsische Allgemeine 22.3.2006)

Soziale Arbeit richtet sich als helfende professionelle Dienstleistung an Menschen. Diese Menschen sind bekanntlich verschieden. Sie sind jung und alt, groß und klein, dick und dünn, gebildet und weniger gebildet, krank und gesund, sie haben Arbeit oder keine, leben in Armut oder gut situiert, auf dem Land oder in der Stadt, in Ost oder West, sie haben Zuwanderungsgeschichten oder auch nicht, sie gehören verschiedenen religiösen Traditionen, Sprach- und Landeskulturen an, sie praktizieren verschiedene Lebensstile, sie lieben das andere Geschlecht oder das eigene, sie haben Kinder oder auch keine – und schließlich: sie sind immer auch Frauen und Männer, Mädchen und Jungen. Letzteres führt Soziale Arbeit folgerichtig zur Beschäftigung mit Genderdifferenzen.

Denn: sollen die eigenen Dienste und Produkte für die Zielgruppen effektiv wirksam sein, müssen sie zielgruppenadäquat geschneidert sein. Sie müssen für das „passen", was die Zielgruppen an Nöten und Ressourcen, Geschichten, Idealen,

Ritualen, Normen, Beziehungen mitbringen. Und dies ist eben auch geformt von dem eigenen Weiblich-sein oder Männlich-sein. So wie kommerzielle Produkte und Dienstleistungen – ob Gesichtscreme, Schuhwerk, Zigaretten, Autos, Flugangebote oder Finanzberatungsservice – völlig selbstverständlich auf die Spezifika weiblicher und männlicher Kunden zugeschnitten werden, um sie erfolgreich abzusetzen und Gewinne zu erzielen, so muss Soziale Arbeit diese genderbezogene „Anpassungsleistung" auch leisten – wenn auch aus anderen, aber letztlich ebenso sachdienlichen Gründen.

Auch für diesen Beruf gilt, dass seine Angebote von den AdressatInnen gut angenommen werden müssen. Von daher gilt auch hier, dass die möglichen Effekte der Geschlechterdifferenz bei der Inanspruchnahme bedacht und „eingearbeitet" sein müssen. Wie müssen die Leistungen Sozialer Arbeit konzipiert und realisiert sein, dass sie für Mädchen und Frauen erfolgreich Hilfe, Unterstützung, Problemlösung und gesellschaftlichen Anschluss bieten? Wie müssen sie konzipiert und realisiert sein, dass sie für Jungen und Männer erfolgreich Hilfe, Unterstützung, Problemlösung und gesellschaftlichen Anschluss bieten? Ob im Zuge der erforderlichen „Zielgruppenpassungen" unbedingt immer Angebote mit einem expliziten Gender-Etikett herauskommen müssen, ob sie unbedingt immer geschlechterexklusiv angelegt sein müssen, das sei dabei noch eine offene Frage. Zum Vergleich: auch kommerzielle Produkte sind schließlich keineswegs immer genderbezogen konzipiert und es gibt genug gender-uneindeutige „Einheits"-Produkte, die trotzdem guten Absatz finden.

Dennoch ist es – ebenso wie bei kommerziellen Produkten – gut möglich, dass Genderdifferenzen bei den Problemlagen, beim Zugang zu sozialen Leistungen und bei der Nutzung eine bedeutungsvolle Rolle spielen. Dass eine solche Annahme nicht völlig aus der Luft gegriffen ist, darüber kann schon die Tatsache belehren, dass viele Felder der Sozialen Arbeit genderspezifische „Lastigkeiten" aufweisen. Wenn eine Geschlechtergruppe stärker als die andere in einem Angebot zu finden ist, deutet dies darauf hin, dass es – aus welchen Gründen auch immer – für die eine Geschlechtergruppe besonders gut „passt", für die andere weniger. In Konsequenz dessen ist Qualitätsentwicklung in der Sozialen Arbeit auf ganz organisch-rationale Weise auf die Berücksichtigung der Fachkategorie Gender – wie natürlich auch anderweitiger sozialer Differenzen – angewiesen. So selbstverständlich wie z. B. ein Angebot für Vorschulkinder völlig anders aussieht wie eines für Senioren, weil die Lebenswelten und Unterstützungserfordernisse dieser beiden Altersgruppen verschieden sind, was jedem sofort einsichtig ist, so selbstverständlich muss Soziale Arbeit sich der Prüffrage zuwenden, ob und wie Mädchen und Jungen, Frauen und Männer möglicherweise Verschiedenes brauchen, weil sie eben verschieden sind.

Diese einfache Aussage verweist jedoch umgehend auf eine Schlüsselfrage der Genderdebatte. Denn: Ob die Genderkategorie Mädchen und Jungen, Frauen und Männer tatsächlich ebenso prägnant voneinander trennt wie z. B. Vorschulkinder und Senioren qua Altersdifferenz, ist eine politisch aufgeladene Dauerkontroverse. Letztlich lässt sich jedoch das empirische Nebeneinander von Phänomenen scharfkantiger Genderdifferenz und gleichzeitiger Erosion dieser nicht zu einer Seite hin entscheiden. Helfen kann hier nur das Wissen um die schon angesprochene soziale Kontextualität von Gender. Es verweist darauf, dass die Genderkategorie keineswegs eine monolithische, theoretisch wie auch empirisch klar konturierte Größe darstellt, sondern eher etwas „Schwebendes" und situativ Veränderliches.

Gender als Thema Sozialer Arbeit – dafür spricht noch ein weiteres Argument: Die in der Sozialen Arbeit tätigen Professionellen sind Frauen und Männer. Die Menschen, die die sozialen Hilfen planen, konzipieren und anbieten, sind keine geschlechterlosen Menschen, sondern im beruflichen Habitus sind das eigene Geschlecht wie auch andere soziale Distinktionsmerkmale als Merkmal präsent – egal, ob gewollt oder nicht, ob bewusst oder nicht, ob methodisch reflektiert, gesteuert oder nicht, ob offensiv thematisiert oder tabuisiert, ob gut sichtbar auf der Vorderbühne oder versteckt auf der Hinterbühne. Der Prozess des „Doing Professional" – also der Prozess der Herstellung und Aufführung der beruflichen Rolle und Position – ist verschränkt mit dem Prozess des „Doing Gender" – dem Prozess der Herstellung und Aufführung des eigenen Geschlechts.

Die Geschlechtlichkeit der Fachkräfte gestaltet also berufliche Situationen mit. Es ist eine banale Alltäglichkeit, dass Professionelle als Geschlechtswesen ihren Beruf ausüben und ihren Zielgruppen gegenüber treten, dass sie als Frauen und Männern wahrgenommen werden und als solche auftreten, mehr noch: dass sie auch ihre Klientinnen und Klienten als Geschlechtswesen wahrnehmen und auf sie als solche reagieren. In den komplizierten Wechselwirkungsprozessen von Projektionen und Gegenprojektionen zwischen Fachkräften und Klientel schwingt Gender als Einflussgröße mit. In der Regel entzieht sich dies jedoch der bewussten Wahrnehmung, Kontrolle und Ausschöpfung – wie so vieles andere in Beziehungs- und Interaktionsdynamiken auch. Es kann die Entstehung einer tragfähigen Arbeitsbeziehung schon im Keim verhindern, es kann sie stören, sie ineffektiv machen, explodieren, abbrechen oder auslaufen lassen. Es kann sie aber ebenso bereichern. Umso mehr verlangt die professionelle Gestaltung von Beziehungen nach einer aufmerksamen Hinwendung zu solchen Vorgängen. Sollen die verwickelten Dynamiken verstanden und professionell produktiv gesteuert werden, ist Gender als eine integrale Konzipierungs- und Reflexionskategorie in den Maßnahmen Sozialer Arbeit zu berücksichtigen.

Das Gleiche gilt darüber hinaus natürlich auch für die kollegialen Arbeitsbeziehungen. Ob in Teamstrukturen oder in einem hierarchischen Gefüge, immer treten Fachkräfte als Frauen und Männern auf und sich gegenüber, werden bei der Gestaltung von Arbeitsaufträgen auch Geschlechterverhältnisse erlebt und bearbeitet. Wenn Qualitätsentwicklung in der Sozialen Arbeit immer auch heißen muss, Arbeitsbeziehungen zu optimieren und Störmomente zu erkennen, zu verstehen und Lösungen zu entwickeln, dann bietet sich angesichts dessen Gender als eine mögliche hilfreiche Perspektive an.

Die gleichstellungspolitische Argumentation

Gender als Thema für die Soziale Arbeit – das begründet sich darüber hinaus auch aus einer politischen Perspektive. Wenn Soziale Arbeit nicht allein personenbezogene Hilfen in Problem- und Notlagen bietet, sondern weitergehend auch zur Herstellung gerechter Verhältnisse und sozialer Chancengleichheit beitragen soll und will, erhält die Genderfrage zwangsläufig Aktualität. Es gibt die Phänomene geschlechtsbezogener Ausschluss- und Einschlussmechanismen, Diskriminierungs- und Privilegierungsmechanismen. Mädchen und Jungen, Frauen und Männer haben in unterschiedlicher Weise teil an gesellschaftlichen Räumen und Praxen, sie verfügen unterschiedlich über soziale, ökonomische und kulturelle Ressourcen, sie finden sich unterschiedlich verteilt in sozialen Statuspositionen. Dies ist mal schärfer ausgeprägt, mal weniger – oder auch gar nicht. Manches ist deutlich sichtbar und öffentlich skandalisiert, denken wir z. B. an die weiblich dominierte Kindererziehung oder die Gewalt gegen Frauen und Mädchen, anderes ist eher verdeckt und tabuisiert, denken wir z. B. an die höhere Suizidrate bei Männern, ihr früheres Sterben und ihre höhere Sitzenbleiberrate in der Schule. Historisch betrachtet hat sich hier manches verschoben. Entscheidend ist jedoch, dass Geschlechterungleichheiten zu verzeichnen sind. Dies wirft die Frage nach der Gerechtigkeit von Lebensverhältnissen auf, d. h. danach, ob und wie durch diese Ungleichheiten geschlechtsspezifische Benachteiligungen entstehen.

Vor diesem Hintergrund ist Soziale Arbeit aufgefordert, die Gleichstellung der Geschlechter zu fördern. Dies schließt ein, zu prüfen wie sie möglicherweise selbst zu Ungleichheiten beiträgt und wie sie für Mädchen und Jungen, Frauen und Männer gleiche gesellschaftliche Teilhabechancen garantieren kann. Hierzu gibt es in der Sozialen Arbeit schon eine längere Entwicklungsgeschichte. Frauenarbeit und Mädchenarbeit profilierten sich seit den 70er Jahren als Felder der Sozialen Arbeit, die sich primär der Aufgabe der Aufdeckung geschlechtsspezifischer Benachteiligungen von Frauen und Mädchen und der Entwicklung spezialisierter Praxisansätze zur Aufhebung dieser Benachteiligungen widmeten. Zeitlich später entwickelten sich Jungen- und Männerarbeit als Arbeitsfelder, die sich den geschlechtsspezifischen Notlagen von Jungen und Männern gezielt zuwandten. Diese Praxisoffensiven sorgten dafür, dass sich die Idee von der geschlechtsbezogenen Sozialen Arbeit als Querschnittsaufgabe im Fachdiskurs etablierte – zumindest offiziell.

Aktuell erfährt die Institutionalisierung der Gleichstellungsthematik durch das Konzept des Gender Mainstreamings einen besonderen Schub. Gender Mainstreaming geht davon aus, dass sich die Lebenswirklichkeiten von Frauen und Männern, Mädchen und Jungen unterscheiden und dass nicht erkannte Unterschiede dazu führen können, dass institutionelle Maßnahmen für die Geschlechtergruppen verschiedene Wirkungseffekte haben und möglicherweise bestehende Unterschiede noch verstärken. Vor diesem Hintergrund steht Gender Mainstreaming für ein Programm, das zum Ziel hat, den Aspekt der Chancengleichheit von Frauen und Männern, Mädchen und Jungen in alle institutionellen Bereiche und Maßnahmen einzubinden. Es bedeutet, „in alle Entscheidungsprozesse die Perspektive des Geschlechterverhältnisses einzubeziehen und alle Entscheidungsprozesse für die Gleichstellung der Geschlechter nutzbar zu machen" (Stiegler 2000, 8), d. h. Praxisgestaltungen danach zu befragen, wie sie sich auf Frauen und Männer, Mädchen und Jungen auswirken und ob und wie sie zum Ziel der Chancengleichheit der Geschlechter beitragen können.

Diese Aufforderung gilt als Leitidee auch für Institutionen und Organisationen Sozialer Arbeit. Sie sind aufgefordert, bei der Ausgestaltung ihrer Leistungen und Maßnahmen Genderdifferenzen zu berücksichtigen und geschlechtsspezifische Benachteiligungen zu verhindern.

Warum tut sich Soziale Arbeit mit dem Thema Gender schwer?

Von den ProtagonistInnen genderbezogener Sozialer Arbeit wird immer wieder kritisiert, dass Soziale Arbeit Genderqualifizierungen, auch wenn sie sie im Prinzip als Qualitätsstandard anerkennt, doch nicht so konsequent verfolgt wie es fachlich erforderlich wäre, dass nötige Finanzmittel für genderbezogene Maßnahmen vorenthalten werden, die Leistungen genderbezogener Praxisansätze nicht anerkannt werden, das Thema immer wieder zu einem „Nebenschauplatz" marginalisiert oder gar völlig vergessen wird. „Geschlechterdifferenz war bis vor kurzem in der europäischen und vor allem in der deutschsprachigen Fachliteratur kaum ein Thema. Die wenigsten Studiengänge beinhalten eine systematische Reflexion und Analyse der Auswirkungen von Geschlechterrollen", formulieren Christine Gruber und Elfriede Fröschl in der Einleitung ihres Sammelbandes „Genderaspekte in der Sozialen Arbeit" (Gruber, Fröschl 2001, 113). Die Klagen darüber sind zahlreich und bislang unwidersprochen. Doch sollte die Frage gestellt werden, wie realitätsgerecht diese Bilder eigentlich sind. Verhält sich Soziale Arbeit tatsächlich dem Genderthema gegenüber so desinteressiert, feindselig, abwehrend, tut sie sich mit diesem Thema besonders schwer?

Einwand: Soziale Arbeit tut sich mit dem Thema gar nicht schwer

Zumindest sollte doch wahrgenommen werden, dass es nur wenige soziale Differenzkategorien geschafft haben, ihre Beachtung so zu institutionalisieren, sogar zu verrechtlichen, wie Gender. Die Festschreibung von Gender Mainstreaming als offizieller Leitlinie der europäischen und deutschen Politik ist hierfür ein Indiz. Es lohnt sich auch ein Blick in das Kinder- und Jugendhilfegesetz. Hier wird darauf verwiesen, dass bei der Ausgestaltung der Leistungen und der Erfüllung der Aufgaben die „besonderen sozialen und kulturellen Bedürfnisse und Eigenarten junger Menschen und ihrer Familien zu berücksichtigen" (§ 9 Abs. 2 KJHG) sind, und es wird damit ganz allgemein die Bedeutung von sozialen Differenzen eingeführt. Doch nur die Genderdifferenz ist es dann, die im weiteren noch einmal explizit genannt wird – nämlich in § 9 Abs. 3 KJHG, wenn es dort heißt, dass „die unterschiedlichen Lebenslagen von Mädchen und Jungen zu berücksichtigen, Benachteiligungen abzubauen und Gleichberechtigung von Mädchen und Jungen zu fördern" sind. Keine andere soziale Differenzlinie wird explizit als Aufgabenstellung erwähnt: weder die zwischen Kindern und Jugendlichen noch bildungsbezogene, ökonomische, ethnische, regionale oder auch gesundheitliche Ungleichheiten, obwohl unstrittig ist, wie sehr auch diese Differenzen biografische Entwicklungschancen beeinflussen.

Nicht übersehen sollte man beispielsweise auch die Tatsache, dass der Fachbereichstag Soziale Arbeit 2003 eine Empfehlung für Basismodule in den Studiengängen der Sozialen Arbeit beschlossen hat, in der von 20 Modulen mit jeweils 5 Credits eines „Gender-Studies" sein soll. Auch Einwände, dass dies nur eine offizielle Leitlinie ist, die nicht viel darüber aussagt, was am Ende tatsächlich vor Ort in den neuen Studiengängen realisiert wird, sollten nicht davon ablenken, dass dieser ausgegebene Richtwert im Grunde genommen durchaus hoch liegt.

Vergegenwärtigt man sich dieses, könnte man also auch zu einer sehr viel positiveren Diagnose als der der oben zitierten KritikerInnen kommen: nämlich zu der, dass Gender durchaus eine privilegierte Position im Diskurs der Sozialen Arbeit innehat und keineswegs ein „Aschenputtel-Dasein" führt. Lässt man die Denkprovokation zu, dass Gender einen vergleichsweise guten Status in der Sozialen Arbeit hat, könnte dies manches erleichtern und fachliche Auseinandersetzungen verändern. Es würde begreifbar, dass die Klagen über die Missachtung des Genderthemas immer kontextbezogen zu sehen sind. Für diejenigen, die sich mit besonderem Engagement für eine genderqualifizierte Soziale Arbeit einsetzen und entsprechende innovative Praxisansätze entwickelt haben, stellt sich natürlich die Soziale Arbeit in Sachen Gender völlig unterentwickelt dar. Aus der Perspektive der spezialisierten Expertise und des spezialisierten Interesses muss die genderbezogene Einschätzung zur Sozialen Arbeit so kritisch ausfallen.

Das ist im übrigen bei allen anderen Spezialisierungen ähnlich. Aus dem Fachdiskurs der Behindertenarbeit ist zu Recht zu bemängeln, dass Soziale Arbeit der Behindertenproblematik nicht genug Beachtung einräumt; aus der Sicht der Aussiedlerarbeit ist anzumerken, dass die Aussiedlerproblematik nur unzureichend integriert wird; aus der Altenarbeit kann der Vorwurf formuliert werden, dass die Situation der alternden Menschen übergangen wird usw. Und sie haben alle Recht damit. Jeder Fachdiskurs – und dies gilt auch für den Fachdiskurs zu Gender – erzeugt zwangsläufig eine gewisse Egozentrik. Es geht gar nicht anders. Und so steckt in jeder Spezialisierung etwas „Infantiles". Dies meint: Je spezialisierter die eigene Welt, desto abgeschotteter kreist sie um sich selbst, desto überdimensionierter stellt sich das eigene Thema dar und desto unterentwickelter ist umgekehrt die Fähigkeit, andere Perspektiven einzunehmen und zu berücksichtigen und vom Eigenen loszulassen. Die verengende Konzentration auf ein Thema bringt besondere Leistungen hervor. Sie ist die existentielle Basis für Weiterentwicklungen. Doch sie führt eben auch zu Realitätsverzerrungen, weil der Blick reduziert ist. Diese „autistischen" Züge gelten für alle Spezialisierungsprozesse.

Die Diagnose der GenderexpertInnen zu den unzureichenden genderbezogenen Qualifizierungsbemühungen in der Sozialen Arbeit ließen sich vor diesem Hintergrund als Spiegel solcher spezialisierungsimmanenter Egozentriken verstehen. Weil man selbst so zentral mit dem Genderthema beschäftigt ist, erwartet man diese Zentralität auch von der Umgebung – eine Erwartung, die enttäuscht werden muss. Dies anzuerkennen könnte helfen, die Konfliktlinien um das Genderthema zu entschärfen. Die entsprechende Fachszene bräuchte nicht mehr so stark zu klagen und sich in Kränkungen und Ärgernissen aufreiben, und die Soziale Arbeit müsste sich nicht mehr ständig angegriffen fühlen und im Gegenzug dann das Genderthema abwehren und abwerten. Zweifellos gibt es viele berechtigte Gründe, mehr genderbezogene Qualität in der Sozialen Arbeit zu fordern. Doch wie bei dem zur Hälfte gefüllten Glas Wasser, das als „halb leer" und ebenso als „halb voll" wahrgenommen werden kann, kann der Entwicklungsstand zu Gender genauso gut auch positiver eingeschätzt werden.

Soziale Arbeit tut sich doch schwer mit dem Thema

Dennoch ist da auch die Wahrnehmung, dass Soziale Arbeit sich schwer tut mit dem Genderthema. Die relativ erfolgreiche Etablierung des Genderthemas in der Sozialen Arbeit hat sich vor allem auf der Ebene des offiziellen Diskurses vollzogen. Hier ist es selbstverständlich geworden anzuerkennen, dass die Berücksichtigung der Genderfrage ein fachliches Muss für die Soziale Arbeit ist. In der Folge haben auch die Bemühungen zugenommen, die praktische Umsetzung dieses Gedankens durch institutionelle Verfahrensweisen zu sichern. Die Vergabe von Fördermitteln – besonders weit fortgeschritten ist dies bei EU-Projekten – ist an die Auflage gebunden, die Berücksichtung der Genderfrage nachzuweisen. Konzeptpapiere, Projektanträge, Tätigkeitsnachweise müssen dokumentieren, ob und was sie zur Gleichstellung der Geschlechter tun.

Dieser institutionelle Normalitätsstandard, der im Prinzip begrüßenswert ist, weil er eine Fachdimension – zwangsweise – fest im Bewusstsein der Einrichtungen Sozialer Arbeit verankert, hat jedoch eine problematische „Nebenwirkung" – wie dies auch bei vielen anderen institutionellen Top-down-Verordnungen der Fall ist. Er führt nämlich vielfach dazu, dass das Thema nun subtil „unterwandert" und konterkariert wird. Auf der öffentlichen „Vorderbühne" wird er bekräftigt, auf der „Hinterbühne" dann aber demontiert.

Nachdenklich muss z. B. ein Bericht machen, in dem die Stellungnahmen der Träger, die aus Mitteln des Kinder- und Jugendplanes gefördert werden, zu den Realisierungen von Gender Mainstreaming in ihrer Institution, ausgewertet wurden (Helmig, Schäfer 2004):

„Neben ausgefeilten Planungsprozessen zur Umsetzung von Gender Mainstreaming gibt es auch Träger, die alles, was irgendwie mit 'Frauen' zu tun hat, als Operationalisierung von Gender Mainstreaming verkaufen. Wenn es keine Reflexion und Diskussion darüber gibt, wie in mikrosozialen Bereichen Geschlechterungleichheit reproduziert wird, was verändert werden soll, besteht die Gefahr, dass Gender Mainstreaming auf der Ebene der formalisierten Durchführung institutionalisierter Verfahren verbleibt. Das Geschlechterverhältnis ist einerseits durch Gender Mainstreaming zu einem breiten gesellschaftlichen Thema geworden, aber es besteht die Gefahr, dieses Thema im Rahmen von formalisierten Verfahren abzuhaken, in Erklärungen wie der folgenden: 'Die Grundsätze des Gender Mainstreaming werden beachtet'." (Helmig, Schäfer 2004, 88)

Es wird zwar der offiziellen Leitlinie formal Genüge getan, in dem man „genderkorrekte" Sprache benutzt, auf die Wichtigkeit des Genderaspektes hinweist, „passende" Absichtserklärungen formuliert, aufzählt, dass man ebenso viele Frauen wie Männer, Mädchen wie Jungen erreicht und versorgt, erwähnt, dass man geschlechtergetrennte Gruppenangebote integriert. Aber hinter diesen Nachweisen artiger Normerfüllung fehlt dann manches Mal völlig der Prozess lebendiger und bereichernder genderbezogener Qualitätsentwicklung.

Die ausgegebene Leitlinie motiviert nicht unbedingt zur interessierten Beschäftigung mit der Frage, ob und wie in der eigenen Praxis Genderungleichheiten hergestellt werden und ob und wie dies verändert werden kann, sondern sie provoziert offenbar eine Haltung, diese Leitlinie mit dem geringst möglichen Aufwand zu „erledigen" und sich das Ganze erfolgreich „vom Hals zu schaffen". Sie führt dazu, dass in beeindruckender Weise die geeignete genderbezogene „Antrags- und Berichtslyrik" erlernt und gekonnt bedient wird, dass alles zitiert wird, was gemeinhin als Indiz für Genderqualität gilt. Doch dies alles hat dann mehr mit geschicktem Imagemanagement als mit tatsächlicher genderbezogener Qualitätsentwicklung zu tun. Investiert wird in das Thema nur so viel, dass die Gender-Pflicht ausreichend erfüllt ist und keine Beanstandungen kommen – damit dann letztlich das „business as usual" ungestört weiter stattfinden kann.

Solche Phänomene konfrontieren mit der kritischen Frage, was eine solche genderbezogene Erledigungspraxis eigentlich wert ist. Deutlich wahrnehmbar ist, dass die Etablierung des Genderthemas in den Institutionen Sozialer Arbeit nicht immer eine Bereicherung ist. Vielmehr nährt sie das Risiko von „Doppelbödigkeiten": Vordergründig wird das Fachthema ernst genommen, weil es angesichts der Macht des Themas nicht anders geht und zumindest „der Schein gewahrt werden muss". Hintergründig bleibt es aber leer, wird es nicht inhaltlich gefüllt. Es wird also nicht genutzt, um die eigene Praxis zu optimieren im Sinne der Verbesserung der „Passung" zu den Adressatinnen und Adressaten, im Sinne der Beförderung von Geschlechtergerechtigkeit.

Solche Vorgänge sind kaum wünschenswert. Dass sie stattfinden, hat sehr viel mit den allgemeinen Beharrungstendenzen in Organisationen zu tun. Jede Veränderungs- und Entwicklungsaufforderung erzeugt Widerstand. Dies ist beim Genderthema nicht anders. Offene Zukunftsfrage ist von daher, ob und wie dies zu verhindern ist. „Political correctness" hilft in der Sache kaum weiter.

Es gibt wohl kaum ein Fachthema, das trotz seiner offiziellen Anerkennung gleichzeitig so „ungeliebt" ist. Wo es auftaucht, ist der Raum erfüllt mit Spannungen: Scheu, Angst, Unterwürfigkeit, Aggression, Trotz, Identifikation, Empörung und Kränkung – immer gibt es eine unterschwellig oder auch offen explosive Stimmungslage. „Überspitzt formuliert: Beim Thema Geschlecht hört die Gemütlichkeit auf, und vor uns öffnet sich ein weites Feld der Gefühle" (Brückner 2001, 15). Das Thema polarisiert in Befürworter und Gegner, Freund und Feind, leidenschaftliche Streiter und Gelangweilte oder bockig Desinteressierte – und dies in einer Schärfe, die immer wieder erstaunt, auch erschreckt. Dies ist im Übrigen nichts Neues. In ihrer Historie zur Geschlechterpädagogik stellt Juliane Jacobi fest: „Der Diskurs war, und das unterscheidet ihn strukturell von anderen Diskursen über Kategorien sozialer Klassifikationen wie Altersgruppen oder Stand/Klasse immer vielstimmig und häufig kontrovers und enthielt bereits im ausgehenden Mittelalter Aspekte eines Streites" (Jacobi 2004, 422). Gender ist ganz offensichtlich nicht ein nüchternes Fachthema wie viele andere, das sachlich besonnen zu diskutieren ist, sondern es ist dazu angetan, eine emotional aufgewühlte Konstellation entstehen zu lassen. Es ist ein Reizwort par excellence, das widerstreitende heftige Affekte auslöst.

In der Regel zeigen sich diese Affekte nicht unverblümt offenherzig im öffentlichen Raum der Fachdebatte, sie artikulieren sich vielmehr eher hinter vorgehaltener Hand oder am „Stammtisch", schwelen verdeckt im Untergrund, um von dort aus jedoch für alle spürbar die Situation mit Spannung aufzuladen. Nur selten treten die aggressiven Affekte unverhüllt hervor und hinterlassen auch noch schriftliche Dokumente von Dauer (u. a. Giese 2001, Giese 2004, Knorr 2004) und damit die Chance, das Latente zu greifen und zu begreifen. Der nachfolgende exemplarische Textauszug stammt aus einer Polemik. Erschienen ist sie in einer Broschüre des Evangelischen Erziehungsverbands (EREV) zu „Gender in der Pädagogik", also in einer Fachpublikation, verfasst von einer Leitungskraft aus der Jugendhilfe, also von einem ausgewiesenen Fachmann

„Letzte Nacht hab ich nicht gut geschlafen. Alpträume. Ich sah zwei grinsende Sozialarbeiterinnen, die am Ende eines langen Tages sich in einer Düsseldorfer Altstadtkneipe nach dem Genuss mehrerer Altbier einen perfiden Plan entwickelten. 'Man müsste', meinte die eine glucksend, 'man müsste mal dafür sorgen, dass die gesamte soziale Szene sich mit einem Thema auseinandersetzen muss, das eigentlich gar keins ist – was aber keiner merkt.' 'Das geht nur', wirft die andere ein, 'wenn man ein Thema findet, das schön unscharf ist, so dass erstens niemand weiß, was nun eigentlich damit gemeint sei. Zweitens muss es ideologisch befrachtet sein, so dass jede und jeder, der dagegen Stellung beziehen würde, bereits sich selbst disqualifiziert hat. Drittens geht das nur, wenn es einen amerikanischen Titel hat – Sozialraumorientierung zum Beispiel wäre gut, wenn's nicht diese brav-deutsche Überschrift gäb ...' 'Viertens', entwickelt die erste die gemeine Idee weiter, 'viertens sollte niemand sagen können, wo eigentlich das Thema her kommt, wer oder was der Urheber sei, von einer Zuordnung zu einem Autor o. ä. ganz zu schweigen. Es muss sozusagen nebulös daher kommen, in seinem Ursprung und seinen Auswirkungen völlig verschwommen bleiben. Du wirst sehen, wenn wir so ein Thema finden, wird sich die soziale Welt gierigst darauf stürzen, es werden ungezählte Artikel erscheinen, in „Psychologie heute" werden pseudowissenschaftliche Untersuchungen zitiert werden, die alle die unglaubliche Relevanz des Themas belegen, und der EREV (Evangelischer Erziehungsverband L. R.) wird dem Thema eine Schriftenreihe widmen ...'

An dieser Stelle bin ich schweißgebadet hochgeschreckt – wie das, auch der EREV?? Auch wir selbst würden zwei halb betrunkenen Sozialarbeiterinnen auf den Leim gehen, die am Ende ihres phantasievoll-kreativen Austauschs auf das Thema „Gender Mainstream" kamen?? Und tatsächlich – Sie halten selbiges Heft in den Händen.

In einer Ausgabe der „ZEIT" vom November 2003 schrieb eine junge Studentin einen Leserbrief auf einen Artikel von Alice Schwarzer, die die mannigfaltige Benachteiligung der Frau in der Gesellschaft, speziell in der Arbeitswelt, beklagt und angeprangert hatte. Die Studentin argumentierte sehr einfach: Das Thema sei tot. Es wurde bereits Ende der 80er Jahre beerdigt. Sie als Studentin habe nicht im geringsten Nachteile gegenüber männlichen Kommilitonen. Sie vermute, dass die fortwährende Aufrechterhaltung des „Popanzes Benachteiligung" ihrerseits eher die Funktion erfüllt, die Frau in der Opferrolle zu halten. Sie fühle sich gar nicht als Opfer der gesellschaftlichen Verhältnisse und genieße aus vollen Zügen ihr Frausein.

Ist nun diese Studentin blind für die realen gesellschaftlichen Verhältnisse? Oder ist das Thema 'Gender' ein Un-Thema, eine Themen-Mumie, künstlich am Leben gehalten durch die Herz-Lungen-Maschine der sozialpolitisch korrekten Pädagogen-Äußerungs-Schwemme?" (Knorr 2004, 23 f)

Je nach Position wird diese Textpassage verschiedene Affekte beim Lesen ausgelöst haben. GenderexpertInnen werden sich empört abwenden ob der Unverschämtheiten. Sie werden dem Autor Ignoranz und Arroganz vorwerfen und ihn als Beweis dafür hinstellen, wie lebendig der männliche Sexismus noch immer in der Sozialen Arbeit ist und dass angesichts solcher Äußerungen noch viel zu tun ist. Andere, die dem Thema kritisch gegenüber stehen, werden sich bestätigt fühlen, den Affront mit heimlicher Genugtuung gelesen haben. Damit sind wir mittendrin in den Dynamiken der Genderdebatte. Die Frage ist weniger, wer Recht hat mit seinen Gefühlen – das haben letztlich beide –, sondern vielmehr, warum es unentwegt zu diesen Interaktionsabläufen kommt. Natürlich kann man dem Autor textimmanent nachweisen, wo er selbst die Gehässigkeiten praktiziert, die er den „Gender-Mainstreaming-Erfinderinnen" unterstellt. Doch es lohnt, sich den Text von außen als diskurskulturelles Quellenmaterial anzuschauen. Wenn man sich klar macht, dass dieser Text nicht im luftleeren Raum entstanden ist, sondern dass er Antwort auf „etwas" ist, dass er polemisch „etwas" verarbeitet, was offenkundig verärgert, ist die Frage, was dieses „etwas" denn ist. Der Text dokumentiert exemplarisch, dass Soziale Arbeit sich schwer tut mit dem Genderthema. Und als solcher fordert er dazu heraus darüber nachzudenken, was diese Schwierigkeiten erzeugt. Was provoziert diese Aufregungen?

Ursachensuche: Was macht Gender so schwer?

Gender ist eine Differenzvariable, die bei den Professionellen der Sozialen Arbeit selbst direkt präsent ist. Hier arbeiten Frauen und Männer – in verschiedenartigen Konstellationen: gemeinsam oder auch getrennt, hierarchisch angeordnet oder auch nicht, oft sind Frauen in der Mehrheit, aber nicht immer. Frauen und Männer praktizieren spezifische Arbeitsteilungen, haben spezifische Funktionen und Ränge inne, erhalten dafür unterschiedliche Bezahlung und öffentliche Anerkennung. Dies alles unterscheidet sie. Der Beruf der Sozialen Arbeit ist somit durchzogen von Geschlechterungleichheiten.

Jede soziale Kultur, die ihre Kohäsion sichern will, ist darauf angewiesen, Differenzen zwischen ihren Mitgliedern – welcher Art auch immer – so zu managen, dass sie keine zersprengende Wirkung entfalten können. Zu diesem Zweck werden Praxen entwickelt, mit denen die den Differenzen potentiell innewohnenden Konfliktpotentiale entschärft werden. Dies gilt auch in der Berufskultur der Sozialen Arbeit. Geht man davon aus, dass auch hier die soziale Kohäsion der Professionellen – ob in kleineren Teams, größeren Einrichtungen, Netzwerken jedweder Art – eine wichtige Arbeitsgrundlage darstellt, müssen auch hier Formen kultiviert werden, mit denen den vorhandenen Geschlechterungleichheiten ihre Spannungsmomente genommen werden. Wie sollte Soziale Arbeit ihre Aufgaben effektiv erledigen, wenn Frauen und Männer in ständigem Zwist wegen ihrer Arbeitsteilungen, Funktionen, Ränge, Bezahlung, Anerkennung lägen? So tut Soziale Arbeit das, was andere Kollektive auch tun, wenn sie Gemeinsamkeit sichern wollen: Sie de-thematisiert das Trennende, nämlich die Genderdifferenz, und sorgt dafür, dass es sie im individuellen und kollektiven Bewusstsein als Trennlinie nicht gibt. Die magische Formel ist: Wenn es Genderdifferenzen nicht gibt, können sie auch nicht zu Entzweiungen führen.

Die Einforderung der Qualitätsdimension Gender zerstört nun diese kollegiale und institutionelle Routine, denn sie thematisiert eine Differenz, die doch zu gruppenkulturellen Beruhigungszwecken lieber de-thematisiert sein soll. Mehr noch: sie hebt sie als Konfliktlinie ausdrücklich hervor, lädt sie in besonderer Weise ideell und emotional auf. Der Befund, dass sich Soziale Arbeit mit dem Genderthema schwer tut, ließe sich also lesen als Ausdruck der pragmatischen Abwehr einer drohenden Ruhestörung.

Anders als die zahlreichen anderen sozialen Ungleichheitskategorien, die in der Sozialen Arbeit schließlich auch unentwegt eine diskursive Rolle spielen, birgt die Genderdifferenz als Fachthema ein gesteigertes „Ruhestörungsrisiko". Denn: Gender betrifft die Mitglieder des Berufsstandes selbst, während die sonstigen Ungleichheiten in der Regel nur die Zielgruppen betreffen. Über Bildungsungleichheiten beispielsweise zu sprechen, gefährdet die Kohäsion der Professionellen nicht, weil sie selbst gemeinsam den gehobenen Bildungsschichten angehören; sich mit ethnischen Differenzen zu beschäftigen, ist relativ risikolos, solange KollegInnen mit Migrationshintergrund in der deutlichen Minderheit sind; Behinderung als Benachteiligungsmoment zu problematisieren, aktualisiert kaum gruppeninnere Konflikte, weil soziale Fachkräfte fast ausschließlich Menschen ohne Behinderung sind; auch Armut zu skandalisieren mobilisiert keine berufskulturellen Spaltungsrisiken, weil die Professionellen alle ein ähnliches – wenn auch niedriges – Gehalt bekommen. Diese Beispiele zeigen: Solange Differenzlinien nicht geradewegs selbst im beruflichen Kollektiv präsent sind, wie dies für Gender gilt, solange sie also erfolgreich „externalisiert" werden können als etwas, das nur die Außenwelt betrifft, solange können sie relativ unaufgeregt behandelt werden. Sie bergen dann keine kollegialen Unterschieds- und damit trennende Konfliktdimensionen. Dass sich Soziale Arbeit mit Gender schwer tut, hätte demnach damit zu tun, dass das Genderthema „Eigenes" angreift.

Margrit Brückner geht bei ihren Überlegungen zur Brisanz des Genderthemas in der Sozialen Arbeit noch weiter. Sie vermutet, dass sie damit zu tun hat, dass Gender an etwas erinnert, von dem man lieber nichts wissen will, weil es die Selbstidealisierungen als autonomes Wesen kränkt:

„Das Beunruhigende der Thematisierung des Geschlechts (...) sehe ich darin, dass es Frauen und Männer an ihre Geschlechtszugehörigkeit und an die Bedeutung des Geschlechts für unterschiedliche Lebenschancen und Entfaltungsmöglichkeiten in unserer Gesellschaft erinnert. Diese Erinnerung ruft nicht selten Schamgefühle hervor, da sie tabuisierte Bereiche der Persönlichkeit sichtbar macht, sozusagen den eigenen Unterleib ins Licht rückt. Daher ist es entlastend, sich auf der Körper- und Darstellungsebene als geschlechtsneutraler Mensch präsentieren zu können: Ich bin als Theoretiker oder Praktiker (männlich oder weiblich) ein leibunabhängiges, autonomes Individuum und werde daran gemessen – und messe mich selber daran, ob ich diese Position 'neutral' ausfülle. Je gewinnbringender es scheint (und ist), sich über die eigene Geschlechtlichkeit zu erheben oder sie zu ignorieren, desto größer die Wut auf diejenigen, die auf die Geschlechtsgebundenheit gesellschaftlicher Zusammenhänge und Deutungsmuster sowie auf die männlich determinierte Konstruktion des autonomen Individuums verweisen.

Das erklärt die heftige Ablehnung der Bedeutung von Geschlecht als sozialem Platzanweiser auch durch Frauen, die entweder um ihren traditionellen Ort in der Gesellschaft fürchten oder „aus eigener Kraft" in die von Männern beherrschten Bereiche der Machtausübung vorgedrungen sind. Vor allem letztere sehen die Gefahr, auf ihr Frausein zurück geworfen zu werden, das sie als Fessel abstreifen wollten, um ein „autonomer Mensch" zu sein." (Brückner 2001, 16f)

In diesen Ausführungen wird eine neue Blickrichtung eröffnet. Könnte es tatsächlich sein, dass das Genderthema deshalb ein so schweres für die Soziale Arbeit ist, weil es die Illusion der unabhängigen Selbst-Erzeugung zerstört? Könnte es sein, dass man sich gegen dieses Thema sperrt, weil man nicht sehen will, dass das eigene Ich keineswegs aus sich selbst heraus erschaffen wurde, sondern soziale Zugehörigkeiten und Vorgaben – unbewusst – reflektiert? Es spricht einiges für diese Vermutung.

In einer individualisierten Gesellschaft, in der Individuen aus traditionellen sozialen Bindungen und Normierungen freigesetzt werden und stattdessen Rationalität, Flexibilität, Selbstbestimmung und Selbstverantwortlichkeit zu den Idealen des modernen Lebenslaufmusters werden, kann es nicht ausbleiben, dass in den Selbstkonstruktionen der Individuen Verweise auf soziale Bindungen und ihre biografischen Einflüsse verwerflich werden. Schließlich würden sie die gesellschaftlich geforderte und persönlich gewünschte Autonomie infrage stellen. Stattdessen wird das eigene Sein ästhetisiert, d. h. es wird ästhetisch vor sich selbst wie vor anderen plausibilisiert: „Ich bin so, weil es mir so gefällt, weil ich es so mag", das ist das neue Credo. Der eigene Geschmack wird als Bezugspunkt für die eigene Biografie und den eigenen Habitus formuliert, soziale Bezugspunkte entschwinden. Biografie und Habitus werden damit selbstreferentiell.

Die Thematisierung von sozialen Biografieeinflüssen wie Gender verletzt das Tabu um die soziale Gebundenheit in den modernen Selbstentwürfen. Es legt den Finger auf eine Realität, die offenbar „unpassend" ist, die das Ideal von der persönlichen Unabhängigkeit irritiert und deshalb verdrängt wird. Die Scheu ist groß, das eigene So-sein als Ausdruck von gruppenkulturellen Zugehörigkeiten und Zuordnungen zu sehen. Dies gilt nicht nur bei der Genderkategorie. Beispielsweise ist in Seminaren zur Berufsrolle durchweg zu erleben, dass Studierende darauf bestehen, ihren Kleidungsstil als Ausdruck ihres ganz *persönlichen* Geschmacks zu verstehen. Die kritische Anfrage, ob hier nicht doch auch Stilmomente ihres Studienfaches und ihrer Berufswahl eine Rolle spielen könnten, wird als abwegig abgewehrt. Es scheint unvorstellbar, mehr noch: unerträglich, dass die eigene Kleidungswahl Zeichen einer Berufskultur spiegeln könnte. Auch der Verweis darauf, dass die Studierenden anderer Fächer doch ganz anders aussehen und dass man die „Sozialen" in der Mensa schon von weitem an ihrem Outfit erkennen kann, ändert an der Abwehr nicht viel. Dies zeigt, wie nachhaltig die Idee von der sozialen Losgelöstheit den Blick auf sich selbst bestimmt. Vergegenwärtigt man sich dieses, erklärt sich ein Stück mehr, warum Soziale Arbeit sich mit dem Genderthema schwer tut. So wie man die Vorstellung schlecht erträgt, dass man so ist und sich so zeigt, weil man ein Studium der Sozialen Arbeit absolviert, so kann man auch nur schwer die Idee zulassen, das man selbst und andere so sind und sich so zeigen, weil sie Frauen oder Männer sind.

Das Problem der „Schnappmechanismen" in der Genderdebatte

> Die neue Kundin eines Fitness-Studios erhielt einen Schlüssel mit der Nummer 99 für ihren Schrank im Umkleideraum. Im Umkleideraum suchte sie ihren Schrank, fand jedoch keinen Schrank mit der Nummer 99. Die Nummern endeten bei 80. Sie sah im Flur nach, ob es noch einen weiteren Damenumkleideraum gab, den sie bisher nicht wahrgenommen hatte. Es gab aber keinen. Sie kehrte zurück und suchte noch einmal, vielleicht hatte sie doch eine Ecke übersehen, wo noch weitere Schränke standen. Es musste doch irgendwo die 99 geben. Aber sie fand keinen Schrank mit der Nummer. Schließlich ging sie zum Studioleiter zurück und teilte mit, dass es keinen Schrank mit der Nummer gäbe. Der Mann drehte den Schlüssel schmunzelnd um. Darauf war nun die 66 zu lesen.

Über Gender als Qualifizierungsdimension nachzudenken, fordert dazu heraus, sich damit zu beschäftigen, was das Thema so schwer macht. Alle hochfliegenden Programmatiken sind nicht viel wert, wenn nicht verstanden wird, warum sie so mühsam zu realisieren sind und warum sie immer wieder abgedrängt werden. Üblicherweise werden die Gründe für das Scheitern von Fachthemen in externen Faktoren gesehen: Es sind dann immer „die Anderen", die Gegner, die Sachverhalte nicht begreifen, die das falsche Bewusstsein haben, borniert sind, nicht bereit sind, Mittel bereit zu stellen usw. Auch in der Genderdebatte werden solche Problemdeutungen angewandt: Das Genderthema ist noch unzureichend entwickelt, weil andere sich ihm nur unzureichend zuwenden, heißt es dann.

Solche Erklärungen haben ihren gewissen Realitätsgehalt, doch gleichzeitig greifen sie zu kurz. Sie blenden aus, was der Fachdiskurs selbst dazu beiträgt, dass andere sich ihm nur unzureichend zuwenden. Damit werden Erkenntnismöglichkeiten und Entwicklungshorizonte begrenzt. Dies legt es nahe, die „Knoten" in den eigenen Wahrheitskonstruktionen aufzuspüren und anzuschauen, wie dies die Frauenforscherin Karin Walser schon vor langer Zeit formulierte: „Wir werden nicht drum herum kommen, uns Gedanken darüber zu machen, was es mit unseren Gedanken und Theorien auf sich hat, dass wir uns in der Sonderecke befinden. Man kann zwar immer behaupten, dass wir da reingedrängt werden, aber möglicherweise ist das nicht der einzige Grund, vielleicht liegt das bereits an unseren Theorien" (Walser 2005 a/1989, 148).

Diskurse schaffen Ordnungen. Sie formulieren einen Code, in dem Wahrheiten produziert werden. Sie liefern Muster, in denen über Gegenstände gesprochen wird und Problemlösungen gesucht werden. Unter der Hand werden durch sie Wahrnehmung und Wahrnehmungsverarbeitung reguliert und kanalisiert. Sie legen spezifische Realitätsdeutungen und Argumentationsstile nahe, andere schließen sie aus, verbieten sie gar. Sie machen Spezielles zu Gewissheiten, während anderes ungesehen, sprachlos und damit undenkbar bleibt. Im konstruktivistischen Sinne erzeugen und plausibilisieren Diskurse also Realitäten. Sie lassen etwas sehen und begreifen, doch gleichzeitig verschließen sie auch immer etwas. So produziert jeder Diskurs seine eigenen „blinden Flecken" – nicht weil das irgendjemand so will und beabsichtigt, sondern ganz einfach durch die Art und Weise, wie über einen Gegenstand nachgedacht und gesprochen wird, also textimmanent.

Solange man beispielsweise davon ausging, die Welt wäre eine Scheibe, solange wagte man sich auch nicht weiter hinaus in den unbekannten Raum der Meere aus Angst, dass man am Ende vom Rand der Scheibe ins Nichts fällt. Denn etwas anderes war gar nicht vorstellbar bei einem solchen Weltbild. Erst die Idee, dass die Erde eine Kugel ist, ermöglichte neue Raumerschließungen, denn bei einer Kugel konnte es auch nicht mehr die Gefahr des Herunterfallens geben. Oder ein anderes illustrierendes Beispiel aus der Sozialen Arbeit: Von einer Exkursion deutscher Erzieherinnen in französische Kindertageseinrichtungen wird von einem sprachlichen Übersetzungsproblem berichtet, in dem sich letztlich eine länderspezifische Diskursdiskrepanz zur öffentlichen Erziehung verbirgt. Die deutschen Erzieherinnen fragten ihre französischen Kolleginnen: „Wie würde es Ihnen gehen, wenn Sie ihr Kind als Mutter so früh zur Betreuung in eine Einrichtung geben sollten? Haben Sie nicht das Gefühl, dass Sie ihr Kind abgeben (das Wort „abgeben" mit einer eher negativen Konnotation im Deutschen)?" Daraus entstand die Frage nach der richtigen Übersetzung von „abgeben" und es wurde schließlich von den französischen Erzieherinnen übersetzt mit: „übergeben" im Sinne von „anvertrauen" (Büttner 2003 a, 37).

Diese Episode zeigt: es ist keineswegs belanglos, wie über Sachverhalte gedacht und gesprochen wird, sondern im Prozess des Bezeichnens werden Realitäten mit erschaffen. Die Tatsache, dass in der deutschen Sprache Eltern ihre Kinder im Kindergarten „abgeben", kleidet diesen Vorgang in eine andere emotionale Stimmung ein als die Formulierung des „Übergebens" in der französischen Sprache. Diskurse haben somit weit reichende Praxisfolgen. Sie kanalisieren das, was man fühlt, tut und an Handlungsperspektiven für möglich halten kann.

Gerade dann, wenn Fachdebatten und Praxisentwicklungen unbefriedigend erscheinen – und dies lässt sich wohl für die Genderdebatte mit Abstrichen behaupten –, kann es daher lohnenswert sein, Diskurslinien kritisch in den Blick zu nehmen, um mögliche Blockaden aufzuspüren. Wo werden wodurch ungewollt und oftmals auch ungeahnt Blockaden erzeugt, die die Genderdebatte zurückwerfen, an denen kein rechtes Weiterkommen mehr möglich ist, wo man sich „verbeißt"?

Im Nachfolgenden sollen eine Reihe solcher Blockadepunkte thematisiert werden. Sie werden als „Schnappmechanismen" bezeichnet. Dies soll metaphorisch ausdrücken, dass es Aussagen in der Genderdebatte gibt, bei denen etwas verschließend „zuschnappt". Einzelne Begriffe und Aussagen lösen wie in einem automatisierten Reiz-Reaktions-Schema spezifische Wahrnehmungs-, Denk- und Deutungseffekte aus, die verhindern, dass anderes jenseits des Eingeschlossenen gesehen werden kann.

Gender betrifft Frauen

Dass Frauen und Männer, Mädchen und Jungen ein Geschlecht haben, wird niemand abstreiten. Da liegt es eigentlich auf der Hand, in der Genderdebatte auch *beide* Geschlechter zu thematisieren. Dennoch zeigt die Genderdebatte die Tendenz, sich vor allem als Frauenfrage zu inszenieren, wie sie auch öffentlich vor allem als Frauenfrage wahrgenommen wird. Sie dreht sich um das weibliche Geschlecht, während das männliche über den Status einer Randnotiz nicht hinauskommt.

Frauen- und Mädchenfachbücher dominieren zahlenmäßig eindeutig. Selbst dort, wo Bücher explizit als Genderbücher ausgewiesen sind, erweisen sie sich manches Mal bei genauerem Lesen dann doch insofern als relativ „frauenlastig", als sie überwiegend weiblichkeitsspezifische Probleme behandeln. Themen der weiblichen Lebenswelt sind und werden intensiv und differenziert untersucht. Die Studien der Mädchen- und Frauenforschung sind mittlerweile kaum mehr zählbar. Genderbezogene Studienschwerpunkte waren lange Zeit ausschließlich Frauenschwerpunkte. Die Sitzungen zu Genderaspekten eines Seminarthemas enthalten Anmerkungen zu frauen- und mädchenspezifischen Besonderheiten. Bei der Frage nach der Genderrelevanz in der Sozialen Arbeit wird zuallererst an mädchen- und frauenspezifische Konfliktlagen, Praxisprobleme und Praxisansätze gedacht.

Dazu kommt: das Thema untersteht weiblicher Personalhoheit, und es wird ihr permanent unterstellt. Die Genderdebatte wird von Frauen geführt. Sie erscheint als eine, die „naturwüchsig" nur von Frauen geführt werden kann. Das Thema ist Frauensache. Männer haben eigentlich nichts damit zu tun, können vernünftigerweise auch nichts damit zu tun haben. Nicht selten ist in Einrichtungen zu erleben, dass das Fehlen genderbezogener Qualitätsentwicklung völlig selbstverständlich mit dem Fehlen einer entsprechend kundigen Mitarbeiterin erklärt wird. Doch was hat eigentlich das eine mit dem anderen zu tun? Wieso ist es so selbstverständlich, dass männliche Fachkräfte nicht über Genderqualifizierungen in ihrer Praxis nachdenken können, sondern dass dazu eine Frau von Nöten ist? Wie ist es zu dieser eigentümlichen Gleichsetzung von „Frau und Genderqualität" gekommen?

In jüngerer Zeit finden hier zwar energische paradigmatische Brechungen statt, die die bisherige Weiblichkeitsfokussierung in eine Betrachtung beider Geschlechter überführt. Es ist nicht zu übersehen, dass viele offizielle Texte der Politik, Beiträge der Genderforschung und der Sozialen Arbeit nun konsequent von Frauen und Männern, Mädchen und Jungen sprechen. Doch diese Diskursinnovation dringt nicht so recht ins Alltagsbewusstsein und allgemeine Fachbewusstsein durch? Wieso kippt die Genderfrage weiterhin in der oben skizzierten Weise zur Frauenseite?

Eine ganz schlichte Erklärung bietet sich schnell an: Seit den Anfängen der Frauenbewegung zu Beginn der 70er Jahre, also über einen sehr langen Zeitraum, ist die Geschlechterfrage ausschließlich als Frauenfrage verhandelt worden. Das Geschlechterthema kam sozusagen als Frauenthema in die Welt. Und es brauchte seine Zeit, bis es sich überhaupt im öffentlichen Wissensfundus etablieren konnte. Da kann es nicht ausbleiben, dass Neugestaltungen des Themas, wie sie sich derzeit vollziehen, wiederum auch viel Zeit brauchen, um „anzukommen" und die alt gewohnte Denkfigur zu ersetzen. Es wäre demnach nur noch eine Frage der Zeit, bis sich der Schnappmechanismus von „Gender zu Frau" endgültig löst.

Dennoch gibt es auch Diskurskonstrukte, die immanent ständig neu dafür sorgen, dass die Genderfrage sich immer wieder neu zur Frauenfrage eindampft. Dazu gehört der vielfach geführte Nachweis, dass in der menschlichen Historie die „Gleichsetzung von „Mann-Sein" und „Mensch-Sein" (Mogge-Grotjahn 2004, 16) prägend war und ist. Das männliche Geschlecht ist das allgemeine, das weibliche das besondere. Damit hat das männliche Geschlecht in den kulturellen Vorstellungen kein Geschlecht mehr, während das weibliche zum Träger des Geschlechtlichen per se wird. Und es führt dazu, dass Geschichte von Männern gemacht wird, während Frauen als gesellschaftliche Wesen unsichtbar bleiben. Männern gehört die Öffentlichkeit und damit die gesellschaftliche Vorderbühne, während Frauen im Privaten und damit auf der Hinterbühne eingeschlossen sind. Ihre Leistungen werden übergangen, systematisch verschüttet. Sie haben selbst keine Möglichkeit sie sichtbar zu machen, weil ihnen öffentliche Selbstartikulationsmöglichkeiten fehlen. Zu diesen Vorgängen hat die Frauenforschung viel Aufschlussreiches gesagt.

„Die weit verbreitete Ignoranz von Männern gegenüber ihrer Zugehörigkeit zum männlichen Geschlecht und der Existenz eines 'zweiten' Geschlechts (Beauvoir) beispielsweise bei der Auseinandersetzung mit 'Arbeit' oder 'Jugend' ermöglicht Männern die Inanspruchnahme einer 'allgemeinen' Perspektive: So gesehen entpuppt sich der Main-Stream als Male-Stream. Selbstverständlich entwickeln Männer auch Annahmen über Frauen, zumeist ohne dabei die männerzentrierte Perspektive zu verlassen (z.B. hinsichtlich der Erziehungsfunktionen von Frauen zur Verhinderung jugendlicher Gewalttätigkeit). Die derzeitige Betonung des Frauseins von Frauen und die Notwendigkeit einer Frauenperspektive in Theorie und Praxis ist daher als Konsequenz zu sehen, die aus dem 'Vergessen' von Frauen und ihrer strukturellen Benachteiligung gezogen wurde.

Die männliche Anmaßung als 'erstes' Geschlecht das Menschsein zu verkörpern, hat Männern nicht nur ermöglicht, die Benachteiligungen von Frauen zu verschleiern, sie hat Männer auch von ihrer eigenen Geschlechtlichkeit befreit – ohne sie ihnen zu nehmen. Hingegen wurde Frauen, die ihren Teil des Menschseins einforderten, indem sie 'männliche' Positionen besetzten, bis vor kurzem Geschlechtlichkeit rundweg abgesprochen. Sie wurden als Neutra behandelt.

Wie vertrackt die Verhältnisse sind und wie untergründig geschlechtsspezifische und andere Zuschreibungen auf der Basis von Körperlichkeit weiterhin wirksam sind, hat die amerikanische Forscherin Sandra Harding folgendermaßen veranschaulicht: When a woman enters a room, sex comes in, and when a black person enters a room, race comes in (...). Weiß wird demnach nicht als ethniespezifische Farbe wahrgenommen, und Mann steht nicht für Sexualität und Geschlechtlichkeit." (Brückner 2001, 16)

Diese Textpassage legt offen, wie die Redefiguren zu Gender aus sich heraus dazu führen, dass das, was kritisiert wird, sich fortsetzt. Mit dem Nachweis, dass Männlichkeit in unseren kulturellen Konstruktionen entgeschlechtlicht und Weiblichkeit vergeschlechtlicht ist, wird der Grund dafür gelegt, dass die Frauenperspektive im Ausgleich besonders gewichtet sein muss. So wird quasi der Teufel mit dem Belzebub ausgetrieben. Wenn angenommen wird, dass der fachliche Main-Stream ein Male-Stream ist, kann die logische Schlussfolgerung nur sein, die Female-Dimension zu stärken, um dem Male-Stream seine Einseitigkeit zu nehmen. Aber ist der Main-Stream denn tatsächlich ein Male-Stream? Das würde ja wiederum heißen, dass zum männlichen Dasein längst alles gesagt wäre. Aber ist es das wirklich? Wenn es stimmt, wie die Frauenforschung proklamiert, dass das Männliche immer das Allgemeine war, dann heißt das doch gerade, dass zum männlichen Dasein *als* männlichem Dasein eigentlich noch nicht viel gesagt sein kann. Es gäbe also eine Leerstelle in Sachen Männlichkeit. Vielleicht ist die Idee des Male-Stream, so einvernehmlich sie auch immer propagiert wird, das Denkhindernis auf dem Weg zu einem doppelseitigen Genderbegriff. Zumindest transportiert sie Automatismen, die dafür sorgen, dass bei Gender immer nur über das eine Geschlecht gesprochen wird. Will man dieses nicht, wäre es einen Versuch wert, sich von der Idee des Male-Stream zu verabschieden.

Die Idee ist auch schon deshalb zu relativieren, weil sie ganz einfache gruppendynamische Vorgänge übersieht. Die Formulierung „When a woman enters a room, sex comes in" ist ja nur so lange haltbar, wie ein Männertraum unterstellt wird. Für andere Räume stellt sich das ganz anders dar. Wenn eine Frau in einen Frisiersalon tritt, wird damit keineswegs „sex" wirksam, vielmehr geschieht dies in dem Moment, wenn ein Mann den Salon betritt. Wenn eine Frau in einen Kindergarten kommt, wird damit auch nicht „sex" lebendig, vielmehr ist das dann der Fall, wenn ein Mann an diesem Ort auftaucht. Und wenn eine Frau bei einer Genderforschungstagung spricht, umgibt sie keineswegs „sex", es ist vielmehr der Mann, der dort auftritt, der dieses dann repräsentiert. Es hängt immer vom Code des jeweiligen sozialen Raumes ab, wer hier Geschlecht symbolisch verkörpert. Soziale Vergemeinschaftungen erfolgen über den Bezug auf Gleiches, was immer es auch sei. Dies hat zur Folge, dass immer, wenn jemand dazukommt, der nicht das Gleiche, sondern etwas Anderes verkörpert, mit diesem Anderen primär identifiziert wird. Die Konfrontation mit dem Unterschied rückt das Andere erst ins Bewusstsein, durchweht dann zwangsläufig die soziale Situation wie dies vorher nicht möglich war und verlangt nach einer Bewältigung des Trennenden. Dies kann die Ausstoßung des Anderen, die Dramatisierung oder die Nivellierung des Unterschieds, die Tabuisierung, der Witz oder anderes sein.

Wenn Kinder in einer Seminarsitzung auftauchen, lassen sie die Altersdifferenz akut werden. Wenn Jugendliche aus dem einen Dorf bei der Kirmes des anderen Dorfes auftauchen, mobilisieren sie Lokalität als sozialen Bezugspunkt. Und wenn angezogene Menschen einen FKK-Strand betreten, ist die Nacktheit als Thema wieder da. Männer *und* Frauen, Jungen *und* Mädchen können so besehen prinzipiell situativ zu Trägern von Geschlecht werden. Es mag verschiedene Strategien geben, wie die Geschlechterdifferenz in dem einen oder anderen Fall bearbeitet wird. Dass nur Frauen und per se Frauen das Geschlechtswesen verkörpern würden, stimmt somit aber nicht so ganz.

Gender heißt Frauenbenachteiligung

> „... die sozial gemachten „gender"-Differenzen sind für viele, für zu viele Frauen von Nachteil. Sie bedingen ein Ungleichgewicht, das die Chancen von Frauen schmälert, sei es in Bezug auf gesellschaftliche Teilhabe, sozialen Einfluss, berufliche Positionen, ja mitunter sogar schon die Berufswahl betreffend. Gleiches gilt für die Lebensplanung."
>
> (Editorial zum Schwerpunktheft „Genderkompetenz" des Sozialmagazins 10/2005)

Über die Genderdifferenz zu sprechen transportiert immer die Vorstellung eines hierarchischen Geschlechterverhältnisses mit: Männer und Jungen dominieren in diesen Verhältnissen, sind strukturell bevorzugt, Frauen und Mädchen sind benachteiligt. Die Ungleichheit zwischen den Geschlechtern ist also keine egalisierte in dem Sinne, dass beide Geschlechter eben „einfach nur" verschieden sind, sondern sie ist immer eine des Machtungleichgewichts, und zwar zu Ungunsten der Frauen. Als eine von vielen ProtagonistInnen für diese Grundannahme sei die renommierte US-amerikanische Genderforscherin Judith Lorber exemplarisch zitiert: „Meine These ist (...), daß es nach wie vor Zweck von *gender* als moderner gesellschaftlicher Institution ist, Frauen als Gruppe so zu konstruieren, daß sie Männern als Gruppe untergeordnet sind" (Lorber 2003, 81). Die Genderdualität ist eine Genderopposition, bei der eine Seite stärker dasteht als die andere, und zwar die männliche – so jedenfalls die verbreitete Vorstellung. Auch die in jüngerer Zeit zu verzeichnende Thematisierung der „männlichen Verlierer" ändert hieran nicht viel.

Gleichzeitig gibt es in der entsprechenden Fachliteratur die Verweise darauf, dass diese so klar formulierte Hierarchie heutzutage sehr viel schwerer zu fassen ist. „Daß seit den Anfängen der neuen Frauenbewegung Veränderungen stattgefunden haben, ist offensichtlich. Diese lassen sich jedoch als modernisierte Variante des alten Geschlechterverhältnisses interpretieren, bei der die bekannte Struktur des (...) Ausschlusses von Frauen und Mädchen aus allen gesellschaftlichen Bereichen zwar nicht mehr offen zutage tritt, aber subtiler und verdeckter, auch differenzierter, weiter funktioniert" (Bitzan 1999, 64). Auch wenn also anerkannt wird, dass sich die Geschlechterverhältnisse verändert haben, so wird doch immer wieder mit Nachdruck darauf verwiesen, dass Benachteiligungsstrukturen heute letztendlich unverändert weiterwirken. Die französische Feministin Elisabeth Badinter spricht deshalb von der weiblichen „Viktimisierung", die die Genderdebatte durchzieht. Diese Rede von der weiblichen Benachteiligung ist jedoch aus verschiedenen Gründen problematisch.

Erstens ist theoretisch ungeklärt, wie in diesem Modell die anderweitigen sozialen Differenzlinien verarbeitet sind. Niemand – und auch nicht die Genderforschung – streiten letztlich ab: Weder die vielzitierte strukturelle Benachteiligung von Frauen, noch die strukturelle Bevorteilung von Männern gilt immer und überall, sozusagen flächendeckend und durch das ganze Leben, sondern sie ist vielfach verworfen durch weitere soziale Ungleichheitsdimensionen. Sie wird durch andere soziale Hierarchisierungsmomente durchkreuzt oder sogar umgedreht – z. B. durch Alter, Schicht, Ethnie, ökonomischen Besitz, Bildung, körperliche Merkmale. Schon seit den neunziger Jahren hat sich die Frauen- und Geschlechterforschung damit auseinandergesetzt, dass Gender in der modernen Gesellschaft nur *eine* Ungleichheits- und Hierarchiedimension unter mehreren ist. Dennoch ist unklar, wie diese zueinander stehen. Stattdessen findet sich in der Literatur ein verwirrendes Nebeneinander von „alten" hierarchischen Patriarchatsbefunden und „neuen" Relativierungen, wie z. B. bei Judith Lorber:

„Obwohl ich das Patriarchat, oder die Unterdrückung und Ausbeutung der Frauen durch die Männer, als das Hauptmerkmal von *gender* als einer sozialen Institution in vielen Gesellschaften einschließlich der postindustriellen Länder des späten zwanzigsten Jahrhunderts ansehe, ist *gender* kein Synonym für Patriarchat oder für die Herrschaft von Männern über Frauen. *Gender* ist ein allgemeinerer Begriff, der alle sozialen Bestimmungen umfaßt, durch die Menschen sortiert und einem bestimmten *gender*-Status zugewiesen werden. Meine These ist, daß es (...) innerhalb jedes *gender*-Status rassen- und klassenbedingte Statusunterschiede gibt, die das universelle Muster von Männerherrschaft und Frauenunterdrückung, das mit dem Konzept des Patriarchats impliziert ist, durchkreuzen und somit Lügen strafen." (Lorber 2003, 44)

Nimmt man dies ernst, kann die Diagnose von der Genderhierarchie genau genommen nur noch relational gelten, nicht mehr pauschal. Dennoch dokumentiert der Text auch die weiterhin bestehende Neigung, der Hierarchiediagnose bei allen Einschränkungen doch eine prominente Position zu erhalten, indem „die Unterdrückung und Ausbeutung der Frauen durch die Männer" zum „Hauptmerkmal von *gender*" erklärt wird. Dies nimmt quasi die formulierten Öffnungen wieder zurück und bekräftigt entgegen der vollzogenen Differenzierungen erneut die alte Idee von der dominanten Geschlechterhierarchie.

Zweitens irritiert die Kontextlosigkeit dieser Hierarchiebefunde. Einem empirischen Phänomen wird eine Bedeutung zugewiesen – nämlich Macht oder Ohnmacht, Vorteil oder Nachteil – ohne mit zu bedenken, dass es je nach sozialem Kontext ganz verschiedenes bedeuten kann. Die Gewaltbereitschaft von Jungen mag beispielsweise in gewissen subkulturellen Szenen ein Statusvorteil sein, in vielen anderen gesellschaftlichen Räumen zieht sie jedoch Marginalisierung und Kriminalisierung nach sich. Ebenso gibt es Hinweise darauf, dass das – männliche – Biografiemuster der Erwerbslaufbahn Männern zwar Geld verschafft, also Privilegien, dass es sie aber gleichzeitig auch im Alter nach der Erwerbsphase verletzlicher macht. Und auch das männliche Geldverdienen kann nur solange als Ausdruck männlicher Privilegien gelesen werden, solange selbstverständlich unterstellt wird, dass der, der das Geld verdient, auch darüber verfügt. Doch können die ehelichen Arrangements zur Verfügungsgewalt über das männliche Einkommen ganz anders aussehen. Diese knappen Blitzlichter lassen Zweifel an den pauschalen und eindeutigen Diagnosen zur Genderhierarchie aufkommen. Vielleicht ist das Geschlechterverhältnis mit seinen angenommenen Dominanzen und Unterordnungen doch verwickelter und uneindeutiger?

Drittens macht nachdenklich, dass zur Bekräftigung des benachteiligten weiblichen Status immer nur passende Befunde angeführt werden und die unpassenden unterschlagen werden, die eine weibliche Privilegierung anzeigen könnten. So werden die besseren Schulleistungen und Schulabschlüsse von Mädchen, die sich als weibliche Privilegierungsindizien lesen lassen, damit entschärft, dass man das Augenmerk eilends wieder auf die späteren beruflichen Etablierungsschwierigkeiten von jungen Frauen, und damit auf erneute weibliche Benachteiligungen lenkt. Ebenso wird mit dem Phänomen der längeren Lebenszeit von Frauen verfahren. Auch diese wird in der Regel nicht als Ausdruck von Bevorteilung diskutiert, sondern sie wird durch die Verweise auf die größere Altersarmut von Frauen in ihrem Wert entkräftet.

Diese selektive Empirie geht sogar soweit, beim Nachweis weiblicher Benachteiligungen vergangene historische Zustände oder die Verhältnisse in Entwicklungsländern zu bemühen. Dies ist nicht per se unzulässig, es wird aber dann bedenklich, wenn damit historische Veränderungen und nationale Differenzen verwischt werden und auf diese Weise der weiblichen Benachteiligung eine Brisanz verliehen wird, die sie realerweise nicht überall und ewig hat. Es ist ebenso dann bedenklich, wenn auf diese Weise die einfache soziale Tatsache, die eigentlich jedem, auch den VerfechterInnen der weiblichen Benachteiligungsfigur klar ist, dass nämlich auch Männer und Jungen stellenweise benachteiligt sein können, geradewegs immer wieder aus dem Aufmerksamkeitsfokus gerät. Männer und Jungen finden sich „keineswegs immer auf der Seite der relativen Gewinner und Privilegierten, sie werden etwa vielmehr erheblich häufiger kriminalisiert und sie töten sich auch häufiger als Frauen" (Scherr 2002, 377).

Viertens stellt sich die grundsätzliche Frage: Wo ist eigentlich der Maßstab für die strukturelle Bevorteilung und Benachteiligung? Sind es das erlebte Wohlbefinden, der Gesundheitsgrad, das Ausmaß der Macht und der Handlungsoptionen, der Besitz ökonomischen, sozialen und kulturellen Kapitals? Und was ist, wenn die Machtfülle und die großzügigen Handlungsoptionen, die Männern unterstellt werden, gleichzeitig zu erhöhten Belastungen und Stress führen und zu geringerem Wohlbefinden, wie auch zu beobachten? Was ist, wenn wir sehen, dass die vermeintlich privilegierte männliche Geschlechtergruppe gleichzeitig auch an den äußersten Rändern der Gesellschaft überrepräsentiert ist, z. B. in den Gefängnissen, auf der Straße (Farrell 1995). Was ist, wenn wir die männliche Geschlechtergruppe zwar nachweislich zahlenmäßig überproportional in vielen gesellschaftlichen Machtpositionen finden, sie aber genauso vermehrt bei den Arbeitstätigkeiten zu finden sind, die als „Dreckarbeiten" verrufen sind, bei denen der eigene Körper ruiniert wird oder auch das eigene Leben riskiert werden muss?

Bis heute ist nicht geklärt, auf welcher Grundlage die Pauschaldiagnosen zustande kommen? Macht es Sinn, für jedes Geschlecht alle Benachteiligungsmomente aufzuaddieren, dann die Privilegien abzuziehen und dann die Ergebnisse bei beiden Geschlechtern gegeneinander aufzurechnen? Ist so etwas überhaupt möglich? Wie will ich denn den Fakt, dass Jungen im Kindesalter mehr krank sind, damit aufrechnen, dass Mädchen dann im Jugendalter mehr krank sind? Wie will ich in Beziehung setzen, dass Frauen von Männern und Männer von Männern geschlagen werden, dass Männer in den Fußballstadien sind und Frauen auf den Kirchentagen? Je nach Interessenslage wird mal das eine zum Kriterium für Macht erklärt, mal das andere, wird das eine zur „richtigen" Macht erklärt und das andere nur zur „Scheinmacht". Zudem wird mit unterschiedlichem Maß gemessen. Während z. B. die höhere Zahl psychosomatischer Erkrankungen bei Frauen als Beweis für belasteteres Frauenleben gehandelt wird, werden die „harten" Erkrankungen wie Herzinfarkte, die bei Männern mehr vorfindbar sind, nicht in dieser Weise gedeutet.

Bei alledem wird nicht reflektiert, was Pierre Bourdieu als gesellschaftlichen Positionierungsmechanismus herausgearbeitet hat: Das Aneignen und Einsetzen verschiedenartiger Kapitalsorten mit je eigener Wesenhaftigkeit (1983). Kulturelles, soziales und ökonomisches Kapital sind nicht nur nicht identisch, sie sind auch unterschiedlich zugänglich, sind in unterschiedlichen Situationen unterschiedlich von Wert und unterschiedlich einsetzbar, sind unterschiedlich gegeneinander eintauschbar. Die Anordnung der Individuen im sozialen Raum, die Statusmarkierung von Individuen und Gruppen, ihre sozialen Auf- und Abstiege sind damit Ergebnis diffiziler Verrechnungsprozesse zwischen den eingesetzten Kapitalsorten, ihren Wertsteigerungen und Wertverlusten, bei denen nicht *ein* Kapital auszumachen ist, das alles entscheidend ist und bei denen es auch nicht *die* Machtposition gibt, sondern soziale Differenzen und Hierarchien in verschiedenen gesellschaftlichen Räumen verschieden ausfallen können. Die einfachen Geschlechterhierarchiediagnosen lassen diese verwickelten und hochdynamischen Prozesse ausgeblendet.

Fünftens hat die Diagnose von der weiblichen Benachteiligung einen unheilvollen Effekt für die fachlichen Kommunikationsprozesse. Bei männlichen und weiblichen KollegInnen entsteht Unwillen, weil sie vieles, was sie selbst wahrnehmen bei Mädchen und Jungen, Frauen und Männern in der Pauschaldiagnose nicht berücksichtigt sehen. Männer fühlen sich angegriffen, weil sie Vertreter des strukturell bevorzugten Geschlechts sind. Sie fühlen sich kollektiv diskreditiert, wehren sich verständlicherweise mit Gegenangriffen oder fügen sich demütig der Etikettierung. Beides ist für die Sache der Genderqualifizierungen in der Sozialen Arbeit letztlich wenig produktiv.

Sechstens bleibt schließlich die Frage, warum sich das Anliegen der Genderqualifizierungen so sehr darauf kapriziert, für Frauen und Mädchen das größere Elend nachzuweisen. Geht es dabei um geschlechterpolitischen Protektionismus oder wird für die Aufgabenstellung Sozialer Arbeit damit wirklich etwas gewonnen? Die Genderpädagogin Margitta Kunert-Zier hält das Wissen um strukturelle Genderhierarchien für eine grundlegende Basis von Genderkompetenz in der Sozialen Arbeit, und sie geht davon aus, dass soziale Fachkräfte, die davon „ausgehen, dass es keine Benachteiligungen gibt, (...) kaum überzeugende genderbezogene Arbeit leisten können" (Kunert-Zier 2005, 26). Dies leuchtet ein, und doch bleibt zumindest die Frage, ob damit auch der Umkehrschluss automatisch gilt. Führt das Wissen um Benachteiligungen tatsächlich gradlinig zu einer guten genderbezogenen Sozialen Arbeit? Oder kann dieses Wissen nicht auch kontraproduktiv wirken – dann nämlich, wenn es zu einem Fetisch wird, der ablenkt von vielen anderen wichtigen Fragen der Genderqualität.

Die Frage stellt sich auch nach der diskursiven „Einkleidung" des Benachteiligungswissens. Muss es „dick aufgetragen" und als Anklage präsentiert werden, muss es auf jeden Fall für Mädchen und Frauen den Benachteiligtenstatus sichern? Für eine gute Kinderarbeit ist es auch weniger entscheidend, dass man sich und anderen zunächst die Benachteiligungen, denen Kinder in unserer Gesellschaft ausgesetzt sind, klar macht, die es schließlich auch gibt. Und für eine gute Altenarbeit ist es letztlich auch relativ unerheblich, ob man es schafft, erfolgreich den Nachweis für die Benachteiligung von Senioren in unserer Gesellschaft zu führen. Geht es tatsächlich in der Genderdebatte darum, dass man mit der Identifizierung von genderbezogenen Benachteiligungen Frauen und Mädchen besser helfen kann oder geht es auch um ganz anderes? Die französische Genderforscherin Elisabeth Badinter bietet eine mögliche Erklärung an:

„Diese systematische 'Viktimisierung' hat (...) ihre Vorteile. Zunächst einmal fühlt man sich sofort auf der richtigen Seite der Barrikade. Nicht nur, weil das Opfer immer Recht hat, sondern auch, weil es im selben Maße Mitleid erweckt, wie der Täter gnadenlosen Hass auf sich zieht. Die Befürworter härterer Strafen wissen genau: Selten sympathisiert die Öffentlichkeit mit einem Verbrecher, der auf der Anklagebank sitzt. Außerdem gestattet die Viktimisierung des weiblichen Geschlechts, die Situation der Frau immer und überall als dieselbe zu betrachten. Und den feministischen Diskurs unter eine gemeinsame Flagge zu stellen. So wird wie durch einen Zauberschlag das ganze Kopfzerbrechen über kulturelle, soziale und ökonomische Differenzen entbehrlich. Man kann sogar die Lage der 'Europäerinnen' mit jener der 'Orientalinnen' vergleichen und, ohne rot zu werden, behaupten, 'dass die Frauen, eben weil sie Frauen sind, überall Opfer von Hass und Gewalt sind' (so das französische Frauenmagazin *Marianne*). Die Großbürgerin des 7. Arrondissements und die junge Nordafrikanerin in den Vororten: sie führen vermeintlich denselben Kampf.

Wer aber die wahren und die falschen Opfer ständig miteinander vermengt, verliert aus dem Auge, welche Kämpfe dringlicher zu führen sind als andere. Wer immer nur das Bild der unterdrückten und gegen den ewigen Unterdrücker stets wehrlosen Frau zeichnet, verliert jede Glaubwürdigkeit bei der jungen Generation, die auf diesem Ohr taub ist. Und außerdem: Was bietet man den Jugendlichen denn als politische Ziele – außer einer ständig zunehmenden Viktimisierung hier und verschärften Strafen für Männer dort? Das ist wenig erhebend. Und liefert zudem nichts, was ihr tägliches Leben ändern könnte." (Badinter 2004, 17 f)

Die „dunklen Seiten" des Geschlechterverhältnisses

> „Ihre Mutter lachte zärtlich und sagte, das Paradies sei den Menschen verloren gegangen und könnte nie zurückgewonnen werden. Aber ihr Vater tröstete sie damit, dass es Orte auf der Erde gebe, an die sie gemeinsam reisen könnten, wenn sie erst einmal groß genug sei.
> „Im tropischen Regenwald wächst alles wie verzaubert", sagte er. „Dort blühen die merkwürdigsten Orchideen und sterben über Nacht, und nirgends gibt es ein so vielschichtiges Leben wie dort."
> „Du lügst", sagte die Mutter. „Dort tropft es vor Feuchtigkeit, es ist heiß, und es wimmelt von widerlichen Insekten und Schlangen."
> Ihr Vater zuckte mit den Achseln und verließ das Zimmer. Ihre Mutter beschrieb weiter, wie Furcht erregend der Regenwald war (...)"
> Inger Alfvén: Vier Töchter. Roman. München 2002

Kennzeichnend für die Fachliteratur zu Gender ist die Fokussierung problematischer Erscheinungen im Geschlechterverhältnis. Sie bietet umfangreich Schilderungen von genderspezifischen Nöten und beklemmenden Fallgeschichten, sie liefert ausführlich empirische Daten zu genderspezifischen Belastungen und Benachteiligungen – insbesondere bei Frauen und Mädchen.

Eine Schlüsselrolle nehmen dabei Gewalt und Sexualität als Problemthemen ein. Von den Anfängen der Frauen- und Mädchenarbeit bis heute fehlt in kaum einem Beitrag zu Gender in der Sozialen Arbeit der Verweis auf die Realität der männlichen Gewalt gegen Frauen und Mädchen: Erniedrigungspraxen, Misshandlung, Vergewaltigung, sexueller Missbrauch, Zwangsverheiratung, Verstümmelung, Ehrenmorde. Diese Zerstörungspraxen sind intensiv untersucht und skandalisiert und damit fast zum Synonym der Genderdebatte geworden. Über Gender in der Sozialen Arbeit zu sprechen, heißt derzeit vor allen Dingen über Gewalt zwischen den Geschlechtern zu sprechen – und zwar in der Grundfigur des männlichen Täters und weiblichen Opfers.

Dies erfährt zwar in letzter Zeit Modifikationen, indem nun auch Anmerkungen zur Gewalt gegen Männer, zum Missbrauch bei Jungen und zu gewalttätigen Frauen stattfinden und männliche Gewaltopfer sowie weibliche Täterinnen vorstellbar werden. Doch erhalten bleibt trotz alledem die grausame Kontur der Genderkategorie. Je mehr und je ausschließlicher über die Gewalt zwischen den Geschlechtern berichtet wird, desto nachhaltiger wird Gender zum Inbegriff von „Bösem".

Dass dies in dieser Weise geschieht, spiegelt zweifellos Realitäten wider. Dass Frauen und Mädchen als Frauen und Mädchen Schlimmes erleben müssen, dass Männer und Jungen als Männer und Jungen Schlimmes erleben müssen, steht außer Frage. Die Aufmerksamkeit, die das Gewaltthema als Genderthema erfährt, zeugt demnach von Sachverstand und fachlicher Notwendigkeit. Gerade eine Profession wie Soziale Arbeit, deren Kernaufgabe die Hilfe in psychosozialen Nöten und die Herstellung humaner und gerechter Lebensverhältnisse ist, muss besonders aufmerksam wahrnehmen und skandalisieren, wo und wie das Wohlergehen von Menschen angegriffen und verunmöglicht wird.

Soziale Arbeit kann als Spezialistin für die „dunklen Seiten" einer Gesellschaft gelten. Sie kümmert sich, wo es Menschen nicht gut geht, wo sie leiden, wo sie drangsaliert und entwürdigt werden. Sie wendet sich Menschen in belasteten Lebenssituationen, in Krisen und benachteiligten Lebenslagen zu. Sie hat mit all dem zu tun, was aus der Geordnetheit eines sozialen Gefüges heraus fällt – das, was abweicht, stört, unangenehm berührt, irritiert, ängstigt und abstößt, was im öffentlichen Blick lieber verdeckt wird. So gesehen hat Soziale Arbeit weniger mit den „Sonnenseiten" des Lebens zu tun. Vor diesem Hintergrund bleibt es nicht aus, dass es vor allem die „dunklen Seiten" des Geschlechterverhältnisses sind, die eine genderbezogene Soziale Arbeit ins Visier nimmt. Es gehört zu ihrer wertvollen Leistung und Professionalität, hier genau nicht wegzuschauen, sondern das Erschreckende, mit dem sonst niemand zu tun haben will, wahrzunehmen, zu enttabuisieren, es überhaupt auszuhalten und Hilfen bereit zu stellen. So unerlässlich diese Spezialisierung und Parteinahme einerseits ist, so erzeugt sie doch andererseits auch ungewollt Verzerrungen in der Genderdebatte.

Verwechslungen: das Besondere und das Allgemeine

Die Konzentration auf die „dunklen Seiten" führt unbeabsichtigt dazu, dass *spezielle* Realitäten unter der Hand zu *allgemeinen* werden. Praxen des Geschlechterverhältnisses, die uns problematisch erscheinen, dominieren die Wahrnehmung und sorgen dafür, dass alles andere, was in den Geschlechterverhältnissen auch gelebt wird, in den Hintergrund rückt. Bildausschnitte, die Bedrückendes zeigen, werden vergrößert zu Panoramagemälden. Dies führt zwangsläufig dazu, dass Gender kaum mehr anders als als dramatische Problemkategorie vorstellbar und diskutierbar ist.

Eckhard Giese problematisiert denn auch die Selbstverständlichkeit, mit der insbesondere anomische Formen männlichen Lebens immer wieder zum Prototyp von Männlichkeit und zum Abbild normaler Geschlechterpraxis erklärt werden: „Sinnvolle Aussagen über Männer und Männlichkeit sind nicht möglich oder zumindest nicht repräsentativ, wenn sie ausschließlich den Ausgang von männlichen Pathologien nehmen, wie sie die Vergewaltigung oder den Hooliganismus darstellen. Hier zeigt sich nicht etwa das wahre Gesicht der Männlichkeit, sondern misslingende Männlichkeit." (Giese 2001, 60) Das ist, als würde man bei der Beschäftigung mit Elternschaft auch immer nur auf ihre grausamen Ausformungen schauen: auf die Entmündigungen, Verzärtelungen, Vernachlässigungen, psychischen und physischen Misshandlungen. Auch wenn wir alle – und gerade auch Soziale Arbeit – wissen, dass es durchaus sehr „dunkle Seiten" in der Eltern-Kind-Beziehung gibt, bestimmen diese doch nicht das Reden über Elternschaft, führen sie nicht dazu, dass Eltern vornehmlich als Gewalttätige gesehen werden.

Die Falle der professionellen Spezialisierung – und dies gilt für jede Spezialisierung – ist, dass das, worauf man spezialisiert ist, die gesamten Realitätseindrücke einfärbt. Die beruflich angezeigte Hinwendung sozialer Fachkräfte zu den Schattenseiten des Lebens führt zu einer „Problemfixierung", die Wirklichkeiten verzerren kann. So wie der Unfallarzt überall im Alltag Unfallgefahren sieht, der Umweltschützer beim Waldspaziergang unentwegt Baumschäden durch den sauren Regen, die Krankengymnastin überall schädigende Körperhaltungen, bleibt es nicht aus, dass dem genderspezifisch geschulten Blick allenthalben Gewaltphänomene im Geschlechterverhältnis auffallen. Dies ist nicht an sich schon ein Problem, doch es wird es dann, wenn das Wahrgenommene verallgemeinert wird, ohne zu bedenken, dass man es eben immer nur mit Segmenten des Lebens zu tun hat und dass der eigene Blick aufgrund der Gender-Geschultheit eben immer auch kanalisierend, selektiv und verfälschend ist. Die Tücke entsteht also dann, wenn das, was man gut kennt und wo man sich gut auskennt, über die gesamten sozialen Verhältnisse gelegt wird.

Dass und wie dies schnell passieren kann, führt Christine Huth-Hildebrandt (2002) für den öffentlichen Migrantionsdiskurs exemplarisch vor. Sie rekonstruiert in den Texten zum Leben von Migrantinnen wie sich das Bild einer rückständigen, frauenunterdrückenden Kultur festsetzt und immer wieder zirkulär bestätigt wird. Dies ist aufgrund verschiedener Reduktionsvorgänge möglich, bei denen soziale Ausschnitte zum Spiegel allgemeiner Wirklichkeiten vergrößert werden. Dies beginnt schon damit, dass „*die* Migrantin" in der Regel mit „*der* Türkin" gleichgesetzt wird, ohne dass dies weiter auffällt. Es setzt sich fort bei der populären Praxis, sich bei den kulturkritischen Betrachtungen vor allem auf die Rituale spezifischer biografischer Zäsuren zu konzentrieren – wie denen der Verlobung, Verheiratung und Brautnacht – und sie als Zeugnisse allgemeiner patriarchalischer Zustände zu deuten (Huth-Hildebrandt 2002, 194). Man stelle sich nur vor, der aktuelle deutsche geschlechterkulturelle Entwicklungsstand würde an der Gestalt der Erstkommunion, des Abschlussballs im Schülertanzkurs, der kirchlichen Hochzeitszeremonie oder den „Jungmädchenversteigerungen", wie sie in manchen hessischen und rheinischen Dörfern üblich sind, gemessen. Ähnlich problematisch erweist sich die Tatsache, dass sich das Wissen zum MigrantInnenleben vorzugsweise aus Studien zum dörflichen Leben in der Türkei speist. Obwohl diese also einen exklusiven Charakter haben, werden sie dennoch als allgemeine „autoritative Quellen" zur türkischen Kultur gelesen (ebd. 166). Zuallerletzt ist in diesem Zusammenhang aber auch die Problematik zu nennen, dass Realitäten des *Klientels* Sozialer Arbeit universalisiert werden. Huth-Hildebrandt stellt bei ihrer Textanalyse fest:

„Besonders auffallend ist an diesen Texten, daß es scheint, als lebten Migrantinnen mit ihren Ehemännern in feindseligen Beziehungen. Hier macht sich bemerkbar, daß die Sozialbetreuungsinstitutionen nicht in ihrer eigentlichen Rolle als öffentliche Sprecher des ihnen jeweils zugewiesenen Klientel agiert haben, sondern die Informationen aus diesem Betreuungs- und Beratungsbereich zunehmend verallgemeinernd auf die Gesamtheit der Migrationspopulation übertrugen. So sind auch die Beschreibungen über vorfindliche Geschlechterbeziehungsstrukturen in den Migrantenfamilien immer wieder mit Beispielen aus diesem Bereich gefüllt. Nicht über das Wie des Funktionierens einer Ehe in der Migrationssituation wird berichtet, sondern darüber, wo Schwierigkeiten und Probleme in den Beziehungen entstehen und welche Folgen diese für Frauen haben. Von daher ist es nicht verwunderlich, daß immer wieder Erfahrungen aus den Häusern für geschlagene Frauen herangezogen wurden, die verallgemeinernd das Geschlechterverhältnis als ein Machtverhältnis erscheinen ließen, das von dem männlichen Teil der Familienangehörigen mit Hilfe brutaler Gewalt durchgesetzt und aufrecht erhalten wurde." (Huth-Hildebrandt 2002, 166 f)

Was für den Migrationsdiskurs nachgewiesen werden kann, gilt im Prinzip ebenso für den Genderdiskurs: Realitäten spezifischer – und dazu besonders belasteter – Teilgruppen werden zur universalen Normalität erklärt. Es ist dies oftmals kein gezielter, bewusster Vorgang, sondern er vollzieht sich in der Regel „bewusstlos" hinter dem Rücken der Agierenden. Qualifiziert über Gender in der Sozialen Arbeit zu sprechen, erfordert also Wachsamkeit gegenüber solchen Verwechslungsgefahren – der Gefahr nämlich, das Besondere mit dem Allgemeinen unzulässigerweise zu verwechseln.

Pädagogische „Apokalypsen"

Die Konzentration auf die „dunklen Seiten" menschlicher Existenz ist sicherlich nichts Exklusives des Genderfachdiskurses, sondern allgemeines Charakteristikum Sozialer Arbeit, mehr noch: auch der allgemeinen öffentlichen Problemdebatten. Dramatisierende Sozialdiagnosen als Basis und Begründung (sozial)pädagogischen Handelns sind verbreitet, selbstverständlich und erzeugen symptomatische Plausibilitäten: Je bedrohlicher die Situation der Klientel entworfen wird, desto erfolgreicher lässt sich öffentliche Aufmerksamkeit erzeugen und desto überzeugender lässt sich die Notwendigkeit institutioneller Interventionen begründen. Jedes Konzeptpapier, jedes Förderprogramm liefert gemäß dieser „Logik" zunächst katastrophische Zustandsbeschreibungen, um darauf anschließend den dringlichen Bedarf und den Nutzwert des eigenen Tuns umso eindrucksvoller aufzubauen. Die Konjunkturen wechseln zwar dazu, welches Thema für Katastrophenmeldungen geeignet ist. Derzeit sind es vor allem die Bildungssituation und der demografische Wandel, die als Schreckensszenarien erscheinen, zu anderen

Zeiten waren es Rechtsextremismus und Gewalt, Jugendarbeitslosigkeit oder andere, zukünftig können neue kommen. Jenseits solcher thematischen Verlagerungen bleibt jedoch der Grundmechanismus erhalten: Die Erzeugung von psychosozialen Panikdiskursen als Begründung von Maßnahmen.

Christoph Blomberg (2005) bezeichnet diese Prozesse als „pädagogische Apokalypsen" und beschäftigt sich eingehender mit den ihnen innewohnenden Dilemmata. Unbestritten ist für ihn, dass die Dramatisierung eine Strategie zur Herstellung öffentlich medialer Aufmerksamkeit zur Gewinnmaximierung ist. Der medialen Dramatisierung entspricht aber eine ebensolche pädagogische. Ihre Botschaft ist: „Alles ist schlimm oder wird schlimmer – wenn nicht pädagogisch gehandelt wird, und zwar schnell" (Blomberg 2005, 117). Dieses polarisierende Paarungsmuster von Elend und Rettung bringt eine Problemfigur hervor, die ihre inneren Widersprüche hat:

„Problematisch (…) ist einmal ihr *Dramatisierungseffekt*: Wenn nicht gehandelt wird, kann die Katastrophe nicht abgewendet werden. Unversehens kann pädagogische Selbstbegründung so in Richtung Apokalypse tendieren, eben weil sie sich in dem Spannungsfeld zwischen Untergang und Verheißung befindet. So steht sie dann in der Gefahr, zuviel an Krise zu beschwören und andererseits zuviel an Rettung zu versprechen. (…)

Und damit einher geht eine *permanente Überforderung*: Wo immer das Ganze auf dem Spiel steht, ist Scheitern angesichts der conditio humana des Menschen als eines endlichen, begrenzten, verletzbaren und verletzenden Wesens vorprogrammiert und schwinden mit jeder misslungenen Intervention immer auch die Chancen auf Rettung der Welt. Gleichzeitig ist *Erreichtes schwer wahrnehmbar*: Wo Vollendung des Menschen auf der Agenda steht, erscheinen kleine Veränderungen immer als ungenügend.

Des weiteren ist die fehlende *Anschlussfähigkeit gegenüber anderen Argumentationen* offenkundig: Mögliche Gefährdungen, die immer gleich in einem Horizont der Apokalypse thematisiert werden, sind auf Dauer schwierig zu kommunizieren. So kann man in Linie dieses Denkens fragen: Wenn also Katastrophen nicht eintreten, sind die Gefährdungen dann nicht mehr real oder weniger wichtig? Wenn sich durch neue Sichtweisen andere Gefährdungen ergeben, stellt sich das Problem, dass sie entweder nicht so wichtig sind wie die bereits bekannten oder dass sie mit den bereits bekannten um den Stellenwert der größeren Bedeutung konkurrieren. So ist man gleichsam genötigt, Vorboten der Apokalypse aufzuspüren, um sie zur Legitimation pädagogischen Handelns heranzuziehen, tendenziell: 'Wenn wir eher interveniert hätten, wäre Erfurt vermeidbar gewesen.'

Und schließlich: Krisenszenarien nutzen sich ab. Sie mögen kurzfristig Wirkung zeigen. Langfristig aber besteht die Gefahr der Abstumpfung: Wenn keine Katastrophen eintreten, dann wird auf kurz oder lang dramatisierende Kritik schlicht *nicht mehr ernst genommen* und beraubt sich so ihres berechtigten Anliegens – der Wahrnehmung möglichen Leides." (Blomberg 2005, 122f)

Die gesellschaftlichen Problemkonstruktionen und damit auch die Sozialer Arbeit befinden sich also in der Spannung, einerseits etwas zu benennen, das seine Berechtigung hat, andererseits aber dabei en passant in kontraproduktive Überzeichnungen zu geraten. Ein spezifisches Problem wird herausgehoben gegenüber anderen, die damit in der Problemwahrnehmung abgedrängt werden. Es wird aufgebläht, damit keiner mehr umhin kann, das Problem als solches anzuerkennen und damit auch die Sinnhaftigkeit und Dringlichkeit von Maßnahmen. Dies alles hat Realitätsverzerrungen zur Folge. Der Blick wird verengend gelenkt. Gesehen wird, was Konjunktur hat, anderes wird übersehen. Eine Konkurrenz um Problemdiskurse wird entfacht, in der Problemlobbygruppen ihre jeweiligen Themen immer brisanter entwerfen müssen, um zu bestehen. In dieser Überbietungsspirale verlieren die Dramatisierungen wiederum zwangsläufig an Glaubwürdigkeit. Wer mag und kann schon glauben, dass immer alles ganz schlimm ist.

Die Apokalypsen haben ihre eigene Verführungskraft: Sie lassen gesellschaftliche Wirklichkeiten zusammenschnurren auf ein Schlüsselthema, lassen Aufgaben klar erkennen, erzeugen Handlungssinn. Gleichzeitig wird im Gegenzug die Verantwortungslast für die Problemlöser enorm groß. Wenn in den gesellschaftlichen Verhältnissen nur Beschädigendes gesehen werden kann, geraten die Fachkräfte in die Position der „Welt-Erretter". Die Überzeichnungen des sozialen Problems bedeuten im Umkehrschluss auch eine Überzeichnung der Aufgabenstellung Sozialer Arbeit. Sie kann dann eigentlich für die Profession und die Professionellen nur noch zu groß sein und zum burn-out führen.

Was lässt sich hieraus für den Genderdiskurs der Sozialen Arbeit lernen? Das Muster der gesellschaftlichen Apokalypsen schlägt sich mit all seinen Dilemmata auch in dieser Fachdebatte nieder. Auch sie befindet sich in der prinzipiellen Spannung, einerseits das kritische Augenmerk auf spezifische problematische Erscheinungen zu richten und damit fachlich Wichtiges zu leisten, andererseits aber dabei in kontraproduktive Überzeichnungen zu geraten – nämlich der „dunklen Seiten" des Geschlechterverhältnisses. Die Gefahr ist zumindest groß, dass die Dramatisierungen ein „Eigenleben" entwickeln, bei denen die erforderliche kritische Distanz verloren geht. Dies meint: Die Dramatisierungen verleiten dazu, gegenläufige Erscheinungen, Relativierendes, Verkleinerndes, Unaufgeregtes, auch anderweitige lebensweltrelevante Themen nicht mehr angemessen wahrzunehmen. Sie haben ebenso zur Folge, dass der diskurskritische Blick auf die prinzipielle Konstruiertheit der gehandelten Gender-Wahrheiten selbst abhanden kommt.

Genderqualifizierungen in der Sozialen Arbeit – dies bedeutet bislang in der Regel, Gender als Thema für Soziale Arbeit überhaupt erst so aufzustellen, dass die Fachöffentlichkeit es als ernsthaftes anerkennt. Dabei bleiben Dramatisierungen nicht aus, es geht vermutlich kaum ohne diese. Wer auf etwas aufmerksam machen will, was ständig übersehen wird, muss es „hochspielen". Dies gilt für alle gesellschaftlichen Themen. Gleichzeitig ist dies aber dann auch die Achillesferse der Genderdebatte. Es führt dazu, dass Lebenswirklichkeiten vereinseitigt werden, dass die

Öffentlichkeit den unentwegten Problemmeldungen irgendwann nicht mehr recht glaubt, weil das Gefühl entsteht, dass sie überstrapaziert werden. So führt die apokalyptische Art und Weise wie über Gender geredet wird, zum Gegenteil von dem, was die Genderdebatte will: sie treibt Professionelle vom Thema weg, statt sie ihr zuzuführen.

Angesichts dessen muss man sich wirkungsvolle Genderqualifizierungsprozesse als paradoxen Balanceakt vorstellen. Sie müssen Gender dramatisieren, allein schon deshalb, weil es „dunkle Seiten" in den Geschlechterwelten gibt, wo es nur gut ist, wenn Betroffenheit hergestellt wird. Sie müssen ebenso entdramatisieren, allein schon deshalb, weil dies eben nicht alles ist, was Geschlechterwelten ausmacht.

Zentralität der Genderkategorie

Die Genderdebatte propagiert Gender als eine zentrale soziale Kategorie. Die Botschaft ist: Genderdifferenzen durchdringen soziales Leben bis in seine feinen Verästelungen hinein, sie sind permanent und allerorts präsent. Dieser Befund ist zunächst einmal durchaus einsichtig. Wenn wir davon ausgehen, dass gesellschaftliche Räume durch soziale Differenzstrukturen geordnet sind, wirken diese Linien immer und überall, im Großen und im Kleinen – wie viele andere Linien auch, die den gesellschaftlichen Raum ebenso strukturieren. Dennoch erzeugt die Genderdebatte durchgängig eine latente Priorisierung: Gender erhält unter der Hand eine herausgehobene Bedeutungsgewichtung zum Verstehen sozialer Alltagspraxis. Es wird zu einer besonders wesentlichen sozialen Differenzgröße – nicht mehr ebenso wichtig wie andere Kategorien, sondern eben wichtiger.

An diesem Punkt entsteht dann regelmäßig Streit. Während GenderexpertInnen die Genderrelevanz in der Sozialen Arbeit hervorheben, verwehren sich andere Fachleute mehr oder weniger vehement dagegen. Kritisch zitieren Heide Funk und Lothar Böhnisch ein entsprechendes Tagungserlebnis: „Auf einer (...) Tagung sagte einmal eine im Ministerium zuständige Fachreferentin: 'Im Kindergarten sind *Kinder*, nicht Jungen und Mädchen!' (Böhnisch, Funk 2002, 20). Ähnliches ist auch an anderen Stellen zu erleben. Es wird von Fachkräften darauf bestanden, dass man es doch beruflich zuallererst mit Menschen zu tun hat und dass dieses die leitende Fachperspektive sein muss. Diese Reaktionen wiederum bestätigen den GenderexpertInnen die Defizite im fachlichen Diskurs. So entsteht eine Spirale, in der die Seite der Genderfachlichkeit Gender noch stärker dramatisiert, um die Zweifler endlich zu überzeugen, während die andere Seite umso heftiger abwehrt, je mehr Beweismaterialien für die Bedeutungsexklusivität von Gender vor ihr aufgestapelt werden.

Gender Mainstreaming als neue Politikleitlinie sorgt einmal mehr für eine solche Zentrierung auf die Genderdifferenz. Wenn es dort heißt, dass Gender Mainstreaming „bedeutet, die Entwicklung, Organisation und Evaluierung von politischen Entscheidungsprozessen und Maßnahmen so zu betreiben, dass in jedem Politikbereich und auf allen Ebenen die Ausgangsbedingungen und Auswirkungen auf die

Geschlechter berücksichtigt werden, um auf das Ziel einer tatsächlichen Gleichstellung von Frauen und Männern hinwirken zu können" und dass dies „Bestandteil des normalen Handlungsmusters aller Ressorts und Organisationen" werden soll, „die an politischen Entscheidungsprozessen beteiligt sind" (Schweikert 2000, 1), dann konstruiert dieser Text Gender totalisierend als eine besonders substantielle und allrelevante Praxiskategorie. Von jedem ist sie überall zu beachten, lautet das Motto. Dies hebt Gender diskursiv auf ein Podest – zumal auch Leitlinien zum institutionellen „Mainstreamen" anderweitiger Differenzdimensionen fehlen, die diese „Erhöhung" wieder zurechtrücken würde. Diese Situation erzeugt Protest, wie folgende Textpassage dokumentiert:

„Alle gesellschaftlichen Bereiche – also Verkehrsplanung ebenso wie Sicherheitspolitik, Bildungsplanung für Vorschulkinder ebenso wie Kunstbetriebe, Klöster ebenso wie Jugendhilfe – eben mal GANZ umfassend, nichts und niemanden mehr ausblendend. Der 'Querschnitt', der alle diese Bereiche miteinander verbindet, ist die Tatsache, dass alle Politikfelder und alle gesellschaftlichen Bereiche Frauen und Männer betreffen. Wer wollte das bestreiten! Allerdings – damit ist noch keineswegs sachlogisch begründet, dass die Geschlechterfrage alle Entscheidungen in allen gesellschaftlichen Bereichen durchdringen bzw. bestimmen müsse. Denn alle genannten Gesellschafts- und Politikfelder betreffen definitiv auch Junge und Alte, Hetero- und Homosexuelle, Blonde und Dunkelhaarige. Niemand käme aber (gottlob) auf den Gedanken, deshalb zu postulieren, dass alle gesellschaftlichen Entscheidungen auf allen Ebenen und stets und überall darauf hin überprüft werden müssten, ob sie nicht Blondinen bzw. Heterosexuelle benachteiligten. Vielmehr ist der Fokus stets ein anderer: Sachfragen sind auf die Kraft des besseren Arguments zu überprüfen und danach zu entscheiden.

Deshalb ist es eben NICHT sinnvoll, die Entscheidung, ob Soldaten künftig zu friedenserhaltenden Maßnahmen in Afghanistan eingesetzt werden können, unter Gender-Gesichtspunkten zu betrachten. Vielmehr wäre eine solche sicherheitspolitische Entscheidung, die nach qualitativ hochwertiger politischer Debatte aufgrund sinnvoller Argumente getroffen wird, stets mit Konsequenzen für Frauen und Männern verbunden. Es kann sein, dass durch eine solche Entscheidung mehr Männer benachteiligt werden (z.B. weil sie unter Lebensgefahr ins Ausland gehen), oder dass mehr Frauen betroffen sind (z.B. weil sie unter Verlustangst zu Hause sitzen) – das ist aber kein Gender-Argument, sondern ein Argument in einem umfassend geführten sicherheitspolitischen Diskurs." (Knorr 2004, 26)

So kritisch man die polemisch überzogenen Töne dieser Argumentation auch sehen mag, der Text enthält Fingerzeige auf Nachdenkenswertes. Er wirft die berechtigte Frage auf, in welchen Kontexten die Gleichstellung der Geschlechter vernünftigerweise zu thematisieren ist. Er wagt zu denken, dass Gender kaum bei allen institutionellen Maßnahmen in vorderster Linie zu bedenken und zu bearbeiten ist. Vor diesem Hintergrund wird eine Gefahr der Heraushebung der Genderkategorie sichtbar: Der Verlust der Kontextualität von Gender und damit der Verlust von Realitätstüchtigkeit.

Das Problem der „Schnappmechanismen" in der Genderdebatte

Wie oben gezeigt wurde, hat die Geschlechterforschung selbst betont, dass Gender als Differenzmerkmal in sozialen Konstellationen nicht durchgängig in gleicher Weise relevant ist. Was Gender wo bedeutet und herstellt, ist verschiedenartig, es ist mal mehr, mal weniger elementar. Auch wenn Gender ein im Prinzip allgegenwärtiger Modus von Unterscheidungen und Unterschieden darstellt, erhält er doch seinen Sinn nur in Relation zu anderen Merkmalen eines sozialen Feldes. Im Ergebnis kann er in einem Fall dominant sein, in einem anderen in den Hintergrund rücken. Von daher macht es wenig Sinn, seine Beachtung überall dogmatisch gleichförmig einzufordern. Dies führt vielmehr zu Widerständen gegenüber dem Thema.

Hier ließe sich auch einiges aus der Migrationsforschung lernen. Benedikt Sturzenhecker weist auf die verbreiteten überschießenden Ethnisierungen bei der Beschäftigung mit Migrantenjugendlichen hin: Alles wird durch eine „ethnisierende Brille" (Sturzenhecker 2001, 50) wahrgenommen und gedeutet. In der Folge werden diagnostizierte Probleme mit Vorliebe auf diesen einen Zusammenhang reduziert und in den pädagogischen Konzepten wird die ethnische Zugehörigkeit zu einer hegemonialen Figur. Dabei entwickeln Migrantenjugendliche ein differenziertes Selbstbild multipler Zugehörigkeiten, in dem sich die Bedeutung der ethnischen Herkunft relativiert und sie wechselnde Bedeutungen hat. Der auf das Ethnische spezialisierte Blick läuft also Gefahr, eine soziale Distinktionslinie überzustrapazieren und damit biografische Sinnzusammenhänge zu verfehlen.

Wie Spezialisierungen immer wieder solche und ähnliche soziale Missverständnisse erzeugen können, führt die Pionierin der Sozialforschung, Marie Jahoda, in ihren Lebenserinnerungen am Beispiel religiöser Differenzen vor. Als Jüdin beobachtete sie bei sich „eine vielleicht übertriebene Sensibilität für jede noch so subtile Äußerung von Antisemitismus" (Jahoda 2002, 31). Hierzu zitierte sie folgenden Witz:

„Ein Jude und ein Nichtjude sind in einem Waschraum; der Jude hat nichts dabei. 'Können Sie mir Ihre Seife leihen?' fragt der Jude. 'Ja', sagt der andere. 'Können Sie mir ihr Handtuch leihen?' 'Ja' 'Können Sie mir Ihre Zahnbürste leihen?' 'Nein', brüllt der andere. 'Antisemit', sagt der Jude." (Jahoda 2002, 31)

Der Witz lässt sich lesen als Gleichnis für Mechanismen in der Genderdebatte. Als Leidtragender von antisemitischen Praxen kann der Protagonist des Witzes seine Interaktionserfahrungen nur noch entlang dieser Diskriminierungslinie deuten, und so erscheint ihm auch die Verweigerung der Zahnbürste als antisemitischer Akt. In dieser biografisch verständlichen Konzentration auf eine spezifische Realitätsdimension ist ihm die Möglichkeit verstellt, die erlebte Zurückweisung als Ausdruck zivilisatorischer Hygienestandards und Ekelschwellen zu begreifen, was vermutlich den Handlungssinn besser trifft – also als etwas, das mit antisemitischen Haltungen nichts zu tun hat. Es ist davon auszugehen, dass prinzipiell jeder diese Ablehnung erfahren hätte, der einen anderen um dessen Zahnbürste gebeten hätte. Die Szene demonstriert damit etwas, was in sozialen Deutungsprozessen grundsätzlich geschehen kann: Die Fehldeutung aufgrund von eigenen thematischen Fixierungen. Weil die eigene Innenwelt – aus welchen Gründen auch immer – durch spezielle Themen bestimmt ist, erscheint auch die Außenwelt durch diese Themen quasi gerastert. Dies kann gewinnbringend sein, weil der spezialisierte Blick hinter einem Oberflächenphänomen Bedeutungen freilegen kann, die dem Alltagsblick verwehrt sind. Die Rückseite der Medaille ist jedoch: Es kann ebenso gut zur Folge haben, dass Bedeutungen von sozialen Praxen möglicherweise falsch erschlossen werden – wie im Falle der verweigerten Zahnbürstenausleihe.

Auch Gender trägt diese Gefahr der Bedeutungsübergewichtung in sich. Auch hier kann es passieren, dass das genderbezogene Geschult-sein und Gebannt-sein dazu führt, empirische Phänomene miss zu verstehen – dann nämlich, wenn hinter einer genderbezogenen Deutung andere und möglicherweise sinnfälligere Deutungen nicht mehr zugänglich sind.

Eindeutige Polaritäten

Die Beschäftigung mit Genderdifferenzen führt zu empirischen Wirrnissen. Einerseits werden die Geschlechterwelten in der Regel als dichotome Zweiheiten entfaltet: Jungen sind qua Geschlechtszugehörigkeit anders als Mädchen, und Frauen sind anders als Männer; die jeweilige Geschlechtszugehörigkeit macht die betreffenden Individuen zu „Gleichen" und unterscheidet sie von den Individuen der anderen Geschlechtergruppe. Plausibilisiert wird diese Polarität mit empirischen Befunden z. B. zu Kindererziehung, Politik, Leitungspositionen, Teilzeitarbeit, Einkommen, technischen und sozialen Berufen, welche eklatante quantitative und qualitative Genderdifferenzen belegen. Und schließlich erkennen wir in der Regel eindeutig, wer Mann, wer Frau ist. Auch das wird als Bestätigung der Geschlechterpolarität genommen.

Dennoch sind da auch die Indizien für einen außerordentlichen Variantenreichtum der Geschlechterwelten, der wiederum in den polarisierten Befunden nicht recht aufgehoben ist. Schon zu Beginn der 80er Jahre stellte Carol Hagemann-White in ihrer Expertise zur Geschlechtersozialisation für den 6. Jugendbericht der Bundesregierung fest, „daß die empirische Forschung insgesamt keine Belege für eindeutige, klar ausgeprägte Unterschiede zwischen den Geschlechtern liefert" (Hagemann-White 1984, 42). In der Folge resümierten Genderstudien immer wieder, dass die Spielarten der Genderformen vielfältig sind und oft genug Angehörige der beiden verschiedenen Geschlechtergruppen mehr Gemeinsames haben als die derselben Geschlechtergruppe.

Hildegard Mogge-Grotjahn (2004) spricht deshalb von den „Paradoxien der Geschlechterdifferenz":

„Auf den ersten Blick erscheinen die Forschungsergebnisse zur geschlechtsspezifischen Sozialisation als paradox: Einerseits lassen sich kaum (noch) genuin geschlechtsspezifische Fähigkeiten, Eigenschaften und Verhaltensweisen wirklich nachweisen. Mädchen und Jungen, Frauen und Männer entsprechen immer weniger den historisch überkommenen Geschlechterstereotypen und prägen eine große Bandbreite von Fähigkeiten und Verhaltensmustern sowie Persönlichkeitsmerkmalen aus. Andererseits werden Geschlechterstereotypen von weiblichen und männlichen Jugendlichen und Erwachsenen in ihren Selbst- und Fremdwahrnehmungen, in ihrem Alltag und in ihren Lebensentscheidungen immer wieder 'in die Tat' umgesetzt und 'verkörpert'." (Mogge-Grotjahn 2004, 98)

So durchzieht die Fachliteratur ein eigentümliches Nebeneinander von Plädoyers für und gegen die Existenz einer Geschlechterpolarität. Es entsteht ein Schlagabtausch zwischen den KritikerInnen und BefürworterInnen der Genderpolarität, bei denen die eine Seite Beweismaterial für eine Erosion der polaren Genderkategorie liefert, worauf die andere Seite Gegenbeweise bringt, worauf die eine Seite wieder Neues anführt und so weiter und so fort ...

Beim Lesen der Texte einschlägiger GenderfachvertreterInnen fällt auf, dass zwar durchgängig die empirische Heterogenität der Genderwelten anerkannt wird, um dann aber doch bei dem Erhalt der weiterhin substantiellen Genderpolarität zu enden. Auf verschiedene Art und Weise wird versucht, die diesem Vorgehen innewohnende Widersprüchlichkeit zu plausibilisieren. So weist Margrit Brückner darauf hin, dass „Frau" heute nicht mehr „als *einheitliche* (L. R.) Kategorie" zu verstehen ist, sondern „als – trotz aller Verschiedenheiten – *einigende* (L. R.) Kategorie, aufgrund entfaltungshemmender, geschlechtsbezogener Festlegungen" (Brückner 2001, 20). Auch Heide Funk und Lothar Böhnisch reflektieren in ihrem Grundlagenwerk zur genderbezogenen Sozialen Arbeit das Problem, dass bei den empirischen Befunden zu geschlechtstypischen Erscheinungen immer reduzierende Idealtypen konstruiert werden, deren Ausprägungen in der Wirklichkeit „verschieden und fließend" sein können (Böhnisch, Funk 2002, 9). Angesichts dieses Dilemmas rechtfertigen sie das Festhalten an der Idee der Genderpolarität dann damit, dass die „Mehrheit der Männer oder die Mehrheit der Frauen" sich in krisenhaften Konstellationen geschlechtstypisch verhalten (Böhnisch, Funk 2002, 10).

Diese Argumentationen zeigen, dass es offenbar schwieriger geworden ist, über Genderrealitäten zu sprechen. Es ist begründungsbedürftig geworden, in einem dichotomen Muster zu diskutieren. Dennoch setzt es sich schlussendlich immer wieder durch. Dies kommt nicht von ungefähr.

Die Polarisierungen haben schon eine lange Diskursgeschichte. Mehr noch: sie sind im Grunde genommen konstitutiv gewesen für die Herausbildung einer eigenständigen Frauen- und Geschlechterforschung. Indem die Relevanz der Geschlechterunterschiede, die ansonsten von den wissenschaftlichen Disziplinen übergangen wurden, nachgewiesen werden sollte, wurden unter der Hand beide Geschlechtergruppen vereinheitlicht. Die Differenzen in den beiden Geschlechtergruppen wurden vernachlässigt. Sie *mussten* ausgeblendet werden, um die Kontur des neuen Themas eindrücklich zu zeichnen. Im Ergebnis entstanden polarisierende schwarz-weiß-Befunde: Frauen und Mädchen sind so und Männer und Jungen sind so. Frauen sind defensiv, Männer offensiv und aggressiv; Frauen sind beziehungsorientiert, Männer sachorientiert; Frauen sind kommunikativ, Männer sind kommunikationsunfähig, Frauen wollen Liebe, Männer Sex; Frauen gehen mit ihrem Körper fürsorglich um, Männer riskieren ihn; Frauen kümmern sich um andere, Männer nicht. Männer wollen Macht, Frauen scheuen sie. Die Liste ließe sich fortsetzen. Auch die Fachliteratur zur Sozialen Arbeit arbeitet mit demselben Muster, wie folgender exemplarischer Quellentext vermittelt:

„Die allgemeine Erkenntnis (...) ist, dass Frauen in der Tendenz und Häufigkeit anders mit der inneren Hilflosigkeit umzugehen in der Lage sind als Männer. Diese sind in ihrem Bewältigungsverhalten eher 'außen-orientiert', externalisiert, spalten Hilflosigkeit eher ab, rationalisieren sie, indem sie nach Gründen suchen, die außerhalb ihrer Betroffenheit liegen, projizieren ihre Hilflosigkeit auf Schwächere, auf etwas Störendes im jeweiligen Gegenüber. Die Kriminalitätsstatistiken geben eben über diesen männlichen Bewältigungstypus ein beredtes Zeugnis ab. Männer dominieren hier deutlich in außengerichteten, aggressivitätsbetonten Delikten. Aus der Beratungspraxis wissen wir, dass es für Männer schwieriger ist, von sich und ihrer Hilflosigkeit zu erzählen (...) Männer, so heißt es, können über alles reden, nur nicht über sich selbst; wenn sie aber einmal über sich reden, wird dies übergangen oder abgewertet.

Frauen hingegen wird ein mehr 'innengerichteter' Bewältigungsmodus zugeschrieben. Sie sind eher in der Lage, ihre innere Befindlichkeit zu thematisieren, sie spalten ihre Hilflosigkeit aber auch oft gegen sich selbst, nach innen ab: Autoaggressivität, Schuldübernahme (zum Beispiel für die Familie) und Zurücknahme der eigenen Interessen sind Ausdrucksformen dafür. Selbstkontrolle, Gewalt gegen sich selbst und Selbsthass zeigen sich nicht selten im frauentypisch häufigen Medikamentenmissbrauch oder auch in der Magersucht bei Mädchen. (...)

Auch wenn sich die Geschlechterrollen in der Arbeitswelt und Öffentlichkeit annähern, zeigen die mannigfaltigen Erfahrungen im Umgang mit kritischen Lebenssituationen, die gerade in der Sozialarbeit gesammelt werden, dass diese Innen- und Außenorientierung immer wieder durchbricht, gleichsam eine kulturgenetische Konstante darstellt, die historisch unterschiedlich tief in den sozialen Prozessen eingelagert und mit ihnen verwoben ist." (Böhnisch, Funk 2002, 51 f)

Diese Formulierungen führen zweierlei vor: Sie zeigen erstens, dass die wahrgenommenen Erosionen der Geschlechterdifferenz nicht dazu führen, dass der polare Begriff von Gender aufgegeben wird, sondern dass vielmehr das Bestreben stark ist, ihn zu erhalten, was ja dann auch gelingt. Zweitens wird sichtbar, *wie* es diskursiv gelingt, die Polarität zu sichern – nämlich durch den Rückgriff auf genderspezifische Erscheinungen in Krisensituationen: Zumindest dann treten die Verschiedenheiten zurück und zeigen Männer und Frauen ein eindeutiges geschlechtsspezifisches Verhalten.

Dieser Vorgang wirft die Frage auf, warum in dieser Weise an der Polarität festgehalten wird? Wenn ein entscheidendes Kriterium für die Vernünftigkeit von Diskursen ihre Praxiskonsequenzen sind, dann liegt die Frage nahe, was eigentlich damit gewonnen ist, Frauen und Männer, Mädchen und Jungen in dieser Form zu konstruieren? Kann sie eine genderbezogene Soziale Arbeit damit besser verstehen, kann sie ihnen damit besser helfen als eine „genderlose" Soziale Arbeit? Hier stellen sich gewisse Zweifel ein.

Wie tragfähig sind die Bilder von den dichotomisierenden Geschlechtsstereotypen, bei denen immer sofort klar ist, dass diese Bestimmungen in vielen Fällen gar nicht zutreffen, dass es Abweichungen gibt. Das sind dann die Situationen in den Seminaren an der Hochschule oder bei Fortbildungen, wo aus der Zuhörerschaft die „störenden" Einwände kommen, die Genderlehrende so gar nicht lieben: „Aber bei mir war das ganz anders, aber bei meinem Sohn, bei meiner Tochter ist das ganz anders ..." Auch langjährig berufserfahrene und kompetente soziale Fachkräfte wissen, dass Frauen und Männer auch in Krisensituationen keineswegs durchgängig, vielleicht auch noch nicht einmal mehrheitlich die skizzierten gendertypischen Bewältigungspraxen an den Tag legen, wie diese oben entworfen wird. Schlägt hier die Falle zu, die Eckhard Giese angesprochen hat, dass unzulässigerweise von speziellen Pathologien auf eine allgemeine Gendertypik geschlossen wird (Giese 2001, 60)?

Das Problem ist: Die Geschlechterrealitäten sind eben nicht so eindeutig wie die gehandelten einfachen Bilder. Solange diese aber in dieser Weise gehandelt werden, produziert die Genderdebatte ungewollt und ihrem Anliegen zum Trotz Gegnerschaften. Denn zu Recht erwarten Studierende und Fachkräfte eine einsichtige Bestandsaufnahme zu den Geschlechterwelten und nicht eine, bei der sie das Gefühl haben, dass manches unterschlagen oder in der Orientierung auf statistische Durchschnittswerte der Einfachheit halber „rausgemittelt" wird.

Die Genderdebatte provoziert permanent das Zusammenschnurren der grundsätzlich anerkannten Vielheiten auf zwei monolithische Einheiten, nämlich den weiblichen und den männlichen Prototyp. Weil wir Geschlechtszugehörigkeiten angesichts der in unserer Kulturgeschichte lang andauernden dichotomisierten Denktraditionen, die dazu noch biologistisch unterfüttert sind, kaum anders als in den Polaritäten „weiblich-männlich" denken können, ist der Drang stark – sozusagen wider besseres Wissen – in einfachen Geschlechtermustern zu verbleiben. Weil noch Bezeichnungen für diese andere, vielseitige, dynamische soziale Realität fehlen, weil es möglicherweise auch unsere Denkmöglichkeiten überschreitet, greifen wir sicherheitshalber nach reduzierenden Begriffen, müssen wir dieses tun. Dies erklärt beispielsweise auch die Verkaufserfolge populärwissenschaftlicher Genderbücher wie „Warum Männern nicht zuhören und Frauen schlecht einparken" (Pease, Pease 2000), die das Spiel mit polarisierten Genderbildern zum Exzess betreiben. Es ist sehr viel entlastender, einfache Gendermodelle als Orientierungskarten über das komplizierte Gelände gesellschaftlichen Lebens zu legen. Wenn die männlichen Wesen so und die weiblichen so sind, ist die Wirklichkeit gut durchschaubar.

Die Versuche Genderrealitäten zu identifizieren, stehen in der unentwegten und vermutlich auch nicht auflösbaren Spannung zwischen der Zweckmäßigkeit von komplexitätsreduzierenden Bezeichnungen und der gleichzeitigen Notwendigkeit größtmöglicher Differenziertheit. „Wenn systematische Aussagen (hier: über die Wirklichkeiten von Mädchen und Frauen) gemacht werden sollen, wenn bspw. die (...) strukturellen Benachteiligungen gekennzeichnet werden sollen, dann drängt sich die kategorisierende Rede von 'Mädchen' und 'Frauen' geradezu auf" (Maurer 2002, 315), merkt Susanne Maurer an und sie verweist damit auf das Dilemma, dass praktische und politische Handlungsfähigkeit kaum ohne Kategorisierungen auskommt. Und doch ist genau dies dann auch die Schwachstelle des Genderdiskurses – das Nicht-(mehr)-Sehen und nicht-Berücksichtigen der Vielheiten, Abweichungen, des nicht-Identischen. Mit jeder Benennung einer geschlechtsspezifischen Besonderheit finden zwangsläufig im Gegenzug automatisch Ausschlüsse statt. Zu sagen, was ist, schließt ein zu sagen, was nicht ist, und damit beginnen die Realitätsverzerrungen.

Dieses Dilemma ist keineswegs ein exklusives des Genderdiskurses. So lohnt sich beispielsweise auch hier wieder ein Blick in den Migrationsdiskurs. Was von Christine Huth-Hildebrandt für die Konstruktion „Migrantin" problematisiert wird, gilt für die Konstruktion der „Frau" oder der „Mannes" oder anderer Zielgruppenkategorien Sozialer Arbeit im Prinzip genauso. So fällt ihr auf, wie „unkontrovers die Migrationssituation von Frauen dargestellt und wie einheitlich das Bild von ihnen gezeichnet worden ist" (Huth-Hildebrandt 2002, 17). Es werden ethnisierende Besonderheiten benannt und automatisch werden hiermit Reduktionen und Ausschlüsse vorgenommen wie auch Kreisläufe der Selbstbestätigung entstehen. Die Sozialdiagnose – so bemüht sie auch sein mag – gerinnt zur Stereotypisierung, die nur unzureichend in der Lage ist, Veränderungen wie auch Vielheiten aufzunehmen. Wenn Huth-Hildebrandt Dramatisierungen, Vergröberungen, Ausblendungen und Geschlossenheiten in der Rede über die Migrantin aufzeigt, dann hat dies Parallelen zu den Kategorisierungen des Genderdiskurses. Individuen sind „nicht einfach durch „sex, race und class" als geschlossene Größen determiniert". Von daher müssen sich die typisierenden Bilder bewegen, „wenn die Handelnden mit ihren 'Geschlechtsrollen' oder der ihnen zugeschriebenen 'ethnischen Identität' nicht unbedingt 'identisch' sind" (ebd. 2002, 199). Die ist auch für die Genderdiskussion noch eine ungelöste Herausforderung.

Genderqualität ist Genderparität

Bei den Versuchen, Genderqualität in der Sozialen Arbeit inhaltlich zu bestimmen, tritt nur zu oft die Neigung zutage, sie mit Genderparität gleichzusetzen. Genderqualität bemisst sich in diesem Fall daran, inwieweit Mädchen und Jungen, Frauen und Männer in einem Angebot, einer Einrichtung, einem Arbeitsfeld quantitativ in gleicher Weise zu finden sind, in gleicher Weise dort versorgt werden. Dementsprechend werden zahlenmäßige Ungleichgewichte zum Indikator für mangelnde Genderqualität und zur Aufforderung, für Ausgleich zu sorgen. Dort, wo viele Mädchen und Frauen sind, müssen Anstrengungen stattfinden, auch Jungen und

Männer zu erreichen. Dort, wo viele Jungen und Männer sind, müssen umgekehrt ebenso Anstrengungen stattfinden, auch Mädchen und Frauen zu erreichen. So werden beispielsweise bis heute die Jugendhäuser, die oftmals von mehr Jungen frequentiert werden, einvernehmlich als Paradefall fehlender genderbezogener Qualität zitiert und das Bemühen um die Einbindung von Mädchen in die Jugendhäuser als Ausdruck von genderbezogener Qualitätsentwicklung propagiert.

Zweifelsohne bieten die quantitativen Gendervermessungen in der Sozialen Arbeit wichtige Anhaltspunkte bei der Identifizierung von möglichen genderbezogenen Entwicklungsbedarfen. Doch dem wohnt die Gefahr inne, dass die Genderdebatte zur dumpfen „Erbsenzählerei" (Voigt-Kehlenbeck 2001, 8) verkommt, bei der inhaltliche Auseinandersetzungen ausbleiben. Die eigentliche Schwierigkeit des Zählens beginnt dort, wo die Zahlen zu bewerten sind. Ist tatsächlich jede Genderungleichheit Indiz für systematische Ausschluss- und Diskriminierungspraxen gegenüber dem einen oder dem anderen Geschlecht? Werden hier dem einen oder dem anderen Geschlecht durchweg soziale Ressourcen und Entwicklungspotentiale vorenthalten? Sind sie demnach immer kritikwürdig? Erfordern sie immer kritischen Handlungsbedarf? Die Fragen verwirren, aber Verwirrung scheint hier angebrachter als die vermeintliche klare Einheitsdiagnose. Wie fragwürdig die gewohnten Deutungen von quantitativen Ungleichheiten sein können, dazu ein Griff in das Feld des Sports:

„Soziale Ungleichheit, so wird nun traditionellerweise Weise in der Regel gefolgert, liegt hier vor allem in dem Sinne vor, daß Frauen in Führungspositionen im Sport nach wie vor eindeutig unterrepräsentiert und insgesamt umso geringer vertreten sind, je statushöher ein Tätigkeitsfeld und je mehr es mit der Aura von Männlichkeit umgeben ist oder als 'Männersache' gehütet wird. 'Ungleich' ist, daß Frauen zu diesen Aktionsräumen keinen oder einen höchst dornigen Zugang haben, ihnen damit Erfahrungschancen sowie Einfluß- und Entfaltungsmöglichkeiten vorenthalten werden.

Allerdings könnte man die 'Ungleichheit' auch anders fassen – ich will, etwas provokant und vielleicht auch erheiternd, einmal folgende Versionen anbieten:

➢ Soziale Ungleichheit liegt vor, weil Frauen das Privileg haben, sich der Borniertheit und dem Stumpfsinn des Sports besser entziehen zu können; oder

➢ Soziale Ungleichheit liegt vor, weil sich die Männer besser gegen den Sport wehren können, mit seinen Tücken, seiner Härte, seinen Intrigen und seiner Monotonie besser klar kommen als Frauen, die an ihm leiden; oder

➢ Soziale Ungleichheit liegt vor, weil der Sport Männer in eine verhängnisvolle Sackgasse ihrer Entwicklung treibt, Frauen jedoch in der Ausbildung ihrer Fähigkeiten bereichert.

Diese Versionen sind nur zum Teil scherzhaft gemeint. Vielleicht können sie andeuten, was eine Blickverschiebung hinsichtlich der *Kriterien*, nach denen wir Ungleichheit bemessen, bewirken kann." (Abraham 1998, 34f).

Was die Sportwissenschaftlerin Anke Abraham andeutet, ist die komplizierte Tatsache, dass das Zählen von Frauen und Männern noch nicht alles sagt zur qualitativen Situation weiblichen und männlichen Lebens. Je nach Bewertungsgrundlage kann die Deutung nämlich sehr verschieden ausfallen, kann die weibliche Unterrepräsentanz auffordern zur Erhöhung des Frauenanteils oder auch nicht. Gleiches gilt für männliche Unterrepräsentanz.

Was bedeutet es z. B., dass die außerschulischen Lernangebote von Vereinen, privaten Initiativen, kommerziellen Anbietern und Medienkonzernen von doppelt so vielen Mädchen in Anspruch genommen werden, wie der 12. Kinder- und Jugendbericht (2005, 226) feststellt. Wird Mädchen damit „freie Zeit" verweigert oder sichern sie sich damit Vorsprünge bei der Ansammlung von kulturellem Karrierekapital? Was bedeutet es, dass der Bericht auch bestätigt, dass Mädchen mehr an der Hausarbeit beteiligt sind (ebd. 233)? Werden sie damit familial mehr ausgebeutet als Jungen oder verschafft man ihnen damit Basiskompetenzen für die spätere Selbstorganisation des Lebens. Was bedeutet es, wenn Jungen mehr Zeit in Schülerjobs verbringen (ebd. 234)? Werden sie damit schon frühzeitig auf den Weg des späteren Familienverdieners gesetzt oder sichern sie sich damit Statusvorsprünge ökonomischer Art und gleichen damit ihre kulturelle Kapitalarmut aus?

Was bedeutet der Befund des 11. Kinder- und Jugendberichts, dass mehr Jungen in der Tagesgruppenerziehung und Heimerziehung zu finden sind (2002, 329 und 332)? Stellt die weibliche Unterversorgung hier eine institutionelle Benachteiligung dar oder verweist es auf Jungenbenachteiligungen anderswo, die in der Folge dann Jungen sozial auffälliger oder für Eltern belastender werden lassen, so dass Hilfen organisiert werden? Oder ist der Befund auch noch mal ganz anders auszulegen? Können wir umgekehrt sagen, dass die Kunstschulen und Kulturzentren das genderbezogene Gütesiegel schon tragen, weil dort 53 % Mädchen (Weber 1999, 35) vertreten sind, also quantitative Genderparität in etwa realisiert ist?

Diese Fragen demonstrieren, dass die Messung von Genderpräsenzen sinnvoll ist, mehr noch: dass das Bemühen um solide Empirie unerlässlich ist, weil oftmals entsprechende Zahlen gar nicht zur Verfügung stehen, wenn man sich auf die Spur von Genderrelevanz in der Sozialen Arbeit machen will. Dennoch sprechen diese Messzahlen leider nicht für sich. Vielmehr fängt dann erst die eigentlich knifflige Arbeit an.

Die Idee ist naiv, dass zahlenmäßige Gleichverteilung für Gendergerechtigkeit stehen kann. Auch wenn es natürlich verführerisch ist, die Gleichstellung der Geschlechter in der Sozialen Arbeit in dieser Weise zu operationalisieren, weil dies so einfach ist, ist damit vermutlich nicht viel gewonnen. Warum nur soll eine Maßnahme, die vor allem von Frauen oder vor allem von Männern beansprucht wird, gegen Genderqualität sprechen – allein deshalb, weil eine Geschlechtergruppe überwiegt?

Angesichts dessen, dass Soziale Arbeit „Ausfallbürge" in sozialen Nöten ist, entsteht eine Double-bind-Situation bei der Beurteilung der Genderrepräsentanz bei den NutzerInnen. Die Unterrepräsentanz einer Geschlechtergruppe kann darauf hindeuten, dass diese weniger in den Nöten steckt, die sie zur Klientel Sozialer Arbeit werden lassen. Dann kann man darüber nur froh sein, und es wäre absurd, auf eine Erhöhung der unterrepräsentierten Gruppe hinzuwirken. Ebenso kann die Unterrepräsentanz einer Geschlechtergruppe auch gelesen werden als Ausdruck institutioneller Zugangsbarrieren für diese Gruppe. In diesem Fall wäre eine Erhöhung des Anteils dieser Gruppe sehr wohl indiziert – im Sinne der Gerechtigkeit.

Beispielsweise ist nachweisbar, dass im System der Wohnungslosenhilfe Frauen seltener als Männer auftauchen. Einrichtungen berichten, dass Frauenbetten nicht belegt werden (Lutz 2002). Dies ist auslegbar als Hinweis darauf, dass weniger Frauen ohne Wohnung sind. In diesem Fall sollte man sich besonnen darauf konzentrieren, den zahlreicher vorhandenen wohnungslosen Männern das an Gutem zu bieten, was sie an Hilfe brauchen. Und die „Männerlastigkeit" dieses Arbeitsfeldes müsste dazu auffordern, die Ursachen des offenbar erhöhten männlichen Wohnungsverlustrisikos zu klären und ihnen präventiv entgegenzuwirken. Die weibliche Unterrepräsentanz könnte aber auch als Indiz dafür verstanden werden, dass die Wohnungslosenhilfe möglicherweise nicht für die Notlagen wohnungsloser Frauen passt, so dass sie fern bleiben. Dies würde wiederum dazu auffordern zu prüfen, wie Frauen die Wohnungslosigkeit bewältigen und ob hierbei möglicherweise Nöte entstehen, die bislang verborgen sind und Soziale Arbeit auf den Plan rufen müssen. Hinweise dazu gibt es bereits. So berichten entsprechende Fachkräfte, dass wohnungslose Frauen eher bei Männern unterkommen – oftmals zum Preis der Prostitution (Lutz 2002, 357). Letztlich sind es diese Forschungs- und Entwicklungsprozesse, die durch Zahlenwerte ausgelöst werden können, die dann erst institutionelle Genderqualifizierung bedeuten.

Trotz alledem hält sich die Idee von der Genderparität als Bescheinigung von Gendergerechtigkeit hartnäckig in den „Fachköpfen". So besteht auch selbstverständliche Einigkeit dazu, dass die Zahl weiblicher und männlicher Fachkräfte in den Feldern der Sozialen Arbeit zahlenmäßig ausgewogen sein muss, wenn es um Genderqualität in diesem Arbeitsfeld geht. Bei einer ExpertInnenbefragung war dies zumindest eine gängige Redefigur. Im Rahmen des Forschungsprojektes „Jugendarbeit studieren" (Thole u. a. 2005) wurden HochschulprofessorInnen und Leitungskräfte der Jugendhilfe zum fachlichen Entwicklungsstand und den Qualifikationsbedarfen in der Kinder- und Jugendarbeit befragt. Die im Textmaterial enthaltenen Aussagen zum Genderthema wurden diskursanalytisch untersucht (Rose 2005). Zwei Leitungskräfte äußern sich im Interview zur genderparitätischen Personalbesetzung:

„Aber es ist einfach, also die möglichst paritätische Besetzung von Aufgabenbereichen, da will ich selbst gar nicht mal auf die einzelne Funktion oder Stelle abheben, sondern von Aufgabenbereichen zwischen Mann und Frau – das paritätisch zu besetzen, halte ich für wirklich wichtig." (weiblich)

„Wir haben, was die gesamte Mitarbeiterschaft angeht, und das ist dann auch ein relativ ausgeglichenes Verhältnis von Männern und Frauen – wir haben sogar auch ein paar Frauen mehr, insgesamt. Und wir haben das schon auch immer einrichtungsbezogen. Beziehungsweise, als wir hier Stellen für Jugendpflegerinnen und Jugendpfleger definiert haben, war schon klar, dass wir mindestens ein ausgewogenes Verhältnis haben. Von daher achten wir darauf grundsätzlich, dass das ausgeglichen ist. Und ich meine, wir hätten in dem Zuge mehr Frauen eingestellt als Männer." (männlich)

Die Idee quantitativer Gleichberechtigung ist offenbar selbstverständlich geworden. Die Einigkeit, mit der die Leitlinie der Geschlechterparität als nicht hintergehbare Selbstverständlichkeit präsentiert wird, kann einerseits als Ausdruck eines neu entstandenen geschlechterpolitischen Paktes ausgelegt werden. Die Aussage, dass zur Herstellung von Geschlechterparität mehr Frauen als Männer eingestellt worden wären, ist in dieser Weise lesbar, wie sie auch darauf verweist, dass in vielen Feldern ein zahlenmäßiges Ungleichgewicht zu Ungunsten des weiblichen Personals besteht. Andererseits muss dies alles aber auch nachdenklich stimmen. Dass Konflikte und Kontroversen zur personellen Geschlechterparität so gar nicht thematisiert werden, dass der Grundsatz der Parität auch nicht weiter qualitativ begründet wird, legt den Verdacht von Beschwichtigungsgesten nahe. Wird damit der „political correctness" Genüge getan, um nicht in schwieriges Fahrwasser zu geraten? Lenkt diese Einigkeitsfigur nicht von anderen, entscheidenderen Themen ab – von der Frage beispielsweise, was genderspezifische Qualitäten jenseits der quantitativen Zahlen zum Personal bedeuten? Denn dazu wurde dann in den Interviews kaum etwas gesagt. Ist die Formel der Geschlechterparität möglicherweise so „beliebt" und viel zitiert, weil sie die komplizierte gesellschaftliche Aufgabe der Gleichstellung der Geschlechter auf eine sehr „einfache" Weise konkretisiert und überprüfbar macht?

Genderqualität ist Geschlechtshomogenität

In der genderbezogenen Sozialen Arbeit hat von Beginn an das geschlechtshomogene Arbeitsprinzip eine zentrale Rolle gespielt, und so ist mittlerweile das Genderthema auch bei den nicht einschlägig interessierten Fachkräften automatisch fest „verlinkt" mit den Stichworten Geschlechtshomogenität und Geschlechtertrennung. Es scheint undenkbar, genderbezogene Soziale Arbeit ohne die Praxis der geschlechtsbezogenen Separierung zu realisieren. So erschöpft sich denn auch oftmals der Nachweis von Genderqualität in dem Nachweis der Existenz geschlechtshomogener Angebote und Einrichtungen: Frauenhäuser, Männerberatungsstellen, Frauentreff, Frauenkultureinrichtungen, Männerbildungsangebote, Väternachmittag im Kindergarten, Mädchen- und Jungentage im Jugendhaus, Mädchen- und Jungenprojekte in der Schule und in der Jugendarbeit, Mädchen- und Jungenräume usw.

Feministische Frauen- und Mädchenarbeit verkörpern per se dieses Markenzeichen. Nicht nur waren und sind dies Angebote nur für Frauen und Mädchen, auch galt und gilt hier immer die Gleichgeschlechtlichkeit der Fachkräfte als essentieller Fachstandard. Das gleiche lässt sich für die Entwicklungen in der Jungenarbeit und Männerarbeit sagen. Auch hier war und ist das geschlechtshomogene Setting konstitutiv. Erst kürzlich wurde von profilierten Autorinnen der Mädchenarbeit noch einmal das geschlechtshomogene Arbeitsprinzip als entscheidendes neu fundiert (Bitzan, Daigler 2001). Das gleiche gilt für die Jungenarbeit, für die weiterhin die Geschlechtshomogenität zentrales Ausweisungsmerkmal bleibt (Sturzenhecker, Winter 2002).

Begründet wird dieser Fachstandard damit, dass in geschlechtshomogenen Räumen, in denen das andere Geschlecht nicht anwesend ist, geschlechtsspezifische Konflikte und Nöte besser bearbeitet werden können. Die Gleichgeschlechtlichkeit der Fachkräfte ebnet den verstehenden Zugang zu den Zielgruppen wie es auch den Zielgruppen in der pädagogischen Beziehung gleichgeschlechtliche und damit tragfähigere biografische Orientierungsfolien bietet. Die Gleichgeschlechtlichkeit der Zielgruppen erleichtert die Öffnung gegenüber tabuisierten Themen der eigenen Geschlechtlichkeit, befreit von der Last, sich normal und geschlechtsgemäß vor dem anderen Geschlecht inszenieren zu müssen und lässt so eher zu sich selbst kommen und befreiende Handlungsspielräume aufscheinen wie sie auch die Entwicklung eines solidarischen Bezugs befördern.

Diese Begründungen sind einsichtig. Dennoch gibt es hier auch Fragwürdiges. Denn wieso eigentlich soll ausschließlich die Gruppe der Gleichgeschlechtlichen der richtige Rahmen sein, um genderspezifische Bedrängnisse zu bearbeiten, sich von Beschädigungen zu befreien und eine nachhaltige Biografieperspektive als Frau und als Mann zu entwerfen? Warum soll nicht eine Frau einem Jungen oder Mann eine gute Begleiterin auf dem Weg des Mann-Seins sein können? Warum soll nicht ein Mann einem Mädchen oder einer Frau ein guter Begleiter auf dem Weg des Frau-seins sein können? Warum sollen gemischtgeschlechtliche Situationen Mädchen und Frauen nichts Bereicherndes für ihren Weg als Frauen bieten? Warum sollen gemischtgeschlechtliche Situationen Jungen und Männern nichts Bereicherndes für ihren Weg als Männer bieten?

Wie tief verankert diese Gleichschaltung von Gender und geschlechtshomogener Gruppenarbeit derzeit dennoch ist, kann folgende Episode aus einem Forschungsprojekt in der Jugendarbeit widerspiegeln. Untersuchungsgegenstand des Projektes sind die rituellen Formen, in denen Mädchen und Jungen in der offenen Jugendarbeit Gender performativ gestalten und ob und wie dieses von den Fachkräften als situative Bildungsgelegenheit genutzt wird. In verschiedenen Jugendhäusern wurden Anfragen für entsprechende ethnografische Feldforschungen gestartet mit Erläuterungen zum Untersuchungsthema. Aus einem Jugendzentrum, in dem schon vorher ein Forschungsprojekt durchgeführt worden war, kam folgende Antwort.

„Hallo (...),

wir haben deine Einladung zum Projekt 'Jugendliche Genderinszenierungen als Bildungsgelegenheiten in der Offenen Jugendarbeit' erhalten und können dir durch diese mail mitteilen, dass wir gerne daran teilnehmen möchten. (...) Wie du ja von deinem letzten Projekt bei uns mitbekommen hast, machen wir „keine" mädchenspezifische Arbeit (Mädchentage oder Gruppen gibt es in dieser Form bei uns nicht) und dieses hat sich auch soweit nicht geändert. Da du in deiner mail dieses Thema angesprochen hast, wollten wir dich noch mal daran erinnern und dies zu bedenken geben!

Falls du noch irgendwelche Fragen hast oder Absprachen mit uns treffen musst, melde dich doch einfach bitte!!

Mit freundlichen Grüßen (...)"

Obwohl in der Anfrage an das Jugendhaus zwar von der Genderfrage in der Jugendarbeit, nicht aber von geschlechtshomogenen Arbeitsprinzipien die Rede war, fällt es offenbar schwer, sich die Genderfrage anders als als Frage nach geschlechtshomogener Praxis vorzustellen. Dass das angefragte Jugendhaus offenbar befürchtet, dass es letztlich ungeeignet für das Forschungsvorhaben ist, weil es keine „Mädchentage oder Gruppen" anbietet, dokumentiert die einprogrammierte In-eins-Setzung von Genderfachlichkeit mit geschlechtsgetrennten Angeboten.

Gleichgeschlechtliche Zuständigkeiten

Diese In-eins-Setzung hat zudem zu einer eigentümlichen Arbeitsteilung in Sachen Gender geführt: Frauen sind für die Belange von Mädchen und Frauen und die Bereitstellung einer passenden Praxis zuständig, und Männer sind für Belange von Jungen und Männern und die Bereitstellung einer passenden Praxis zuständig. Dies heißt in Konsequenz dann auch: Frauen sind nicht für Männerthemen zuständig, Männer nicht für Frauenthemen. Ein Mann berichtet aus seinem Studium der Sozialen Arbeit, in dem er sich als einziger Mann unter Frauen im Schwerpunkt Gemeinwesen befand:

„Nur einmal gab es für mich einen Moment der Unsicherheit: Ich hatte ein Referat zum Thema 'Der geschlechterdifferenzierte Blick auf das Gemeinwesen' vorbereitet. In diesem Zusammenhang habe ich auch über feministische Ansätze gesprochen und fand es befremdlich, ja sogar etwas anmaßend, das als Mann den Frauen zu referieren. An dieser Stelle habe ich mir die Partnerin an meiner Seite gewünscht, die qua Geschlecht zumindest die Aspekte der parteilichen Frauenarbeit hätte darstellen können." (Rehberg 2004, 55)

Warum erlebt der Student es als „anmaßend" über feministische Ansätze im Gemeinwesen zu referieren? Warum meint er, dass ihm dies nicht zusteht? Offenbar sind Geschlechter-Reviere in der Genderdebatte entstanden, die es Männern verbieten oder es zumindest für Männer als sittenwidrig erscheinen lassen, über Frauenbelange zu sprechen. Hierzu haben eigentlich nur Frauen Rederechte. Es ist, als ob die Beiträge der feministischen Sozialarbeitsdebatte nicht vom anderen Geschlecht berührt und angeeignet werden dürften. Angesichts dessen, dass fachliche Innovationsprozesse darauf basieren, unentwegt Beiträge anderer ExpertInnen und Fachgebiete zu rezipieren und für Weiterentwicklungen zu nutzen, muss diese disziplinäre Hoheitsordnung nachdenklich machen. Auch wenn die Territorialität sich für Fachfrauen weniger streng darstellt, denen es eher zugestanden wird, sich zu männlichen Belangen zu äußern, gilt das ungeschriebene Gesetz in der Genderdebatte, dass jede Geschlechtergruppe sich qua Geschlecht um die gleichgeschlechtliche Zielgruppe zu kümmern hat.

So ist auch häufig der Vorwurf von Frauen zu hören, dass die erforderliche genderbezogene Qualitätsentwicklung in der Sozialen Arbeit nicht recht voran kommt, weil die männlichen Kollegen sich nicht um das Thema und die Seite der Jungen und Männer kümmern und kümmern wollen. Die Genderforscherin Elke Schimpf resümiert bei ihrer Bestandsaufnahme zu „Gender und Soziale Arbeit" kritisch, „dass nur die 'weibliche Seite' geschlechtsspezifisch differenzierte Modelle und Ansätze für die Soziale Arbeit entwickelte, während die 'männliche Seite' diese Ansätze ausblendete und Geschlechterhierarchien und -differenzen in ihren fachlichen Diskursen kaum berücksichtige. Die Thematisierung der Geschlechterhierarchien, -verhältnisse und -differenzen in der Sozialen Arbeit ging von den Frauen aus und blieb ihnen weitgehend überlassen." (Schimpf 2002, 209)

Bei dieser Formulierung schwingt mit: Die Frauen haben ihren Teil längst zur Genüge erledigt, es liegt an der männlichen Ignoranz und Verweigerung, dass das Thema nicht so weit ist wie es sein müsste. Doch wer hat hier eigentlich wann unter welchen Voraussetzungen bestimmt, was von wem zu machen ist? Diese Arbeitsteilung ist nicht das Produkt einer gemeinsamen Auseinandersetzung gewesen, sondern ziemlich einseitig beschlossen worden. Wie stellt sich der Sachverhalt dar, wenn man versuchsweise statt der Formulierung, dass die Genderthematisierung den Frauen „*überlassen*" wurde, schreibt, dass Frauen diese für sich *besetzten* – also als eine aktive Leistung? In der ersteren passiven Konstruktion landet die Verantwortlichkeit für die fehlenden Diskursentwicklungen bei den Männern, bei der zweiten müsste man auch danach fragen, welche Exklusionen möglicherweise in der weiblichen Beschäftigung mit Weiblichkeit erzeugt wurden.

Eine weitere kritische Frage sei hinzugefügt: Könnte es sein, dass sich bei dieser Arbeitsteilung die weibliche Fachszene auch die attraktivere Arbeit gesichert hat? Vergegenwärtigt man sich die Diagnosen, die zu Männern und Jungen geliefert werden, dann sind diese vor allem dazu angetan abzuschrecken. Die Bilder von den übergriffigen, gewalttätigen, werte- und orientierungslosen „sozialen Analphabeten" lassen sie als kaum sozialpädagogisch steuer- und kontrollierbare „tickende soziale Zeitbomben" erscheinen. Dazu gesellen sich dann die sicherlich nicht seltenen realen Erfahrungen der Praktiker von überfordernden, verunsichernden oder gar bedrohlichen Situationen mit Männern und Jungen. Diese Gemengelage ist wenig dazu angetan, sich um männliche Zielgruppen zu kümmern.

Aufschlussreich sind hier die Erfahrungen aus einem Modellprojekt zur Verankerung mädchenspezifischer Qualifizierungen in der Schule (Rose, Dithmar 2004). Die Gespräche mit den Lehrkräften zeigten: Belastet fühlten sie sich durch Jungen. Sie wurden als anstrengend erlebt, weil sie störten und ein expressives, lautes Verhalten an den Tag legten. Am liebsten wollte man ihnen aus dem Weg gehen. Die Mädchen dagegen wurden als vergleichsweise problemlos in der täglichen Arbeit erlebt. Sie wurden als angenehm im Umgang geschildert. Als eine Lehrerin im Vorfeld eines Mädchenprojektes in der Schule ihre männlichen Kollegen aufforderte, doch auch entsprechende Angebote für die Jungen zu machen, war von einem als Antwort zu hören: „Ich kann nicht mit den Jungen, die sind mir zu stressig." Sind Jungen also die unangenehmere, abschreckendere, ängstigendere Klientel? Meidet man die Arbeit mit ihnen, weil sie überfordert? Und heißt dies dann nicht in Konsequenz: Sichern sich Frauen mit ihrem Anspruch auf die Mädchen- und Frauenarbeit unter der Hand möglicherweise auch die willkommenere Arbeit – nämlich mit den eher umgänglicheren Zielgruppen?

Dann hätte der Streit um das fehlende männliche Engagement für die Männer- und Jungenarbeit etwas vom Geschwisterkonflikt um die Erledigung der Hausarbeitspflichten. Der eine übernimmt schnell eine – in der Regel die attraktivere – Arbeit, um dann dem anderen die übrig gebliebene Arbeit selbstgefällig zu überlassen: Man selbst hat seinen Teil ja schon erledigt, steht also auf der anständigen Seite.

Wie kann man allen Ernstes in solchen Konstellationen von männlichen Kollegen erwarten, dass sie angesichts dessen bereitwillig und produktiv „*ihren*" Part übernehmen? „Männerforschung und Männerarbeit bedeutet (...) für viele, sich freiwillig auf die von Frauen gezimmerte Anklagebank zu setzen", formulierten Heinz Bartjes und Eckart Hammer schon vor einiger Zeit (Bartjes, Hammer 1995, 14). Dass dies so ist, kann nicht verwundern, ist der Sache der Genderqualifizierung in der Sozialen Arbeit aber kaum zuträglich. Doch die Genderdebatte neigt dazu, hier den verstehenden Blick für diese brisanten Interaktionsdynamiken zu verschließen. Stattdessen wird die Diagnose der männlichen Ignoranz gegenüber dem Thema gepflegt.

Zudem stellt sich auch die Frage, ob diese Arbeitsteilung eigentlich so sachadäquat ist. Bei der Entwicklung interkultureller Qualität in der Sozialen Arbeit käme schließlich auch niemand auf die Idee, die Zuständigkeiten ethniespezifisch aufzuteilen: Die deutschstämmigen Fachkräfte sind für die Seite der deutschstämmigen Zielgruppen verantwortlich, und die Fachkräfte mit Migrationshintergrund sind für die Seite der Zielgruppen mit Migrationshintergrund verantwortlich. Hier ist sofort klar, dass diese fachliche Entwicklungsarbeit alle Professionellen angeht, dass sie nur im kollegialen Miteinander realisiert werden kann. Warum gilt das gleiche nicht auch für die Entwicklung genderbezogener Qualität?

Geschlechtsrollenerweiterung als Ziel

„Alles ist gut, wie es aus den Händen des Schöpfers kommt, alles entartet unter den Händen des Menschen."
(Jean-Jacques Rousseau: Emil oder über die Erziehung (1762). Paderborn 1975, 9)

Bei der Bestimmung der Zielsetzungen einer genderbezogenen Sozialen Arbeit herrscht Einigkeit dazu, dass Entwicklungsmöglichkeiten jenseits der einengenden gesellschaftlich „vorgeschriebenen" Geschlechternormalitäten eröffnet werden müssen. So heißt es exemplarisch bei den GenderpädagogInnen Michael Drogand-Strud und Regina Rauw für die Jugendarbeit: Mädchen und Jungen „sollen die Möglichkeit haben, ihre individuellen Potentiale auszubilden, ohne dabei von Vorgaben, wie sie als Mädchen und Junge zu sein haben, eingeschränkt zu werden" (Drogand-Strud, Rauw 2005, 168). Allgemeiner heißt es bei Margitta Kunert-Zier: „Genderkompetenz in der Sozialen Arbeit kann als Fähigkeit verstanden werden, aus einer genauen Kenntnis und Wahrnehmung der Geschlechter im professionellen Kontext Strategien und Methoden zu entwickeln, die (...) auf die Erweiterung von Optionen bei beiden Geschlechtern abzielen" (Kunert-Zier 2005, 24).

Auf den ersten Blick überzeugen solche Sätze. Wer kann schon in der heutigen liberalisierten Zeit allen Ernstes als Ziel für die Soziale Arbeit formulieren, dass es darum gehen soll, Individuen in das bestehende geschlechtsbezogene Normengefüge einzupassen? Die in solch einvernehmliche Zielformulierungen eingelagerten Tücken zeigen sich erst auf den zweiten Blick.

Solche Maßgaben unterstellen fraglos, dass – geschlechtsspezifische – Normalitätszwänge immer beschädigend und damit von Übel sind: sei es, dass Individuen dadurch etwas nicht leben können, was sie gerne leben möchten, dass sie „verformt" und sich selbst entfremdet werden, dass sie in Konflikte geraten, dass sie daran krank werden. Für Frauen und Mädchen ist im Laufe der langjährigen Geschlechterdebatte akribisch dargelegt worden, dass und wie traditionelle Geschlechterbilder weibliche Biografieoptionen verengen. Das Paradigma der weiblichen Benachteiligung hat hier sein Übriges dazu geliefert. Aber auch für Jungen und Männer wird dies mittlerweile thematisiert:

„Das Erziehungsdrama zur Männlichkeit beginnt mit der Geburt. Von dem Moment an, da Eltern wissen, daß sie einen Jungen haben, fördern sie nachgewiesenermaßen Verhaltensweisen, die gesellschaftlich als männlich etikettiert sind, und diskreditieren dementsprechend andere Verhaltensweisen, die als unmännlich oder weiblich gelten. (...) Die Erziehung zur Männlichkeit verlangt die Härtedressur der Buben, denen körperliche Kontakte, Schmusen, Küssen frühzeitig abtrainiert werden. Ebenso wird von den Buben verlangt, daß sie ihre Emotionen kontrollieren und insbesondere Gefühle von Schwäche, Schmerz, Traurigkeit und Nachgiebigkeit unterdrücken." (Hollstein 1996, 391)

Das zugrunde liegende Muster des Textes ist dasselbe wie das der Texte zur weiblichen Sozialisation – nur eben mit umgekehrten Vorzeichen: Die bestehenden Erwartungen an Männlichkeit „verbiegen" Jungen und Männer. Sie können nicht sie selbst sein mit all ihren Wünschen und Bedürfnissen, sondern müssen abspalten, unterdrücken, was nicht der Norm entspricht. Solche Sozialisationsvorstellungen führen zwangsläufig dazu, für eine genderqualifizierte Soziale Arbeit die Überwindung von Vorgaben und die biografische Optionenerweiterung jenseits der traditionellen Zurichtungszwänge und Normalitätsauflagen als Ziel zu formulieren.

Doch wäre hier kritische Vorsicht angesagt. Zumindest sollte verdächtig machen, dass dieses Paradigma eine polarisierende Dichotomie zwischen Gesellschaft und Individuum konstruiert, bei der die Gesellschaft zum Träger des „Bösen" wird, die die heile Existenz des Individuums bedroht. Diese Zweiteilung ist wenig realitätstauglich. Sie verkennt das Aufbauende sozialer Rahmungen. Diese konsequente Ausblendung muss verwundern, schließlich gibt es in allen Lebensgeschichten Erlebnisse der beschränkenden und gehassten Zurichtung, des Konflikts mit Erwartungen wie auch die des Triumphes angesichts erfolgreicher Normerfüllungen: Der Stolz des Kleinkindes, das es endlich schafft, den Nasenschleim ins Taschentuch zu pusten statt „die Nase laufen zu lassen", das berauschende Gefühl, endlich mit Messer und Gabel richtig umgehen zu können, das Kommunionskleid gesittet zu tragen, die Haare erfolgreich mit Gel gestylt, den Abschlussball und das Bewerbungsgespräch erfolgreich bewältigt, die Small-Talk-Rituale einer Party passend geschafft, den Besuch in einer fremden Familie, deren Gebräuche man nicht kennt, ohne Peinlichkeiten bestanden zu haben, die eigene Berufsrolle überzeugend ausgefüllt zu haben. Diese Liste ließe sich endlos verlängern. Die gelungene Übernahme von Funktionsrollen, das gelungene Aufführen von „Sitte und Anstand" und die souveräne Selbstformierung ist als Markierung des eigenen Richtig-Seins und des „Dazugehörens" erhebend. Aus der Kunst wissen wir zudem, wie die mühseligen Prozesse der Aneignung und Übung von vorgegebenen ästhetischen Formvorlagen – sei es bei der Musik, dem Malen, plastischen Gestalten, beim Schreiben oder dem Theater und Tanz – erst die Voraussetzung für eindrucksvolle Selbstartikulationen und damit öffentliche Sichtbarmachung und gesellschaftliche Teilhabe sind.

Gleichzeitig bedeutet dies alles unausweichlich die Reproduktion und Produktion von Normen. Soziale Normen sind damit nicht ausschließlich destruktiv, sondern immer auch konstruktiv. Sie sind weder nur das eine, noch nur das andere. Warum können und wollen wir uns dennoch nicht vorstellen, dass geschlechtsspezifische Normierungen auch etwas Aufbauendes sein können, die dem eigenen Selbst vitale Konturen verleihen – und dies, wo doch die zahlenmäßig dominante soziale Gruppe im Beruf der Sozialen Arbeit, nämlich die Frauen, einen geschlechtskonformen Beruf ergriffen hat?

Wird also mit der Propagierung der biografischen Entnormierungen nicht die Idee des freien, selbstbestimmten und individualisierten Individuums unzulässig überhöht? Warum wollen wir Mädchen und Jungen, Männern und Frauen unbedingt dazu verhelfen, möglichst unabhängig von jeglichen Vorgaben zu sein? Warum erscheint es uns so bedenklich, dass sie sich an geschlechtsspezifischen Maßgaben orientieren könnten? Warum halten wir dieses für per se verdächtig? Ist es tatsächlich für die Betreffenden ein Problem oder mehr für uns als Fachkräfte? Zeigen Individuen uns nicht unentwegt, indem sie sich Gruppen unterschiedlichster Stilrichtungen zuordnen, dass sie sozialen Halt, Bindung und Selbstverortungen suchen und bereit sind, die in den jeweiligen kulturellen Milieus geltenden Regeln und Erwartungen sich einzuverleiben und sie zu leben? Kann es soziale Einbindung ohne normative Anpassungen geben?

Muss genderbezogene Soziale Arbeit tatsächlich heißen: Freisetzung aus traditionellen Rollenbildern? Geht damit nicht eine Entwertung bestimmter Geschlechterstile einher? Verkennen wir hier nicht das Selbstkonturierende und Selbststabilisierende, das der Bezug auf ein klar normiertes Sozialgefüge bieten kann – auch oder gerade in Zeiten der Individualisierung? Kann es überhaupt eine andere Form der Selbstkonturierung geben als die über die Einpassung in soziale Gefüge und die „Bedienung" der dort herrschenden Praxisrituale und Habitusformen?

Die Fixierung auf das Ziel der Geschlechtsrollenerweiterung hat in der Vergangenheit in der genderbezogenen Sozialen Arbeit zu skurrilen „Stilblüten" geführt: Verdächtig waren alle Programme, in denen Geschlechtskonformes stattfand – das Fußballspiel, das Wilderness-Camp mit den Jungen, das Tanzprojekt und der Schminkkurs mit Mädchen, der Nähkurs für Frauen, das Bauprojekt für Männer usw. Stattdessen musste der Nachweis erbracht werden, dass den Zielgruppen Erfahrungsräume *jenseits* der Genderpraxisroutinen eröffnet wurden: Fahrradwerkstatt für Mädchen, Selbstbehauptungskurs für Frauen, Bügeln und Massagekurse für Jungen und Männer – nach dem Muster: Für jede Geschlechtergruppe das „Andere" erfahrbar machen. Das Ideal war der „Kugelmensch" (Brückner 1988, 194), der Weibliches und Männliches in sich vereint und sich damit der Gendervorgaben entledigt und zum „vollständigen" und damit richtigen Menschen wird.

Das Problem sind nicht die genannten Angebote an sich im Rahmen einer genderbezogenen Sozialen Arbeit, sondern ihre ideologische Unterlegung. Die Überhöhung der Leitfigur des Grenzüberschreitenden führt zur Diskreditierung der gelebten Formen traditioneller Geschlechterpraxis und zu der Widersinnigkeit, neue Normen zu errichten und „Verbiegungen" stattfinden zu lassen: Das gute Mannsein und das gute Frau-sein ist das jenseits des Traditionellen. Ein Blick auf aktuelle Praxisprojekte in der genderbezogenen Sozialen Arbeit kann im Übrigen darüber aufklären, dass die Praxis längst weniger normativ ist als hier kritisiert wird. Wenn z. B. in der Jugendarbeit „Flirtschulen" derzeit in Mode kommen, zeigt dies, dass auch die Einübung von ganz traditionellen Ritualen Thema sein kann.

„Discotag im Jugendzentrum: Jungen schauen den Mädchen nach, gut gestylt, tun desinteressiert. Die Jungen rempeln sie an, die Mädchen sind genervt oder rennen kreischend auf die Mädchentoilette. Die Sozialarbeiterin Sabine schaut sich das

Theater eine Weile an und fragt dann spontan einige Jungen, ob die Kontaktaufnahme mit den Mädchen nicht auch charmanter ginge. Die Jungen werden neugierig und probieren es auf Sabines Rat mit Komplimenten, witzigen Fragen, einer höflichen Geste – die Mädchen reagieren angenehm überrascht. Mit viel Gelächter wird über die Möglichkeiten sympathischer Anmache zwischen Mädchen und Jungen reflektiert. Fortan wird Sabine an Discotagen öfter von Jungen gefragt, ob sie diese 'Flirtschule' nicht wieder mit ihnen machen könne." (Kunert-Zier 2005, 21)

Die Szene veranschaulicht, dass die Einweisung in Normen eine sinnvolle lebenspraktische Hilfe sein kann. Offenkundig haben die Entritualisierungen im Geschlechterverhältnis zu einer jugendlichen Verunsicherung geführt. Jungen und Mädchen wissen nicht mehr so recht, wie Kontakt gelungen aufgenommen werden kann. So wird die angebotene Flirtschule zu einem Lernfeld zur Herstellung und Sicherung sozialer Integration. Sie teilt mit, dass Kontakt nicht „irgendwie" herzustellen ist und hergestellt werden soll, sondern dass es Sitten der „gekonnten" Annäherung an das andere Geschlecht gibt. Genderbezogene Jugendarbeit offenbart sich damit als keineswegs entnormierendes, geschlechtsrollenüberschreitendes Programm, sondern ganz im Gegenteil als explizit normierendes. Sicherlich hat man dabei auch traditionelle Geschlechterrituale hinter sich gelassen – man denke nur an die Anstandskurse der Eltern- und Großelterngeneration. Doch gleichzeitig sind neue erschaffen worden. Und nebenbei: Die Geschichte zeigt auch, dass nicht nur die gleichgeschlechtliche Fachkraft Bereicherndes bieten kann: Eine weibliche Mitarbeiterin fungiert hier als „Meisterin" für die Jungen.

Genderbildungarbeit als Synonym für genderbezogene Praxis

Genderbezogene Praxisentwicklungen konzentrieren sich oftmals auf gruppenpädagogische, geschlechtshomogene Settings, die durch besondere entwicklungsförderliche Gender-Inhalte und seminaristische Anklänge von Bildungsarbeit gekennzeichnet sind. Sie sollen einen Raum bieten, in dem sich Mädchen und Jungen, Frauen und Männer kritisch mit den herrschenden Geschlechtervorgaben und dem eigenen Betroffensein auseinandersetzen können, in dem sie befreit von diesen Vorgaben sanktionsfrei Neues ausprobieren und damit ihre biografischen Perspektiven erweitern und bereichern können.

Vor diesem Hintergrund richten sich genderbezogene Professionalisierungen vornehmlich auf die pädagogische Kunstfertigkeit, den Zielgruppen lebensweltadäquate Formen der thematischen Annäherung zu bieten. Wohl wissend um die Abwehr und die Ängste, die die geschlechtsbezogenen Selbstöffnungen, Enttabuisierungen und Experimente in der Regel auslösen, geht es darum, durch überlegte methodisch-didaktische Gestaltungen den Rahmen so zu gestalten, dass die vorhandenen Barrieren und Widerstände gelöst werden und progressive Bildungsimpulse gesetzt werden können. Die Fachliteratur wie auch entsprechende Seminare und Fortbildungen bieten mittlerweile ein umfangreiches und wertvolles „Werkzeug-Reservoire" zur Herstellung gelungener Gruppenarbeit zur Beschäftigung mit den Geschlechterverhältnissen: Spiele, Diskussions-, Moderations- und Reflexionsverfahren, erfahrungsbezogene Übungen, Medien, Kulturpädagogik u. ä. Diese Entwicklungen sind ein Gewinn. Doch sie verengen das Genderthema für die Soziale Arbeit auch.

Sie lassen die Frage genderbezogener Qualifizierungen auf die Frage der Qualifizierung von Bildungsarbeit hinauslaufen. So fragen Fachkräfte beim Thema Gender vor allem erst einmal danach: Wie kann ich den Menschen, mit denen ich arbeite, Gender überhaupt nahe bringen, wenn sie doch gar nicht darüber reden wollen? Wie kann ich es schaffen, dass sie bereit sind, über ihr Mann- und Frau-sein, ihr Jungen- und Mädchen-sein zu sprechen? Wie stelle ich eine Atmosphäre her, in der sie bereit sind, sich voreinander zu öffnen? Wie kann ich auch Tabuisiertes besprechbar machen, ohne dass Beschämendes oder Grenzverletzendes stattfindet? Wie ist ein haltender und motivierender Rahmen für Lernprozesse herzustellen? Wie sind Inhalte optimal zu vermitteln? Wie sind kritische Selbstreflexionen optimal anzustoßen? Dies ist wichtig, doch es wirft die kritische Frage auf, ob genderbezogene Praxis sich sinnvollerweise auf dieses Setting beschränken lässt und beschränkt werden sollte.

Unter der Hand passiert damit Folgendes: Gender wird aus dem Alltag Sozialer Arbeit herausgeschnitten und an einen Sonderraum, eine Sonderzeit und einen Sonderrahmen verwiesen. Es wird zum Gegenstand initiierter, isolierender und gesteuerter Bildungspraxis. Mit dieser Pädagogisierung wird Gender zu einer Angelegenheit persönlichen Lernens gemacht und damit seiner alltäglichen materiellen und strukturellen Aspekte entledigt. Das spricht überhaupt nicht gegen solche Programme. Aber man sollte sich davor hüten, genderbezogene Soziale Arbeit sich darin erschöpfen zu lassen.

Geschlechterverhältnisse und -ungleichheiten werden in der Sozialen Arbeit an vielen Stellen hergestellt: bei der Gestaltung von Räumen, bei der Investition von Finanzmitteln, in der Versorgung mit Leistungen, in Praxisritualen, in den alltäglichen Interaktionen zwischen Fachkräften und Klientel wie auch der KlientInnen untereinander, in den Projektionen und Gegenprojektionen. Diese integralen Gender-Ebenen haben ebenso Relevanz für die Entwicklung einer genderqualifizierten Sozialen Arbeit. Nimmt man dies ernst, muss Genderqualifizierung mehr sein als gruppenpädagogische Perfektionierung. Sie darf sich nicht nur zum exklusiven Thema machen, sondern muss sich auch als ein inklusives verstehen.

Genderbezogene Selbstreflexion als Bußgang

Selbstreflexivität gehört zum selbstverständlichen allgemeinen Professionalitätsstandard in der Sozialen Arbeit. Fachkräfte müssen den Mut haben und in der Lage sein, sich selbst anzuschauen und die inneren Prozesse, die berufliche Situationen auslösen und begleiten, wahrzunehmen. Dies ist kein Selbstzweck, sondern diese Kompetenz sichert erst, dass Störungen in den beruflichen Interaktionen, die zum Praxisalltag gehören, verstanden werden können und die Wechselwirkungsprozesse zwischen KlientInnen und Fachkraft gezielt gesteuert und damit sachdienlich optimiert werden können.

Angesichts dessen bleibt es nicht aus, dass auch im Kontext Gender eine entsprechende spezialisierte Genderreflexivität als Basiskompetenz formuliert wird. Die Genderpädagogin Margitta Kunert-Zier (2005) fordert beispielsweise als Voraussetzung geschlechtsbewusster Selbstkompetenz die „Selbstreflexion über den Umgang mit dem eigenen Geschlecht, bewusstes Wahrnehmen eigener Ambivalenzen und Vorstellungen von den Geschlechtern" (Kunert-Zier 2005, 26), und sie empfiehlt für das Studium entsprechende Angebote wie „Selbsterfahrungs- und selbstreflexive Gruppen oder Möglichkeiten des biografischen Arbeitens" bereitzustellen (ebd. 26).

Dagegen ist im Prinzip nichts zu sagen. Natürlich muss Selbstreflexivität immer auch beinhalten, sich selbst im eigenen Frau- oder Mann-sein anschauen zu können und das eigene Frau- oder Mann-sein als Komponente im beruflichen Interaktionsgeschehen zu begreifen. Trotz solcher schlichter Sachrationalität scheint Genderreflexivität dennoch häufig aufgeladen durch einen eigentümlichen, moralisierenden Subtext. „Man muss nicht Feministin oder männerbewegt sein, um geschlechtsbezogen arbeiten zu können" stellen Lothar Böhnisch und Heide Funk fest (2002, 18). Diese „Richtigstellung" wäre nicht nötig, wenn Genderqualifizierungen eben nicht oftmals genau so erscheinen würden: nämlich als Produkt feministischer oder männerbewegter Gesinnung. Sie werden als ideologische Frage erlebt und nicht als Fachfrage. Auf diesem Boden verzerrt sich dann zwangsläufig auch die Idee der genderbezogenen Selbstreflexivität.

Sie lässt Bilder kritischer Selbstanprangerung, Schuldeingeständnisse und bußebereiter, demütiger Verbesserungsversprechen erstehen. Bin ich eine gute Feministin oder ein guter männerbewegter Mann? Die Genderreflexivität erscheint als eine religiös anmutende Sittenprüfung und Bezichtigungspraxis, bei der es vor allem darum geht, eigene genderbezogene „Fehlleistungen" zu erkennen, zu benennen, zu verstehen und zu tilgen: Wo und wie inszeniere ich mich als typischer Mann, als typische Frau? Wo habe ich lustvolles Gefallen an genderkonformen Praxen? Wo und wie diskriminiere ich das andere Geschlecht? Wo übe ich Herrschaft und Gewalt aus? Welche genderbezogenen Privilegien nutze ich? Diese Selbsterkundungsprozesse verlangen eine Offenbarung bis ins Private – wie gestalte ich meine Partnerschaft, wie gehe ich mit meinen Kindern um? Es geht darum, das eigene Leben nach den eigenen Beiträgen zu genderspezifischen Normierungen zu durchforsten.

Dass dies nicht der Sinn der Sache sein kann, dazu wird Einigkeit vorhanden sein. Doch damit ist das Problem noch nicht gelöst, dass Genderreflexivität noch zu oft genau in diesem Gewande erscheint. Der Gender-Trainer Reinhard Winter schildert eine entsprechende Szene, die nachdenklich machen muss:

„Ich bin zu Gast in einem Fachhochschulseminar, überwiegend Studentinnen und ein paar Studenten sind anwesend. In der Diskussion geht es auch darum, warum so wenige Männer an der FH studieren. Das Gespräch ist offen, die Männer kommen langsam zum Vorschein, beginnen sich zu zeigen, neue Horizonte scheinen sich abzuzeichnen – und dann platzt plötzlich unvermittelt die Professorin in die Diskussion mit der Ansicht, die Männer sollten sich erst mal mit ihren potentiellen Täterseiten auseinandersetzen. Nicht, dass ich das bisweilen nicht auch empfehlen könnte. Nur wirkte eine solche Bemerkung zu diesem Zeitpunkt wie ein moralischer Totschläger. Inhaltlich lag der Tipp für mich an der völlig falschen Stelle, etwa so, als würde man jeder Schwangeren empfehlen, sich vor der Geburt erst einmal intensiv mit ihren potentiellen Kindsmörderinnen-Seiten zu befassen. Jedenfalls werden auf diese Weise offene Diskurse über Geschlecht unmöglich." (Winter 2005, 89)

Diese Szene demonstriert, was sich stellenweise noch immer hinter der geforderten genderbezogenen Selbstreflexivität verbirgt – nämlich die Forderung nach Identifikation mit dem Gender-Sündenfall. Auch wenn es vermutlich leicht fällt, sich von dieser drastischen Worst-Case-Geschichte kritisch zu distanzieren, und sich schnell Einigkeit dazu herstellen lässt, dass Genderreflexivität auf diese Weise nicht herzustellen ist, verweist sie doch eben so sehr auf die offene Frage, wie sie denn erfolgreicher, sachangemessener und fairer herzustellen ist. Welche Gesten, Mitteilungen, Texte transportieren eventuell nicht ähnlich Problematisches – wenn auch versteckter, kleiner, weniger auffällig? Welche Impulse hinterlassen Beschämung? Wie muss das Setting gestaltet sein und gehalten werden, damit Studierende, Fachkräfte in bereichernder Weise Genderreflexivität ausbilden können? Zu wissen, wie es *nicht* geht, bedeutet noch nicht zu wissen, wie es geht.

Entwicklungsherausforderungen für die Genderdebatte

Gebrauchswert statt Moral

Die Genderdebatte ist aus ihrer feministisch geprägten Tradition heraus stark ideologisch moralisch aufgeladen: Soziale Arbeit muss sich vor allem deshalb genderbezogen qualifizieren, weil sich dies so „gehört", nicht aber primär, weil sie damit ihren Auftrag sachgerechter und effektiver erfüllen kann. Solange dieses Stimmungsbild so bleibt, werden es Genderqualifizierungsforderungen verständlicherweise schwer haben. Sie werden dann vor allem als weitere institutionelle Zumutung erlebt, wie man schon so viele im Beruf hat, weniger als professionalisierender Gewinn. Beides greift ineinander: Weil oftmals nicht unbedingt einsichtig ist, dass sich durch Genderqualifizierungen etwas im Berufsalltag verbessert, bleibt nur die moralische Anforderung stehen; weil der moralische Impetus so stark ist, wird nicht konsequent erarbeitet, wie die berufliche Tätigkeit davon profitiert, wird möglicherweise auch unbeabsichtigt regelrecht verdeckt, dass es hier tatsächlich etwas vorzuweisen gibt.

Was schaffe ich damit tatsächlich besser? Welche Probleme kann ich mit diesem Werkzeug besser lösen? Kann ich damit meinen Zielgruppen besser begegnen, besser Nähe und Distanz ausbalancieren, sie besser erziehen, beraten, begleiten, ihnen helfen und ihnen zu ihrem Recht verhelfen, kann ich auf diese Weise die Zusammenarbeit mit meinen KollegInnen, meinem Chef besser gestalten, meine Leitungs- und Steuerungsaufgaben besser erfüllen? So verkommt die Forderung nach Genderqualifizierungen oftmals zu einer entleerten Formel. Die folgende Fallgeschichte aus der Literatur zur genderbezogenen Sozialen Arbeit verweist auf die Dringlichkeit solcher „störenden" Fragen:

„Ein geschlechtsreflexives Fallverstehen steigert (...) nicht nur deswegen die professionellen Anforderungen, weil in die äußere Symptomatik und ihre Definitions- und Interpretationsmuster geschlechtstypische Bezüge eingelagert sind, sondern weil darüber hinaus im Bereich der inneren Diskrepanzerfahrungen, die KlientInnen und SozialarbeiterInnen zumindest emotional miteinander teilen, Ambivalenzen entstehen, die nicht linear auflösbar sind. Man muss vielmehr 'doppelt' denken. Nehmen wir den Fall eines auffälligen Jungen, dessen Verhalten relativ deutlich darauf zurückzuführen ist, dass ihm der Vater die Anerkennung verweigert und ihn dies massiv spüren lässt. In dieser Verweigerung liegt aber auch gleichzeitig die Bedürftigkeit des Vaters, die der Sohn wiederum spürt, aber genauso nicht zulassen darf, wie er seine Ohnmacht gegenüber dem Vater über eigenes antisoziales Verhalten bis hin zur Gewalttätigkeit abspalten muss. Wenn die SozialarbeiterInnen diese Spannung und Ambivalenz nicht im Kopf haben, dann werden sie weder dem Kind noch dem Vater gerecht. Natürlich kompliziert die Bedürftigkeit des Vaters den 'Fall'. Deshalb ist es wichtig, nach Lösungen zu suchen, in denen diese Spannung nicht zur Black Box wird, sondern verräumlicht und damit entlastet werden kann. Der Junge soll die Chance erhalten – zum Beispiel im Betreuten Wohnen – sich einen neuen Anerkennungsraum aufzubauen und es soll ihm gleichzeitig ermöglicht sein, von da aus Beziehungen zum Vater aufrecht zu erhalten und neu zu ordnen. Gleichzeitig muss aber versucht werden, den Vater, der den Auszug des Sohnes in der Regel als Kontrollverlust bzw. als Versagen des Sohnes begreift, das seine Bedürftigkeit noch steigert (und damit die Gefahr ihrer gewalttätigen Abspaltung erhöht), in einen Beratungsprozess (...) einzubinden." (Böhnisch, Funk 2002, 180f)

Die Darstellung lässt erahnen wie schwierig es ist, den Praxisgewinn genderbezogener Professionalität klarzustellen. Auch wenn sie mit einem Plädoyer für die Optimierungseffekte geschlechtsreflexiven Fallverstehens für die Erfüllung des beruflichen Auftrags beginnt, stellt sich beim weiteren Lesen dann doch Verwirrung ein. Die Fallinterpretation wie auch die Maßnahmenentscheidungen sind einsichtig. Doch bleibt letztlich offen, wo und wie Genderfachlichkeit hier einen bedeutungsvollen Impuls geliefert hat. Zugespitzt formuliert: Wäre diese Darstellung nicht ebenso ohne Genderfachlichkeit denkbar gewesen? Zu erkennen, dass der Vater seinen Sohn wenig wertschätzt, dass der Sohn auffällig wird, um väterliche Anerkennung zu erlangen, dass die Missachtung des Sohnes Ausdruck väterlicher Probleme ist und dass die Bereitstellung von je eigenen Hilfen für beide Beteiligte Sinn macht – dies alles ist möglich ohne die Berücksichtigung von Genderaspekten, und hätte vermutlich von jeder Fachkraft so formuliert werden können, auch ohne Genderkompetenz.

Damit zeigt sich ein gewisser Nachholbedarf bei der öffentlichkeitswirksamen und überzeugenden Profilierung des praktischen Gebrauchswertes der Genderfachlichkeit. Nur wenige Fachkräfte haben beim Stichwort Gender spontan das Gefühl, dass sich die Beschäftigung damit lohnt. Wenn z. B. Studierende der Sozialen Arbeit in die Seminare zur Beratung massenhaft strömen, weil sie davon ausgehen, dass sie dort etwas lernen, was sie den mitunter schwierigen Kontakt mit KlientInnen souveräner und gelungener bewältigen lässt, dann zeigt sich dies bei den angebotenen Gender-Seminaren nicht unbedingt so. Die meisten erwarten hier nicht viel Handlungspraktisches und bleiben von daher den entsprechenden Veranstaltungen fern. Hier muss vom Genderfachdiskurs offensichtlich noch einiges mehr geboten werden, bis Studierende ebenso motiviert Gender-Seminare wie Beratungs-Seminare belegen werden, weil sie die selbstverständliche Erwartung haben, dass dabei für sie – wie bei den Beratungsseminaren – etwas herauskommt.

Es gibt zwar zahlreiche programmatische Texte, Methodenhandbücher und Projektdokumentationen zum Gewinn einer genderqualifizierten Sozialen Arbeit, doch sie schließen schlussendlich nicht die entscheidende fachliche Lücke: den fehlenden Nachweis des rationalen Gebrauchswerts einer genderbezogenen Professionalität. Sie argumentieren zu oft noch mit Behauptungen und allgemeinen Plausibilitäten, sind durchzogen von moralisierenden Tönen. Praxisberichte sind verfasst unter Legitimationsdruck und von daher als geglättete Erfolgsgeschichten gestaltet. Dies alles macht diese Texte relativ wertlos als Dokumente des Nutzens genderbezogener Sozialer Arbeit.

Ein nicht zu unterschätzendes Problem ist zudem, dass Genderthematisierungen bislang vor allem dazu angetan sind, den Eindruck von Mehrarbeit zu erzeugen. Verwiesen wird auf die flächendeckend vorhandenen Genderungerechtigkeiten in der Gesellschaft und den sozialen Einrichtungen. Die entsprechende Literatur bietet zahlreiche Befunde dazu, wo und wie eine Geschlechtergruppe mehr oder weniger als die andere an institutioneller und professioneller Zuwendung, Aufmerksamkeit, Wertschätzung, Hilfe und Unterstützung erhält: z. B. das Fehlen von jungentypischen Aktivitätsmöglichkeiten in den Kindergärten, der fehlende Kontakt zu den Vätern in den Kindergärten, die Unterrepräsentanz der Mädchen in den Jugendhäusern und auf den öffentlichen Freiflächen, das Übersehen von Hilfebedarfen bei Mädchen hinter den störenden und auffälligen Verhaltensweisen der Jungen in der Schulsozialarbeit und Erziehungshilfe, die geringere Unterstützung zur beruflichen Integration von Mädchen und Frauen, der unzureichende Schutz von Mädchen und Frauen gegen Gewalt usw. Dieses Vorgehen wurde noch einmal radikalisiert mit dem Instrument des Gender Mainstreaming, dessen Dreh- und Angelpunkt die empirische Bestimmung von Genderungleichheiten in Organisationen ist. Dies alles hat seinen Sinn, weil es Handlungsbedarfe markiert und kritische Reformprozesse initiiert.

Doch das Problem ist, dass in dieser Linie Genderfachlichkeit immanent zu etwas Lästig-Unerfreulichem mutiert. Sie identifiziert Defizite, klagt an, zerstört selbstgefällige Praxisroutinen, formuliert neue Aufgaben zu den bereits vorhandenen. Das Plädoyer für genderbezogene Qualitätsentwicklung erscheint nur als zusätzliche Last, kann nicht als Chance wahrgenommen werden. Wie sollte es auch? Denn ob mit dem Ausgleich der Genderungleichheit nun für die Zielgruppen das richtige geschaffen wird, ob man ihnen damit ein besseres Leben eröffnet und ob die eigenen beruflichen Aufgaben sich damit besser bewältigen lassen, das ist relativ unklar. Und unklar ist schließlich auch, wie man nun in sinnvoller Weise der diagnostizierten Genderungleichheit begegnet. Klar ist nur, dass man nicht so weiter arbeiten darf wie bisher.

Dies ist wenig animierend. Der Genderdiskurs wird damit eher zu einem „Abschreckdiskurs" als zu einem „Motivationsdiskurs". Das Problem ist, dass mit der kritischen Aufdeckung von Genderdifferenzen in der Regel keineswegs die passenden neuen Praxisantworten parat liegen. Es gibt keine Automatismen, mit denen das neue Wissen zwangsläufig Handeln verändert. Wir haben es vielmehr oft genug mit dem Dilemma zu tun, dass Wissenserweiterungen zu einer beklemmenden Last werden, wenn sie zwar die Aufforderung nach Praxisveränderung in sich tragen, gleichzeitig aber das berufliche Tun scheinbar so verkomplizieren, dass man sich gar nicht mehr vorstellen kann, dass dies machbar und wertvoll ist. Angesichts dessen kann es auch nicht verwundern, dass man dann lieber nichts wissen will von „Gender" – nach dem Motto: Was ich nicht weiß, kann mich auch nicht belasten.

Was in der Genderfachdebatte noch zu wenig vorhanden ist, sind die Prozessanalysen dazu, wie Genderkompetenz das Berufsfeld – die Entwicklungen bei den Zielgruppen, die professionellen Interventionen, das eigene berufliche Erleben – tatsächlich bereichern kann. Veränderungen werden erst in Angriff genommen, wenn die damit verbundenen Gewinne sichtbar, vorstellbar sind. Dies *ist* erst mal so, und es ist nicht nur beim Genderthema so. Hier gibt es noch zu wenig „Verführungsmaterial" in der Genderdebatte.

Ein anregender Blick über die Fachgrenzen

> „Bei der Entwicklung eines Brunnensystems für ein afrikanisches Land entschied sich eine Forschungsgruppe für eine Podest-Konstruktion. Die Aufgabe des Wasserholens gehört in den Zuständigkeitsbereich von Frauen. Die Podest-Lösung erwies sich als kulturell unannehmbar, weil Frauen den Kleidungsvorschriften entsprechend Röcke tragen und durch eine erhöhte Position auf einem Podest den Blicken anderer preisgegeben werden."
>
> (Martina Schraudner: Beispiele für Gender- und Diversity-Aspekte. In: Susanne Bührer, Martina Schraudner (Hg.): Gender-Aspekte in der Forschung. Karlsruhe 2006, 7)

Anregend kann an dieser Stelle ein Blick über die sozialen Fachgrenzen hinweg sein. Es scheint, dass in den technisch-naturwissenschaftlichen Disziplinen das Genderthema weitaus pragmatischer und nüchterner angegangen wird – und werden kann – als in den sozialwissenschaftlichen. Vielleicht liegt es daran, dass die politischen Debatten um Gleichstellung in den naturwissenschaftlich-technischen Fächern kaum geführt wurden, dass das ideologische Erbe hier also ein anderes ist? Vielleicht hat es auch damit zu tun, dass in diesen Fächern ökonomisch-sachliche Verwertungsinteressen immer schon dominierender waren als in den sozialen? Jedenfalls liest sich eine Broschüre zu Genderaspekten in der naturwissenschaftlich-technischen Forschung (Bührer, Schraudner 2006) völlig anders als der überwiegende Teil der Genderfachliteratur zur Sozialen Arbeit. Von gesellschaftlicher Gerechtigkeit ist hier so gut wie gar nicht die Rede, auch wenn die gleichstellungspolitische Leitlinie des Gender Mainstreaming der Anlass für die Publikation war. Viel mehr dreht sich dagegen um die sachliche Optimierung von Produkten und Dienstleistungen. So heißt es hier ganz schlicht:

„Die Anforderungen an Technik, Technologie und Dienstleistungen sind vielfältig. Der englische Begriff 'Gender' beschreibt die gesellschaftlich und kulturell unterschiedlich geprägten Rollen von Frauen und Männern, die die Aufgabenbereiche und Zuständigkeiten im Alltag bestimmen. In der Berücksichtigung von Gender im Forschungsprozess wird ein bedeutendes Potenzial gesehen, um unterschiedliche Nutzungsbedürfnisse, vielfältige Zugangsweisen zur Technik sowie Präferenzen und Erwartungen an die Produktgestaltung besser berücksichtigen zu können." (Schraudner 2006, 9)

Anhand zahlreicher Fallbeispiele aus der Industrie werden potentielle Genderaspekte in Forschungsvorhaben exemplarisch herausgearbeitet. Auch wenn sie alle vordergründig weit ab von den Belangen der Sozialen Arbeit scheinen, so beinhalten sie doch eine wertvolle „Lernanregung" für den Genderfachdiskurs der Sozialen Arbeit. Sie zeigen, dass und wie es möglich ist, das Thema der Genderdifferenzen weniger als moralische Anforderung und mehr als sachrationale zu diskutieren. Indem in diesen Texten völlig unaufgeregt seziert wird, an welcher Stelle einer Produktentwicklung die Berücksichtigung von möglichen Genderdifferenzen bei der Nutzung von Produkten stattfinden muss, damit beide Geschlechter von dem Produkt dann profitieren können, wird auch eine Folie für die Soziale Arbeit geliefert. Denn im weitesten Sinne geht es schließlich auch in der Sozialen Arbeit um Produkte: nämlich um Produkte sozialer Hilfestellungen. So können die Prüffragen für technisch-industrielle Entwicklungsprozesse durchaus beispielgebend auch für Konzeptentwicklungen in der Sozialen Arbeit sein – man muss nur den Begriff der Technik durch soziale Dienstleistung austauschen:

„1) Die Menschen, die mit der zu entwickelnden Technik in Kontakt kommen, unterscheiden sich nach vielfältigen Merkmalen (Geschlecht, Alter, Beruf, außerberufliche Aufgaben, Bildung, Einkommen, Lebensform, Technikbezug, Ethnie etc.) Welche Rolle spielt dabei das Merkmal Geschlecht?

2) Gibt es Unterschiede im Körperbau zwischen Frauen und Männern, die bei der Technikgestaltung berücksichtigt werden sollten (Ergonomie, Kraft, Größe)?

3) Gibt es weitere körperliche Unterschiede zwischen Frauen und Männern, die bei der Technikgestaltung berücksichtigt werden sollten (Stimmlage, Gesichtssinn, Gehörsinn, Propriozeptoren, innere Muskelanspannung, Tast- und Klimasinn, Geruchs- und Geschmackssinn)?

4) Welche unterschiedlichen Nutzungszusammenhänge der Technik lassen sich feststellen (z. B. Anwendung im Erwerbsleben, in der Freizeit, in der Familie etc.)? Ergeben sich daraus unterschiedliche Nutzungsgewohnheiten und -häufigkeiten bei Anwenderinnen und Anwendern?

5) Gibt es bei Anwenderinnen und Anwendern unterschiedliche Ansprüche in Bezug auf die Nutzungsführung, die berücksichtigt werden müssen?

6) Gibt es unterschiedliche Ansprüche von Frauen und Männern an die äußere Gestaltung der Technik?

7) Gibt es unterschiedliche Ansprüche an die „Inhalte" der Technik?

8) Ist die Beachtung der Anforderungen der Nutzer/-innen zum jetzigen Zeitpunkt sinnvoll? Ist eine Anpassung der Technik im Nachhinein möglich? Wie aufwendig ist diese Anpassung der Technik im Nachhinein?

9) Besteht die Gefahr der Stereotypisierung oder Verletzung persönlicher Gefühle durch die äußere Gestalt der Technik (Rollenbilderzuweisung, Avatar-Gestaltung, Sexismus)?

10) Besteht die Gefahr systematischer Ausgrenzung weiblicher und männlicher Nutzungsgruppen durch eine bestimmte Gestaltung der Technik?

11) Wird die bestehende gesellschaftliche Arbeitsteilung durch eine bestimmte Gestaltung der Technik zusätzlich festgeschrieben?" (Bührer, Schraudner 2006, 14)

Diese simplen Fragen, auch wenn sie auf technisch-naturwissenschaftlichen Fachzusammenhängen stammen, demonstrieren, auf welche Weise der „Gebrauchswert" von Genderreflexionen erschlossen werden kann. In den Ausführungen zum Pflegeroboter – also einem Produkt, das noch eine relativ große Nähe zur Profession Sozialer Arbeit hat, heißt es exemplarisch:

„Bei einem Testeinsatz der Gehhilfefunktion des Pflegeroboters Care-O-bot zeigte sich, dass das Gerät stärker auf die ergonomischen Anforderungen älterer Frauen ausgerichtet werden sollte. Um die Gehhilfefunktion nutzen zu können, mussten Größenanpassungen vorgenommen werden, da es zu Blickfeldeinschränkungen durch den 'Kopf' des Roboters kam. Im Hinblick auf den erforderlichen Kraftaufwand beim Schließen des Pflegeroboters müssten ebenfalls Anpassungen vorgenommen werden. (…) Sollte die Steuerung des Pflegeroboters über Voice-Interface erfolgen, müssten die in der Regel höheren Stimmlagen von Frauen berücksichtigt werden. (…) Die zum Care-O-bot befragten Frauen wünschten eher Unterstützung bei der Körperpflege, die Männer eher Haushaltsunterstützung. (…) Bei der Führung über Touch Screen sollte beachtet werden, dass es Hinweise darauf gibt, dass Frauen stärker auf Textelemente und damit auf Navigationsleisten und Menüs achten, während viele Männer eher auf Bildmaterial schauen (…)." (Rainfurth 2006, 116)

Auch wenn diese Ausführungen zeigen, wie die genderbezogene Sichtung des Pflegeroboters eine Reihe verschiedener technischer Optimierungen eröffnet, lassen sie gleichzeitig auch schon eine Problematik aufscheinen, die solchen Prüfvorgängen immer auch innewohnen: die Gefahr der Herstellung von Geschlechterstereotypen. Jeder Erkenntnis erweiternde Befund zu Gendcrdifferenzen bei der Nutzung des Roboters trägt die Wirkung in sich, dass Frauen und Männer auf diese Merkmale festgeschrieben werden. Dies ist erst einmal nicht auflösbar, verweist jedoch auf die permanente Herausforderung, das Bewusstsein zu dieser Gefahr nicht zu verlieren.

Genderdebatte ohne Tabus

In der Genderdebatte haben sich im Laufe der Zeit hegemoniale Diskursmuster herausgebildet, die vorformen, wie das Thema zu diskutieren ist und was man zu dem Thema richtigerweise zu denken und zu sagen hat. Dies ist es, was weiter oben als „Schnappmechanismen" ausgeführt wurde. Diese Vorgänge verbannen Beiträge, die nicht „auf Linie" sind, in den Untergrund, lassen Abweichendes und Verstörendes nicht eindringen, verhindern, dass Diskursprovozierendes überhaupt imaginiert werden kann. Die Tabus sichern ab, dass alles so gedacht und gemacht wird, wie es schon immer gedacht und gemacht wurde.

Diese Ausschlussmechanismen wurden exemplarisch sichtbar im Rahmen des an anderer Stelle schon erwähnten Forschungsprojektes „Jugendarbeit studieren" (Thole u. a. 2005). Im Rahmen der Untersuchung wurden u. a. ExpertInneninterviews mit HochschulprofessorInnen und PraxisvertreterInnen zum Qualitätsstand und den Qualifikationsbedarfen in der Kinder- und Jugendarbeit durchgeführt, die eingehender unter dem Genderaspekt betrachtet wurden (Rose 2005). Charakteristisch für viele Interviewpassagen zum Genderthema war die Anspielung auf fiktive Kontrollinstanzen. Eine Interviewsequenz zu den Problemen des fehlenden männlichen Fachnachwuchses in der Sozialen Arbeit wurde beispielsweise mit folgender Äußerung eines männlichen Hochschullehrers eingeführt: „Also im Klartext, das müssen wir jetzt wirklich raus schneiden, wir haben ein Problem hier, wir müssen hier echt also unter der Genderperspektive Männerförderung betreiben." Der Hinweis, dass das Geäußerte wieder getilgt werden soll, zeigt an, dass offenbar etwas „Verbotenes" ausgesprochen wird. Der Redner weiß um eine Diskursregel, gleichzeitig demontiert er sie aber auch, indem er sich dann doch nicht an sie hält und das Verbotene benennt. Was genau ist das Verbotene? Es ist offenbar die Aussage, dass in der Sozialen Arbeit und Jugendarbeit *Männerförderung* zu betreiben ist. Dies bedeutet im Umkehrschluss: Über Gender zu sprechen, darf nur Aspekte weiblicher Benachteiligung und Förderungsnotwendigkeit beinhalten. Ähnliche Redeverbote werden in einem anderen Interview mit einem männlichen Praxisvertreter sichtbar.

„Ich sag's Ihnen wirklich ehrlich, das (die Genderproblematik, L. R.) können sie sicherlich so nicht verändern: Ich halte davon überhaupt nichts. Nun sage ich immer zwei Argumente – für mich, die sind auch nicht koscher, nicht up to date, aber: Man versucht wieder künstlich etwas zu regeln, was die Natur und die Gesellschaft nun einmal in ihrer sechs Millionen-jährigen Geschichte nicht hingekriegt hat. Warum will man etwas verändern – und Gender-Mainstreaming ist ja etwas, wodurch sage ich jetzt mal, hoffentlich habe ich jetzt ein richtiges Verständnis in Ihrem Sinne, dass ich sage, ich möchte eine gleichberechtigte Teilhabe von Mann und Frau, der beiden unterschiedlichen Geschlechter, an den gleichen Prozessen haben."

Die Ankündigung, dass die nachfolgenden Aussagen „wirklich ehrlich" gemeint sind, impliziert, dass es beim Genderthema für den Erzähler offenbar zwei „Wahrheiten" gibt – eine offizielle „unehrliche" und eine persönliche „ehrliche". Er will „ehrlich" sprechen, auch wenn er weiß, dass er damit den offiziellen Diskurs missachtet. Er redet nicht „koscher" – und zwar nicht aus Versehen, sondern gezielt, bewusst. Die Äußerungen werden somit zu Widerstandshandlungen gegen die Normierungen öffentlicher „political correctness". Was ist eigentlich nicht „koscher"? Es ist die Einschätzung, dass Gender Mainstreaming nicht in der Lage ist, das Geschlechterproblem zu lösen. Die Angst vor dem Tabubruch wird im weiteren Gesprächsverlauf noch einmal sichtbar, wenn ausgeführt wird:

„Ist es nicht so, (…), dass wir nach wie vor ein bestimmtes Rollenverständnis haben? Und es ist aus meiner Sicht auch nach wie vor so, dass wir eine sehr stark ausgerichtet maskuline Gesellschaft sind. Ich glaube nicht – ich sage es ganz, ganz vorsichtig und das ist auch sicherlich nicht schreibbar – ich glaube nicht, dass sie mit solchen Projekten, mit solchen Maßnahmen, mit solchen Gedanken am Grundübel, was da heißt, dass Frauen nach wie vor objektiv benachteiligt sind, an dieser Frage etwas zu ändern ist."

Die Infragestellung der Wirksamkeit von Gender Mainstreaming wird nur „ganz, ganz vorsichtig" formuliert, es scheint sogar nicht „schreibbar", d. h. es darf eigentlich nicht ausgesprochen werden. Dazu gibt es die Unsicherheit, ob man das offizielle Paradigma überhaupt fehlerfrei beherrscht. Der Redner signalisiert beim Stichwort „Gender Mainstreaming" zunächst vorsichtig der Interviewerin gegenüber die Ungewissheit, „jetzt ein richtiges Verständnis in Ihrem Sinne" zu haben. Diese Formulierung drückt aus, dass es für den Befragten offenbar verschiedene „Wahrheiten" zur Genderproblematik gibt. Dies bringt ihn in der Interaktion mit der Interviewpartnerin in eine Bredouille: Er riskiert, die falsche „Wahrheit" zu zitieren – nämlich die, die die Interviewpartnerin nicht für richtig hält. Dies will er vermeiden. Doch warum eigentlich? Was befürchtet er, wenn er nicht das sagt, was die Interviewerin zum Thema Gender Mainstreaming denkt? Und noch eines muss nachdenklich machen: Offenbar reicht es aus, dass die Interviewerin weiblichen Geschlechts ist, dass der Befragte in dieser Weise verunsichert wird. Die Interviewerin hat jedenfalls im Befragungsprozess keine Signale eines Genderexpertinnenstatus vermittelt. Zu vermuten ist, dass ein männliches Gegenüber den Interviewten nicht zu den entsprechenden Vorsichtsgesten veranlasst hätte.

Die Rede zu Gender zeigt sich in den Interviews insgesamt symptomatisch gespalten. Man kann falsch oder richtig darüber sprechen. Diese Spaltung hat zwei Effekte: Zum einen zeigt sich die Gender-Rede bemüht, sich dem herrschenden Diskurs gemäß fehlerfrei zu verhalten, zum anderen verschafft sich das Tabuisierte aber auch immer wieder Gehör. Es werden Ansätze sichtbar, dem eigenen Unwillen gegenüber dem herrschenden Diskurs deutlich Ausdruck zu verschaffen und abweichende Positionen zu formulieren. Dies geschieht jedoch immer nur „hinter vorgehaltener Hand". Dieser Spaltungsmechanismus lässt sich im Kontext anderer Themen der Interviews nicht finden, er muss von daher als spezifisches Charakteristikum der Genderfachdebatte bezeichnet werden.

Die Genderdebatte ist demnach in hohem Maße normiert, moralisiert und durch die Präsenz imaginärer Wächter geformt. Es gibt die erlaubte und unerlaubte, die offizielle und die private Rede, das öffentlich Aussprechbare und das Tabuisierte. Es gibt hegemoniale feministische Monopolisierungen und Dogmatisierungen, denen es jedoch gleichzeitig nicht gelungen ist, sich vollständig durchzusetzen. Ansonsten fände man in den Interviews nicht die skizzierten eigentümlichen Sprechfiguren. Einiges spricht gar dafür, dass gerade aktuell kritische Gegenpositionen, die den alten feministischen Mainstream angreifen, einflussreicher werden. So entsteht eine Gemengelage zwischen Konstruktion und Dekonstruktion des alten feministischen Diskurses. Mit jedem Bezug der Redenden auf einen vermeintlich „herrschenden" Mainstream wird er erneut in seiner Mächtigkeit bestätigt, mehr noch: er wird möglicherweise auch erst in diesem Moment zu diesem gemacht – und dies selbst dann, wenn er angegriffen wird. Dennoch finden mit jedem Angriff sukzessive auch Demontierungen statt.

Problematisch ist jedoch vor allem die Tatsache des dadurch verursachten „Doppellebens" des Fachdiskurses. Was offenbar fehlt, ist ein Genderdiskurs, der Konflikte erlaubt und austrägt. Stattdessen gibt es Indizien für wirkungsvolle Denk- und Sprechverbote – mit der Folge, dass Widerspruch in den Untergrund verbannt wird, von dort aus sich aber umso hartnäckiger weiterhin Gehör verschafft. Wenn es keinen Ort gibt, an dem bestehende Kontroversen öffentlich und offen ausgetragen werden können, können theoretische und konzeptionelle Weiterentwicklungen nur schwerlich stattfinden, weil dialektische Prozessentwicklungen verhindert werden. Genderqualifizierungen in der Sozialen Arbeit müssen sich demnach einer doppelten Aufgabe stellen. Sie müssen einerseits bestehende Denkverbote und ihre verwickelten, oftmals unbeabsichtigten und ungeahnten Entstehungsprozesse ehrlich aufspüren, sie müssen andererseits sich dazu Gedanken machen, wie eine fachliche Gesprächsatmosphäre herzustellen ist, in der Störendes und Verstörendes nicht als Bedrohung ausgeschlossen wird, sondern aussprechbar und besprechbar ist, vielleicht auch gezielt aufgesucht wird, um thematisch weiterzukommen.

Das Problem mit den männlichen Benachteiligungen

> „So gibt es Autoren, die gezählt haben, wie oft Jungen und wie oft Mädchen in einer Unterrichtsstunde aufgerufen wurden, wenn sich kein Schüler freiwillig gemeldet hatte. Jungen wurden häufiger aufgerufen als Mädchen. Das haben die Autoren als Benachteiligung von Mädchen gewertet. Auf die Idee, dass das Aufgerufen-Werden auch die Wahrscheinlichkeit erhöht, dabei ertappt zu werden, dass man etwas nicht weiß und somit das häufigere Aufgerufen-Werden als Benachteiligung von Jungen gewertet werden müsste, sind die Autoren nicht gekommen."
> (Das Zerrbild der angeblichen Unterschiede, in: Frankfurter Rundschau 30. 7. 2003)

Es fällt der Genderdebatte schwer, über männliche Benachteiligungen zu sprechen. Zum Ersten scheint es so, als gäbe es ein allgemeines Tabu zu den männlichen Lebenswelten. Der Jungenforscher und Sexualitätsforscher Uwe Sielert vermutet, dass es offenbar bedrohlich ist, „genauer hinzusehen, wie Junge- und Mannsein sich heute gestaltet" (Sielert 2005, 51). Es wird zwar stellenweise in der Fachliteratur benannt, dass es Männern und Jungen in dieser Gesellschaft als Männer und Jungen auch nicht gut geht, aber dies geschieht weitaus defensiver als die Thematisierung der weiblichen Lebenssituation. Häufig ist es auch verbunden mit einer „demütigen" Geste in Richtung des weiblichen Benachteilungsparadigmas. So ergänzt Sielert seine Ausführungen zur kritischen Situation der Jungen um den symptomatischen Zusatz, dass mit der Debatte um die männlichen Nöte die Gefahr einhergeht, „dass die Aufmerksamkeit von nach wie vor existenten Benachteiligungen von Mädchen und Frauen abgezogen wird" (ebd. 52). Warum ist dieser „zurechtrückende" Nachsatz erforderlich, der die besondere Prominenz der weiblichen Problemlagen noch einmal bekräftigt?

Es gibt in der Genderdebatte offenbar eine Angst, dem Paradigma von der weiblichen Benachteiligung „auf die Füße" zu treten. Versuche, über männliche Nöte zu sprechen, sind bemüht, möglichst nicht den Eindruck entstehen zu lassen, sie in den Vordergrund zu spielen und im Gegenzug die weiblichen Nöte abzudrängen. Hier wirkt offenbar die lang andauernde scharfe feministische Schelte zur männlichen Vorherrschaft nach, die nun jeglichen Ansatz zur Thematisierung männlicher Belange in den Verdacht patriarchalen Dominanzstrebens bringt. Dies könnte erklären, warum das Wissen um männliche Nöte bislang nicht dieselben Aufregungen auslöst wie das um die weiblichen Nöte. Beispielsweise sorgen die Befunde zum erschwerten Zugang der Mädchen zu einzelnen Berufssparten oder zu ihrer biografischen 'Vereinbarkeitsproblematik' in der Genderdebatte für eine stärkere Problematisierungsintensität als der, dass Jungen überdurchschnittlich häufig in den niedrigeren Bildungsgängen und unter den leistungsschwachen Schülern zu finden sind, also verstärkt Gefahr laufen, zum „Bildungsproletariat" zu werden. Dabei bietet dies im Prinzip ebenso viel Anlass zu öffentlicher Aufmerksamkeit.

Doch immer ist da die Furcht, dass mit der Hinwendung zu Männern und Jungen die in langwierigen Kämpfen errungene Wahrnehmung und Anerkennung der weiblichen Benachteiligungen wieder zunichte gemacht werden. Dass es diese Furcht gibt, hat vermutlich sehr viel damit zu tun, dass das Geschlechterverhältnis vor allem als Hierarchieverhältnis gedacht wird. Auf dieser Folie kann auch die Genderdebatte letztlich nur in einer Konkurrenzlinie des „Entweder-oder" geführt werden: Die fachliche Hinwendung zu weiblichen Problemlagen muss die Abdrängung der männlichen implizieren. Mit der Hinwendung zu männlichen Problemlagen droht die Widerherstellung der männlichen Überlegenheitskultur. Es gibt noch keine Diskurskultur, in der das „Sowohl-als-auch" hergestellt und ruhig ausgehalten werden kann. Dies würde bedeuten: Es gibt weibliche *und* männliche Problemsachverhalte; *beide* haben Anspruch auf Aufmerksamkeit; die Hinwendung zur einen Seite bedeutet nicht ihre Bevorzugung und muss nicht auf Kosten der anderen gehen – und umgekehrt.

Zum zweiten lässt sich jedoch aktuell ein öffentlicher Konjunkturaufschwung zum männlichen Elend ausmachen (Rose, Schmauch 2005), der nun machtvoll dafür sorgt, dass das Tabu um die männlichen Benachteiligungen gebrochen wird, der aber dennoch ein gewisses Unbehagen hinterlässt. So titelte eine Wochenzeitung vor einiger Zeit markig:

„Frau schlägt Mann. Das 21. Jahrhundert hat alle Chancen, das Jahrhundert der Frauen zu werden. Entscheiden wird sich dies an ihrem Vorwärtskommen in der Arbeitswelt, in Technologie und Wissenschaft. Die Bereiche werden das Leben in den

Industrienationen stärker prägen als je zuvor. Eine Präsidentin der Vereinigten Staaten Amerikas, eine deutsche Bundeskanzlerin, eine Frau als UN-Generalsekretärin sind längst vorstellbar geworden. Niemand wagt es heute mehr, die Eignung von Frauen für Führungspositionen anzuzweifeln – zumindest nicht jenseits des Stammtisches. Keine Frage: Die Männer werden in Politik, Wirtschaft und Gesellschaft Macht abgeben müssen. In einer WOCHE-Umfrage (...) glauben nur noch 19 Prozent der Befragten daran, dass Männer Ende des Jahrhunderts dominieren werden. Jeder Vierte sieht die Frauen vorn." (Die Woche Nr. 2/7. Januar 2000, 1)

Was vor einiger Zeit noch undenkbar schien, findet jetzt offensiv in der Medienöffentlichkeit statt: die Verkündigung, dass Frauen und Mädchen das siegreiche Geschlecht des 21. Jahrhunderts sind, dass sie mittlerweile besser zum Zug kommen, währenddessen Männer und Jungen zunehmend ins Abseits geraten. Sie werden benachteiligt, haben Probleme, scheitern am Leben und müssen damit eine erhebliche psychosoziale Last tragen, die fälschlicherweise lange übersehen wurde. Solche Geschlechterdiagnosen werden für die erwachsene Altersgruppe der Frauen und Männer gehandelt. Mit besonderer Vorliebe werden sie aber derzeit auch für die Kinder- und Jugendgeneration aufgestellt. 1999 widmete der Spiegel der aufstrebenden Mädchengeneration seine Titelgeschichte: „In deutschen Mädchenzimmern wächst eine Generation junger Frauen, die selbstbewußter, individueller und pragmatischer als je zuvor ihre Zukunft plant", hieß es da (Spiegel 25/1999, 76). Ein Jahr später arbeitete der Stern mit dem Titelblatt-Aufmacher „Jungs – das schwache Geschlecht" (Stern 24/2000).

Einen gewaltigen Schub erhielt das Thema der Jungenbenachteiligung mit der PISA-Studie. Seitdem sind Daten zur geschlechtsspezifischen Bildungssozialisation zu einem zentralen Bezugspunkt in den erregten Meldungen zu der sich umkehrenden Geschlechterhierarchie geworden. „Schlaue Mädchen, dumme Jungen" prangte reißerisch auf dem Titelblatt des Spiegels (21/2002). Die Genderforscherin Ulrike Schmauch vermutet in all den medialen Aufregungen eine „Verlagerung von Konkurrenzangst und Konkurrenzkampf von der Ebene der Erwachsenen auf die der Kinder. An Jungen wird abgehandelt, was Männer umtreibt – die Sorge, es auf dem Arbeitsmarkt noch schwerer zu haben, weil man sich als Mann im Wettbewerb mit Frauen nicht mehr so selbstverständlich wie ehedem qua Geschlecht durchsetzen kann" (Schmauch 2005, 34). Tenor ist: Jungen und Männern geht es nicht gut, auf jeden Fall geht es ihnen schlechter als gemeinhin angenommen und von Feministinnen jahrelang verkündet. Man muss sich ihrer mehr annehmen als dies bislang getan wurde. Wo noch vor kurzem die Notwendigkeit von Förderprogrammen für Mädchen und Frauen selbstverständlich war, werden jetzt ebensolche für Jungen und Männer gefordert, setzen sich Sichtweisen zum Geschlechterverhältnis durch, in denen nun auch Jungen und Männer Bedürftige sind.

Dieser Paradigmenwechsel ist verschieden zu deuten. Er kann als ausgleichende Pendelbewegung in einer einseitig verhärteten Genderdebatte verstanden werden, durch die nun endlich die lange übergangenen Belastungen des männlichen Daseins selbstverständlich benennbar und besprechbar werden. Der Jungenforscher Rainer Neutzling, der mit seinem mit Dieter Schnack verfassten Buch „Kleine Helden in Not" (Schnack, Neutzling 1990) Anfang der 90er Jahre erstmals für frischen Wind in der bis dahin weiblichkeitsexklusiven Genderdebatte sorgte, vermutet, „dass die zornige Häme, die sich neuerdings gegen die feministische Forschung im Allgemeinen richtet, auch als eine (zwar unproduktive, emotional jedoch durchaus nachvollziehbare) Replik auf eine mitunter ziemlich ausgeprägte feministische Selbstgerechtigkeit der achtziger Jahre verstanden werden kann" (Neutzling 2005, 65).

Der Paradigmenwechsel kann aber auch als weitere Eskalationsstufe in einer Konfliktspirale erscheinen. Die GegnerInnen der weiblichen Benachteiligungsthese schlagen nun zurück, häufen einen männlichen Benachteiligungsbefund nach dem anderen auf, um das hegemoniale Bild der diskriminierten Mädchen und Frauen zu demontieren. Der Effekt ist jedoch keineswegs eine Beendigung des Konflikts, sondern seine Fortsetzung. Als Revanche werden kontrastive empirische Befunde geliefert, die zeigen, dass es sehr wohl weiterhin Lebensbereiche gibt, in denen Mädchen und Frauen weniger Chancen und größere Probleme als Jungen und Männer haben. Dieses „Ping-Pong-Spiel" kann im Prinzip endlos weitergeführt werden, denn jedem männlichen Benachteiligungsbefund kann immer ein weiblicher entgegengehalten werden und umgekehrt. Das Tragische dabei ist: die Aufrechnungsprozeduren führen nie zu einem endgültigen Ergebnis. Und sie verhindern andere Themen. Weder lassen sie zu, sich den Begrenztheiten dieser Diskursform zu widmen und Alternatives zu entwickeln, noch ist es so möglich, Veränderungen der Geschlechterrealitäten produktiv als Differenzierungsaufforderung in die Geschlechterdebatte aufzunehmen. Stattdessen werden polare Kategorien erneut bestätigt. So merkt auch Uwe Sielert ernüchternd zum Medienboom um die männlichen Nöte an: „Rein fachlich ist (...) bedenklich, dass wieder Kollektivaussagen gemacht werden, welche für die individuellen Jungen und Männer nicht stimmen müssen und bei ihnen dann auch nichts zum Klingen bringen können." (Sielert 2005, 52)

So bleibt der Eindruck, dass trotz der neuen Blickweisen unterm Strich nicht viel gewonnen ist. Es scheint, als würde nur ein schlichter protektionistischer Gegenreflex ritualisiert, der das alte Benachteiligungsparadigma jetzt umdreht. Die Objekte der Benachteiligung werden erfolgreich ausgetauscht – mehr nicht. Diese Auswechslung ist einerseits umstürzlerisch, schließlich werden etablierte Hierarchiediagnosen gebrochen und damit auch den gewohnten Skandalisierungsfronten und politischen Konfliktlinien der Boden entzogen. Andererseits verbirgt sich in der Auswechslung ebenso ein restauratives Moment.

Unverändert erhalten bleibt das Prinzip dualer Asymmetrie für die Auseinandersetzung zur Geschlechterfrage. Frauen und Männer, Mädchen und Jungen können nicht anders als in der Zweiheit und in der Hierarchie gedacht werden. Dies beinhaltet ein Problem. „Für qualitative Duale (...) gilt, daß sie dritte Möglichkeiten gleichsam auf natürliche Weise abstoßen. Geleitet durch die Unterscheidung von Mann und Frau kommt man nicht von selbst darauf, daß es eine dritte Möglichkeit geben könnte" (Luhmann 1988, 62). Unschärfen, Uneindeutigkeiten, Irritationen werden immer wieder bereinigt, Geschlechterrealitäten immer wieder auf die zugrunde gelegten dualen Kategorien zurückgeführt. Dies bedeutet: sie werden permanent reduziert, vereinfacht und homogenisiert. Vielheiten, Widersprüchlichkeiten und Komplexitäten können nur schwer erfasst und konsequent gedacht werden.

Die duale Konstruktion geht zudem einher mit einer hierarchischen. Die Zweiheit ist immer auch Zweier*opposition*. Sie produziert immanente Relevanzgewichtungen: In jedem Kategorienpaar ist eine Seite bedeutender, wichtiger, stärker als die andere. Ob Kind-Erwachsener, Ost-West, Tag-Nacht, laut-leise, gut-böse, groß-klein, wahr-unwahr – diese Gegenüberstellungen beinhalten Wertigkeiten und fordern zu Entscheidungen. Man kann nur für das eine oder das andere sein, man kann nur das eine oder das andere gutheißen. Für den Dualismus weiblich-männlich gilt dasselbe. Die Dominanz des männlichen Pols war für die Frauenbewegung Anlass zum Aufbegehren, und sie erklärte den weiblichen Pol zum relevanten. Dies fand Ausdruck in ihrem Parteilichkeitsprinzip. Sich demonstrativ ausschließlich für Frauen und Mädchen einsetzen zu wollen, kehrte einerseits die gewohnte Zweieropposition radikal um, fügte sich andererseits jedoch auch glatt ein in ihre bestehende Entweder-Oder-Logik, bekräftigte also die dual-hierarchische Grundstruktur.

Gegenwärtig finden wir nun wieder Bestrebungen, genau dies rückgängig zu machen, indem die Jungen in den öffentlichen Fokus gestellt werden. Das oppositionelle Verhältnis „Mann-Frau" wird also in seinem Inneren durchaus verhandelt, als solches bleibt es aber erhalten und zwingt die Geschlechterdebatte in die fortdauernde Logik des Entweder-Oder, Gut-Schlecht, Gewinner-Verlierer, Aufstieg-Abstieg, Dominanz-Dominiert. Es ist fraglich, ob dies in der Sache weiterbringt.

Die Gefahr ist zumindest groß, dass bei alledem das, was fachlich wünschenswert wäre, nämlich die verstehende und gelungene Hinwendung auch zu männlichen Nöten, nicht stattfindet. Hier gibt es Nachholbedarf wie Lothar Böhnisch und Heide Funk kritisch anmerken: „Während die Diskrepanzerfahrungen bei Frauen und die weibliche Bedürftigkeit im Alltag der Sozialen Arbeit, nicht zuletzt durch die sozialpolitische Anerkennung der Frauenthematik inzwischen eher anerkannt werden, können die meisten SozialarbeiterInnen mit dem Problem der männlichen Bedürftigkeit immer noch wenig anfangen." (Böhnisch, Funk 2002, 182) Die aktuelle mediale Konjunktur um die männlichen Verlierer mag den Weg hierfür sicherlich ebnen, doch es ist fraglich, ob das skizzierte Ping-Pong-Spiel nicht auch kontraproduktiv ist, weil es gefangen hält in der konkurrierenden Entweder-Oder-Logik.

Doppelseitige Diskursfigur

In der Tradition der Genderdebatte war Gender identisch mit der Weiblichkeitskategorie. Hier ist in letzter Zeit einiges in Bewegung geraten. Die Hinweise dazu mehren sich, dass die Genderfrage nicht ausschließlich eine Frauenfrage ist, sondern dass sie auch männliches Leben betrifft. Die Aussage wird alltäglicher: „Auch Männer und Jungen haben ein Geschlecht."

Triebkraft: Gender Mainstreaming

Institutionell forciert werden diese Entwicklungen zweifellos durch die Etablierung von Gender Mainstreaming, das die Gleichstellung der Geschlechter als eine für *beide* Geschlechter relevante Angelegenheit festschreibt. Im Zuge dessen haben sich in erstaunlicher Geschwindigkeit geschlechterpolitisches Vokabular und Praxisformen verändert: Frauenreferate werden durch Gleichstellungsreferate abgelöst, Frauenforschung und Women's Studies verlagern sich hin zu Geschlechterforschung und Gender Studies, Geschlechterpolitik etabliert sich als fester Zusatz zur bisherigen Frauenpolitik. Wo zu früheren Zeiten nur von Frauen und Mädchen die Rede war, wenn es um die Gleichstellungsproblematik ging, werden im Fahrwasser des Gender Mainstreamings jetzt durchgängig beide Geschlechter benannt – so z. B. zu verfolgen in den Förderplänen der Kinder- und Jugendhilfe, wo es statt „Mädchen" nun immer „Mädchen und Jungen" heißt.

Vor allem von *männlichen* Genderprotagonisten wird diese Verschiebung als Chance dargestellt. Der Jungenforscher und Jungenarbeiter Olaf Jantz führt diese Chance aus: „Geschlechteradäquate Umsetzungen werden (...) 'entweiblicht', weil sie der auf einzelne zumeist weibliche Kolleg/innen reduzierten Verantwortung enthoben sind. Nicht mehr Frauen allein kommt die Aufgabe zu, sich um 'Geschlechtlichkeit' zu kümmern (und kümmern zu müssen) und damit möglicherweise hervorgehoben Mädchen zu meinen. Jetzt wird es auch möglich, dass das geschlechtliche Thema auch ein männliches ist und möglicherweise hervorgehoben Jungen meint." (Jantz 2002, 10f) Die hoffnungsvollen Äußerungen verweisen darauf, wie schwierig es bisher war, das Männlichkeitsthema im Genderdiskurs anzuerkennen und sich auch als männlicher Genderexperte in ihn einzumischen. Die Kaprizierung des gängigen Gender-Diskurses auf weibliche Problemlagen hat weitreichende Exklusionen und Monopolisierungen praktiziert. Die Öffnungen zu einem doppelseitigen Genderbegriff versprechen nun hier Veränderungen.

Dennoch scheinen diese Veränderungen weiterhin umkämpft. Die bestehenden Diskursverhältnisse werden zwar tatkräftig verschoben, doch ist der Ausgang dieser Prozesse noch offen. Immer wieder sind Gegenbewegungen zu verzeichnen, die den alten Status quo der Zentrierung der Geschlechterfrage um die Frauenfrage wieder einsetzen. Es werden regelmäßig Offensiven gestartet, die die besonderen Benachteiligungen der weiblichen Geschlechtergruppe wieder intensiv propagieren und damit die neugewonnene Bedeutung der Männerfrage wieder relativieren. Auch zeigen sich gewisse „Domestizierungsversuche" der Männerfrage. So hält Christina Thürmer-Rohr dem Gender Mainstreaming zugute, dass es die Einseitigkeit in der Genderdebatte beendet.

„Der bisherigen Frauenförderungs- und Gleichstellungspolitik ist es nicht gelungen, die männliche Ignoranz zu überwinden. Solange die Geschlechterfrage 'Frauenfrage' genannt wird, fühlt sich die Mehrheit der Männer weder ernsthaft angesprochen noch überhaupt zuständig. Die Konzepte von 'Gender Mainstreaming' und 'Geschlechterdemokratie' wollen Schluss machen mit der Delegation der Geschlechterfragen an die Frauen. Männer sollen direkt angesprochen werden und die Geschlechterfrage auch als ihre Frage realisieren." (Thürmer-Rohr 2001, 34)

Diesen Ausführungen wohnt etwas Doppelbödiges inne. Wenn die neue Zweiseitigkeit der Genderkategorie vor allem als willkommenes Instrument propagiert wird, „ignorante" Männer nun endlich besser in die Pflicht für etwas nehmen zu können, was sie lange gemieden haben, muss das nachdenklich machen. Die Öffnung der Genderkategorie erscheint dann mehr als „Waffe" im Dienste der Frauen als als Chance für Diskurs- und Praxisinnovationen. Vor allem Männern kann so kaum der Weg für fachliche Beteiligung geebnet werden. Falls diese Ebnung gewünscht wird, sind solche Formulierungen wie in dem obigen Textstück sicherlich nicht von Vorteil.

Dies alles zeigt: Die Öffnung der Genderkategorie zu beiden Geschlechtern stellt sich als ein durchaus widersprüchliches und umkämpftes diskursives Terrain dar. Während für die einen Vorteile damit verbunden sind, stellt sich das für die anderen anders dar und sie versuchen gegenzuhalten. Dies erklärt, dass sich bis heute die Idee der doppelseitigen Genderkategorie letztlich nicht durchgängig durchsetzen konnte.

Problem der Weiblichkeitsspezialisierung

Was spricht nun dennoch fachlich für den doppelseitigen Genderbegriff? Es ist zunächst einmal die Banalität, dass in einer Gesellschaft wie der unsrigen *alle* Menschen ein Geschlecht haben, zugewiesen bekommen und in Szene setzen: Mädchen und Jungen, Frauen und Männer. Von daher ist es völlig absurd, diese biografische Gegebenheit nur für die eine Geschlechtergruppe zu thematisieren. Natürlich ist es vernünftig, sich zeitweise auf die eine oder die andere Gruppe zu konzentrieren, genauso wie es vernünftig ist, sich nur mit Kleinkindern oder Jugendlichen oder Arbeitslosen oder Besserverdienern oder Kleingärtnern oder Vegetariern oder Kinderlosen usw. zu beschäftigen. Der mikroskopisch eindringende Blick lässt vieles entdecken, was ansonsten untergeht. Dennoch trägt diese sezierende Untersuchung unausweichlich auch ihre Schwächen in sich – gerade weil sie sich auf ein Segment und eine Perspektive konzentriert, also etwas isoliert. Karin Walser hat dies kritisiert:

„Im wesentlichen reduziert auf den Spezialfall Frau als Ausdruck einer besonders belasteten und unterdrückten Problemgruppe, lässt sich das Geschlechterverhält-

nis als einer der zentralen Ausgangspunkte von Sozialpädagogik nämlich nicht angemessen begreifen. Vielmehr spiegelt sich darin gesellschaftliche Unbewußtheit wider, die ein Symptom unbearbeiteter Konfliktdynamik im Geschlechterverhältnis selbst ist: Das Weibliche als *das* problematische Geschlecht ist ein Phantasma, keine Realität!

Wenn es in den letzten Jahren notwendig und sinnvoll war, das 'Frauenthema' als gesondertes zu installieren, so ist heute, nachdem dies weitgehend gelungen ist (...), ebenso wichtig zu begreifen, dass das Geschlechterverhältnis keineswegs bloß ein Frauenproblem ist, sondern ein Konfliktfeld innerhalb und zwischen den Geschlechtern, das durch Kampf, Einigung, Gleichheit und Verschiedenheit, Macht und Ohnmacht *auf beiden Seiten* geprägt ist und sich auf allen Ebenen sozialer Realität manifestiert. Die Behandlung des Gegenstandes als Sonderfall Frau *neben* dem Allgemeinen erweckt den Anschein, als wäre das Geschlechterverhältnis lediglich ein Randproblem von Gesellschaft, als wären von seinen problematischen Zuspitzungen lediglich Frauen betroffen, während Männer davon unberührt blieben. (...)

Rechtliche Regelungen, Sozialpolitik, familiale Prozesse mit ihren Auswirkungen bzw. Anforderungen an Sozialpädagogik haben als zentralen Ansatz- und Ausgangspunkt immer auch das Geschlechterverhältnis. Es werden gegenseitige Aufgaben und Pflichten, Arbeitsteilung und Ungleichgewichte zwischen den Geschlechtern in der 'Verfügung' über die nächste Generation zu regeln und auszugleichen versucht; und im Kern familialer Prozesse steckt die Konfliktdynamik des Geschlechterverhältnisses ebenso wie in der gesellschaftlichen Arbeitsteilung. Die 'Sondergruppe Frau' verschleiert diesen Tatbestand und suggeriert, das männliche Geschlecht mache die Gesellschaft, den Frauen die Probleme und die Kinder, während in Wahrheit doch beide Geschlechter alles drei machen, nur auf verschiedene Weise.

Was so vollkommen unbeleuchtet bleibt für sozialpädagogische Handlungskompetenz, die berüchtigte, die auf Abbau von Diskriminierung im Geschlechterverhältnis zielt, aber unabdingbare Voraussetzung ist, ist ein umfassendes Verständnis der *gegenseitig determinierten Interaktionsprozesse* zwischen den Geschlechtern. Männer und Frauen sind hier AkteurInnen und ReakteurInnen.

Was als reines Frauenproblem erscheint, ist in Wirklichkeit immer bereits Produkt eines zivilisationsgeschichtlich gemeinsamen Prozesses von Mann und Frau. Es hat zu keiner Zeit und an keinem Ort jemals einen Mann gegeben, der unbeeinflusst von einer Frau auch nur einen Gedanken gedacht oder eine Tat vollbracht hätte – und umgekehrt. Also sollte man/frau nicht so tun, als wäre das so." (Walser 2005 (1989/1990), 157f, kursiv im Original)

Wenn man soziale Verhältnisse als Systeme begreift, in denen viele Rädchen unentwegt ineinandergreifen, in denen Menschen in komplexen Verflechtungszusammenhängen stehen, wo immer das Tun des einen Folgen für das Tun des anderen hat und umgekehrt, scheint es wenig vernünftig, sich auf Dauer auf "Einzelteile" zu beschränken, wenn es darum geht, diese Verhältnisse zu begreifen. Weder wird zugänglich, wie sich diese Verhältnisse für die verschiedenen Gruppierungen und Positionen darstellen, noch wird begreifbar, wie sich soziale Realitäten als Wechselwirkungsgefüge herstellen. Das gilt auch für das Genderthema: solange man sich bei seiner Erforschung nur auf die weibliche Dimension konzentriert, entschlüsselt man sozusagen immer nur die „halbe Wahrheit" und verhindert wichtige Erkenntnismöglichkeiten zu Genderphänomenen.

Wie soll z. B. verstanden werden, warum Frauen sich privat und beruflich überwiegend um die Kinder kümmern, wenn nicht in den Blick genommen wird, warum Männer es *nicht* tun, und wie die wechselseitige Interaktion zwischen weiblicher und männlicher Seite dieses Ergebnis hervorbringt. Solange die Analysen zu diesem Thema immer nur unterstellen, dass Frauen diese Arbeit leisten, weil Männer sich ihr verweigern, wird nicht differenziert zugänglich, wie und warum möglicherweise Frauen verhindern, dass Männer diese Arbeit auch übernehmen. Und man kann auch nicht erschließen, dass es bislang nicht wahrgenommene Gründe – außer der immer unterstellten männlichen Schlechtigkeit – geben kann, warum Männer sich fernhalten. Was tun Frauen, dass Männer sich zurückhalten? Was tun Männer, dass Frauen sich zuständig und angezogen fühlen? Was brauchen Männer von Frauen und anderen Stellen, dass sie sich mehr um Kinder kümmern können? Was brauchen Frauen von Männern und anderen Stellen, dass sie sich mehr zurückziehen können aus diesem Aufgabenfeld? Solche Fragen schließen das von GenderexpertInnen vieldiskutierte Problem der weiblichen Kinderverantwortung sicherlich gewinnbringender auf als der frauenexklusive Blick, der immer nur den weiblichen Ärger über sich verweigernde Männer sehen kann – oder auch der frauenfeindliche, der nur die weibliche „Besatzungsmacht" beim Kinderthema sehen und diskreditieren kann.

Wie soll z. B. auch verstanden werden, warum immer weniger Kinder geboren werden, wenn man sich dabei ausschließlich auf die Frauenseite konzentriert? Schließlich tragen auch Männer aus bislang noch wenig beachteten Gründen ihren Teil dazu bei, dass wenige Kinder geboren werden. Ebenso muss klar sein, dass in den modernen wechselseitigen Paardynamiken etwas stattfinden muss, das die Bereitschaft zur Elternschaft minimiert.

Oder nehmen wir ein weiteres vieldiskutiertes Problemfeld der Genderdebatte: das geschlechtsspezifische Berufswahlverhalten. In der 7. Klasse einer Hauptschule quittierte ein Junge den Hinweis der Lehrkräfte, dass gerade für die Erziehung von kleinen Kindern junge Männer gesucht werden, spontan mit der Antwort: „Da verdient man doch weniger als ein Müllmann und davon kann man doch keine Familie ernähren." (Initiative Aachener Boys' Day 2005, 152) Sicherlich erleben Mädchen zahlreiche Konflikte an der biografischen Übergangspassage zum Beruf und wir wissen dazu dank einer intensiver Mädchenforschung viel. Aber hier erfahren wir nun, dass es für Jungen keinesfalls leichter ist. Auch ihnen wird an dieser Wegscheide etwas aufgebürdet, das belastet. Wie viel wissen wir eigentlich dazu?

Wie fühlt es sich an, wenn man die Verantwortung hat, eine Familie ernähren zu müssen? Wie fühlt es sich an, wenn man offenbar selbstverständlich verinnerlicht hat, dass man einen guten Verdienst als Kapital vorweisen muss, um für eine Frau attraktiv zu sein? Welche Botschaften vermitteln Mädchen und andere Menschen, Institutionen den Jungen, dass sie sich trotz aller Veränderungen im Geschlechterverhältnis weiter in der Rolle der Familienernährer sehen? Diese Fragen lassen erkennen, dass die vorfindbaren Gendersegmentierungen in der Berufswelt sehr viel zu tun haben mit wechselseitigen Botschaften und Erwartungen im Geschlechterverhältnis. Zu verstehen, wie am Ende die typischen Frauen- und Männerberufe hervorkommen, erfordert den systemischen Blick auf die soziale Gemengelage der Geschlechterverhältnisse. Es ist also letztlich das schlichte Streben nach möglichst vollständigen Betrachtungen, um Genderphänomene möglichst gut zu verstehen, das für eine konsequente Doppelseitigkeit der Genderkategorie spricht.

Dies setzt voraus, sich von der viel zitierten Idee des „Male-Streams" des wissenschaftlichen und öffentlichen Diskurses zu verabschieden. Seine Geschlechtsneutralität hat letztlich dazu geführt, dass nicht nur in den weiblichen, sondern ebenso auch in den männlichen Lebenswelten vieles nicht wahrgenommen und begriffen wird. „Die Verdienste feministischer Autorinnen bei der Kritik einer selbst in den Sozialwissenschaften meist geschlechterblinden Forschung sind unstrittig. Es ist damit aber überhaupt nicht zu schlussfolgern, über Männer wisse man nunmehr genug. Wer bislang bei empirischen Erhebungen und Experimenten undifferenzierte Mittelwerte bildete, hat deshalb durchaus keine validen Aussagen beispielsweise über männliche Depressivität oder Suchtverhalten gewonnen", stellt Eckart Giese (2001, 60f) deshalb fest. Und auch der Jugendarbeitsforscher Albert Scherr diagnostiziert kritisch für die Genderqualität der Jugendforschung: Zwar lässt sich durchaus nachweisen, dass der vorgeblich geschlechtsneutrale Jugendliche der Jugendforschung implizit eher an einem unreflektierten Bild des Mannes als an der Realität der Frauen orientiert ist. Indem aber auch Männlichkeit in der Jugendforschung nicht ausdrücklich thematisiert und als eigenständiger Forschungsgegenstand ausgewiesen wird, sind es konventionelle Annahmen über das, was „normal" sei, die solcher Forschung zugrunde liegen, keine theoretisch begründeten und empirisch gesicherten Wissensbestände über die Prozesse der Entwicklung geschlechtsspezifischer Praktiken und Identitäten. Auch den Besonderheiten männlicher Adoleszenz wird eine solche Jugendforschung nicht gerecht, die von einem geschlechtsindifferenten Jugendbegriff ausgeht (Scherr 1997, 213f). Die übliche Argumentationsfigur, die allgemeine Sozialforschung wäre letztlich Männerforschung, weil Geschlechterdifferenzen übergangen würden, führte fälschlicherweise zu der Vorstellung, dass damit männliche Lebenswelten schon gut erforscht wären. Dabei besteht auch hier eine Lücke.

Das Problem mit der Empirie

> „'Buben sind Menschen – und Mädchen ebenso. Es gibt also keinen Unterschied zwischen beiden.' So sagen die einen. 'Das ist nicht wahr. Mädchen sind ruhiger, gehorsamer, ordentlicher, fleißiger, zarter.' So sagen die anderen. 'Aber ich mag Buben lieber. Sie sind lustig, langweilen einen nicht, sind nicht gleich beleidigt, sind aufrichtiger, haben an allem größeres Interesse und lassen sich leichter überzeugen.' 'Mädchen haben ein besseres Herz.' 'Durchaus nicht, ein Bub ist hilfsbereit und tut einem gern etwas zulieb.' 'Das ist nicht wahr.' So streiten sie und können nicht einig werden. Andere wiederum behaupten: 'Es dürfte keinen Unterschied geben. Wenn sie gemeinsam lernten, gemeinsam in die Schule gingen, wären sie einander ganz und gar ähnlich.' Zum Schluß weiß niemand, wer Recht hat. Eines ist jedoch sicher: Recht haben sowohl die, welche einen Unterschied feststellen, als auch die, welche die Ähnlichkeiten betonen."
>
> (Janusz Korczak: Kinder achten und lieben. Freiburg im Breisgau 1998, 34)

Ob und wie Gender eine sozial strukturierende Größe ist, das scheint einerseits empirisch überwältigend eindrucksvoll klar, andererseits dann aber doch wieder fragwürdig. Dies verweist auf das grundsätzliche Problem der adäquaten Erfassung von Realitäten. Es ist dies ein Problem, mit dem Wissenschaften schon immer beschäftigt waren, es ist aber auch eines der Genderforschung. Realität liegt nicht einfach vor uns und wir müssen „zugreifen", um ihrer habhaft zu werden, sondern der Prozess ihrer Erfassung ist immer auch einer ihrer Konstruktion. Es gibt sie zwar, aber die Art und Weise wie wir sie mit welchen Verfahren wahrnehmen, bezeichnen und bewerten, macht sie erst zu einer spezifischen Wirklichkeit und formt sie. In diesem Prozess finden unentwegt Verzerrungen statt. Viele davon sind als alltägliche Phänomene wohlbekannt.

Wir übersehen, was wir nicht sehen wollen, weil es uns unangenehm ist, weil es uns Angst macht. Wir sind taub, wenn Eindrücke zu zahlreich sind und uns überfordern, wenn wir mit etwas beschäftigt sind, was uns völlig bannt. Wir übergehen, was uns normal und alltäglich erscheint: Wer nimmt noch das empirische Phänomen wahr, dass wir Schuhe an den Füßen und Uhren an den Handgelenken tragen, unsere Wohnstätten in verschiedene Funktions-Zimmer aufgeteilt sind. Sensibler sind wir dagegen bei Unbekanntem und Befremdlichem. Wir übersehen auch, was wir nicht sehen können, weil wir kein Bewusstsein dafür haben und uns Begriffe als Erkennungsinstrumente fehlen. Umgekehrt gibt es das Phänomen des interessegeleiteten Sehens, das besagt, dass wir sehr viel von dem sehen, was wir – aus welchen Gründen auch immer – sehen *wollen*. Die Frau, die ein Kind haben möchte, sieht nun überall schwangere Frauen; das Kind, das mehr Taschengeld haben will, sieht überall Kinder, die mehr Taschengeld bekommen als es selbst; der Student, der im Seminar etwas zu Patchworkfamilien gehört hat, sieht nun überall solche Familienkonstellationen. „Wir alle kennen das Phänomen der Wirkung von neu erworbenem bedeutungsvollem Wissen: Plötzlich sehen wir überall etwas, was uns vorher nicht aufgefallen ist" (Stanislawski 2005, 230). In der Debatte zum sexuellen Missbrauch ist dies ausführlich problematisiert worden, wie die öffentliche Thematisierung dieser lange tabuisierten Gewalt und die Entwicklung von Symptomkatalogen dazu führen kann, dass nun immer und überall Zeichen des Missbrauchs wahrgenommen werden – und eben manchmal auch fälschlicherweise.

Zwar mühen sich alle qualitativen und quantitativen empirischen Methoden, solche Verzerrungen bei der empirischen Erhebungen erfolgreich zu kontrollieren, doch es bleibt das Dilemma, dass sie trotz ihrer größtmöglichen Präzision doch niemals Realität identisch abbilden. So bleibt die kritische Fehlersuche eine ständige Aufgabe.

Verallgemeinerung von Ausschnitten

Es bleibt nicht aus, dass die beruflichen Erfahrungen mit den Zielgruppen als empirische Informationsquelle zu Geschlechterverhältnissen genutzt werden. Dies ist zunächst zweifellos eine sinnvolle Praxis, dass das, was man im Beruf mit Mädchen und Jungen, Frauen und Männern erlebt, zum Anhaltspunkt genderbezogener Diagnosen wird. Die Gefahr liegt jedoch darin, dass diese Diagnosen verallgemeinert werden, ohne zu bedenken, dass man es letztlich nur mit lebensweltlichen „Segmenten" zu tun hat. Man erhält zwar vor Ort in der Arbeit wichtige und aufschlussreiche Einblicke in lebendige Geschlechterwelten, doch das, was man dort sieht, muss sich nicht überall so darstellen. Außerhalb der beruflichen Sphäre und des eigenen Erfahrungshorizonts gibt es schließlich viele weitere Geschlechterwelten, in die man keine Einblicke hat. Auch wenn das im Kontakt mit Zielgruppen Sozialer Arbeit entstandene Wissen keinesfalls per se als unbrauchbar zu bezeichnen ist, so muss man sich doch gegen die Verführung stemmen, es unzulässig zu „vergrößern". Stattdessen ist bei den Befunden immer die kritische Frage nach der zugrunde liegenden Population zu stellen. Bei wem ist dieses oder jenes Phänomen gesehen worden, für wen ist die Beobachtung repräsentativ?

Welche ungewollten Fehlschlüsse sich ansonsten einschleichen können, dazu liefert folgende Textpassage exemplarisch einen Fingerzeig: „Männer haben in Bezug auf Gewaltausübung einen enormen 'Trainingsvorsprung', physisch, aber auch psychisch. Wer jemals einen Selbstverteidigungskurs für Frauen besucht und die kollektiven Einübungen des 'Nun schrei mal so richtig laut' oder 'Schlag einfach mal hier in das Kissen' erlebt hat, weiß, was ich meine." (Stövesand 2004, 37) Zu bezweifeln ist sicherlich nicht, dass in Frauenselbstverteidigungskursen die geschilderten Aggressionshemmungen zu beobachten sind. Fragwürdig ist jedoch die daraus abgeleitete Schlussfolgerung. Von der Schrei- und Schlagscheu der Teilnehmerinnen eines entsprechenden Kurses auf die allgemeinen weiblichen Trainingsdefizite in Sachen Gewalt – und unausgesprochen auf die männlichen Trainingsvorsprünge – zu schließen, ist voreilig. Der Fehler beginnt dort, wo nicht berücksichtigt wird, dass die Kursteilnehmerinnen eine spezifische weibliche Population darstellen, die nicht zwingend die allgemeine weibliche Bevölkerung repräsentiert. Zu vermuten ist, dass die Frauen, die sich verteidigungsfähig und stark fühlen, nicht einen solchen Kurs besuchen werden. Wie wenig der Befund der weiblichen Aggressionshemmung zu pauschalisieren ist, lehrt schon ein Blick in den Sport. Hier finden sich in einigen Sportarten sehr wohl lautstark schreiende und kräftig zuschlagende Frauen. Man denke z.B. an die Weltklasse-Tennisspielerin Monica Seles, die in den 90er Jahren ihre kraftvollen Schläge mit lauten Schreien unterstützte und damit viel Aufmerksamkeit erzeugte. Umgekehrt kann man in Körper-Workshops Männer erleben, denen es schwer fällt, hörbar laut auszuatmen, expandierende Bewegungsgesten mit Tönen zu unterstreichen.

Was die Gendertrainerin Johanna Schmok der Jugendarbeit empfiehlt, kann somit auch Gültigkeit für die Soziale Arbeit insgesamt beanspruchen: „Stellen sie sich vor, Sie arbeiten in einem Mädchen-Treff (...). Machen Sie sich bewusst: Ich arbeite nur mit einem kleinen Ausschnitt der Mädchen. Das, was ich dort an Verhaltensweisen und -mustern wahrnehme, ist vielleicht typisch in der Erscheinungsform für diese Gruppe von Mädchen, es ist deshalb noch lange nicht typisch für alle Mädchen (...) D.h., es ist ein Prozess, in dem man sehr sensibel immer wieder sehen muss, wo habe ich mich getäuscht." (Schmok 2002, 21)

Übertragung repräsentativer Befunde auf lokale Ausschnitte

Dem Problem der „Vergrößerung" empirischer Ausschnitte auf Panoramagröße steht das der „Verkleinerung" von Panoramabildern auf „Ausschnitte" gegenüber. In der Genderdebatte stehen zahlreich empirischen Befunde zu Frauen- und Männerwelten zur Verfügung, die groß angelegte repräsentative Sozialstudien liefern. Doch ist hier Vorsicht angebracht. Diese Studien sind zweifellos wichtige Bezugspunkte, doch der Makroblick produziert zwangsläufig seine eigenen Schwächen: die fehlende Präzison im Mikrosystem. Diese Präzison ist aber notwendig, wenn es um die Gestaltung einer lebensweltadäquaten genderbezogenen Sozialen Arbeit geht. Lebenswirklichkeiten vollziehen sich als lokale Praxis unter den Voraussetzungen, die die jeweiligen sozialen Räume mit ihren jeweiligen Ressourcen und Normierungen bieten. Deshalb kann aus den Ergebnissen der repräsentativen Studien nicht gradlinig abgeleitet werden, was die relevanten Erfahrungen, Bedürfnisse, Interessen, Deutungs- und Handlungsmuster der konkreten Menschen vor Ort sind. Biografieverläufe, Belastungen und Bewältigungsstrategien sind somit nur begrenzt vor dem Hintergrund der allgemeinen Befunde prognostizierbar. Sie sind Ergebnis der infrastrukturellen und kulturellen Vorgaben eines spezifischen Sozialraums und ihrer subjektiven Verarbeitung, die durchaus variantenreich sein kann.

Diese Varianten müssen jedoch in den großen Studien verloren gehen. Geschlecht kann hier in der Regel nur noch als dichotome Kategorie auftauchen, die bestenfalls durch weitere Variablen wie Bildungsgrad, Ethnie oder Alter noch weiter differenziert wird. Frauen und Männer werden zu relativ homogenen Gruppen. Empirisch-statistische Verfahren sind immer gezwungen zu reduzieren, und sie reproduzieren damit die schlichte und aus vielen Gründen kritikwürdige dichotome Geschlechterkategorie – eine Schwäche, die genauso für den rechnerischen Umgang mit anderen sozialen Differenzvariablen zutrifft. Es fällt auf, dass überall dort, wo lokale Lebenswelterkundungen unternommen werden, so manche vermeintlichen empirischen Gewissheiten widerlegt werden oder soziale Besonderheiten sichtbar werden, die man nicht vermutet hätte. So relativierten die Jugendbefragungen im Rahmen verschiedener kommunaler Jugendhilfeplanungsprozesse einige viel zitierte Befunde zu Mädchenwelten, z. B. die, dass Mädchen häufig Geschwister zu versorgen haben (ISS 2001). Die Ergebnisse der wissenschaftlichen Begleitforschung des Mitternachtssports in Jena förderten zutage, dass es entgegen den Erwartungen die *Jungen* gewesen waren, die sich vor der Existenz dieses abendlichen Freizeitangebots zu Hause vor dem Fernseher aufgehalten hatten, während die Mädchen auf Partys waren oder Freunde getroffen hatten (Hoppe 2001, 245). Dies sind nur einzelne kleine Beispiele dafür, dass eine genderbezogene Soziale Arbeit nicht umhin kommt, den Blick auch im „Kleinen" zu schärfen.

Mittelwerte

Oftmals wird auch vergessen, dass viele eindrucksvolle Befunde nur Ergebnis statistischer Verkürzungen sind. Mittelwerte sind künstliche Größen. Sie sind Versuche, Realität greifbar zu machen, die Fülle an Eindrücken, die uns erschlägt und überfordert, zu gewichten und zu ordnen. Zur „Wahrheit" und zum Bezugspunkt wird das gemacht, was mehrheitlich vorkommt. Was seltener ist, wird in die „zweite Reihe" verschoben, für irrelevant, schlimmstenfalls gar für nicht vorhanden erklärt. Mittelwerte sind Versuche, strukturierende Schneisen in das, was uns umgibt, zu schlagen und so eine Orientierung zu bekommen. Doch sie bergen ein grundsätzliches Dilemma: Die durch statistische Rechenverfahren zustande gekommenen Werte sind eben nur Trendaussagen, bei denen alle Variationsbreiten gelebter Alltags- und Lebensfülle getilgt sind. Dies führt zu erheblichen Verzerrungen der Realitätswahrnehmung und zu wenig realitätsgerechten Sozialdiagnosen, wenn nur noch diese künstlichen Größen zitiert werden und sie sich nach und nach als einfache Wahrheiten in den Köpfen festsetzen.

Die Aussage: „Das Alter ist weiblich und arm" ist zwar einerseits richtig, es wird dabei aber übergangen, dass es auch alte Männer gibt und auch finanziell gut ausgestattete betagte Frauen. Die Aussage: „Jungen sind gewalttätiger als Mädchen" ist zwar einerseits richtig, es bleibt aber außen vor, dass es auch Jungen gibt, die nicht zuschlagen, die Gewaltopfer sind, und dass es auch Mädchen gibt, die körperliche Gewalt an den Tag legen. Es ist immer derselbe Mechanismus: Statistische Größen verselbständigen sich. Uneindeutiges wird auf diese Weise vereindeutigt – mit dem Ergebnis, dass das, was jenseits des Eindeutigen liegt, übergangen wird.

Verewigung von Befunden

Es gibt auch die Tendenz, die Befunde, die irgendwann einmal ermittelt worden sind, immer wieder zu zitieren und ihnen damit zu unterstellen, dass sie immer weiter gelten. Es wird nicht angemessen bedacht, dass sich in einer schnelllebigen Zeit wie der unsrigen einmal Wahrgenommenes bald schon verändert haben kann. Das ist wohl am ehesten nachvollziehbar, denkt man an die Entwicklung der Medien. In rasender Geschwindigkeit verändern sich die medialen Angebote und das Nutzungsverhalten der Individuen. War es für die 90er Jahre noch relativ gut vertretbar, die Medienwelt als männliche Welt zu bezeichnen, ist dies so mittlerweile nicht mehr haltbar. Zu erwarten ist auch, dass sich mit der zunehmenden Zahl kinderloser und gut gebildeter Frauen ein Frauentypus etabliert, der die gängigen Befunde zu Geschlechterverhältnissen im Privaten, in der Öffentlichkeit und in der Arbeitswelt deutlich infrage stellen wird.

Wir müssen also feststellen: Die Halbwertszeit von empirischen Daten ist gering, doch es wird oft genug gerne so getan, als wären sie für die Ewigkeit. Man findet auch heute noch Publikationen, die sich auf Ergebnisse aus den Anfängen feministischer Sozialisationsforschung aus den 70er Jahren beziehen, z. B. die damaligen Bestseller von Scheu und Belotti. Es wird sich stellenweise in der Mädchendebatte immer noch auf den 6. Jugendbericht – den „Mädchenbericht" – bezogen, der 1984 veröffentlicht wurde und dessen empirische Datengrundlagen zeitlich noch älter sind. Es liegt also mittlerweile eine Menschengeneration dazwischen. Problematisch wirken in diesem Zusammenhang im übrigen auch die historischen Rückblicke. Auch wenn es sachlich erhellend ist, bei der Beschäftigung mit Geschlechterverhältnissen Momente der Geschlechtergeschichte zur Kenntnis zu nehmen, birgt der Blick in die Vergangenheit doch unter der Hand auch die Gefahr, die aktuellen Realitäten tendenziös einzufärben. Sie erzeugen subtile Kontinuitätsvorstellungen, die dafür sorgen, „alte" dramatische Zustände ins Heute zu verlängern.

Immer wieder verewigen sich also Befunde zu den Genderwelten zu immergültigen Fakten, die unentwegt weitertransportiert werden und zu „Wahrnehmungsröhren" werden, bei denen dann schon „alles klar ist". Es ist „klar", wie Frauen und Männer leben. Und – das ist ein weiterer problematischer Effekt – man erkennt auch nur noch das, was bestätigt, was man schon „weiß". Der Genderblick wird zur selffullfilling prophecy und damit relativ wertlos, weil er Neues nicht aufnimmt und nicht verarbeitet. Gefordert ist also eine sich ständig aktualisierende Geschlechterforschung, die bereit ist, alte Befunde und Gewissheiten wieder loszulassen, wenn sich die Lebenswelten und Lebensarrangements verändert haben. Hier kann sich die Geschlechterforschung einiges bei der Marktforschung „abgucken", die in sehr viel schnellerer und direkterer Weise an Lebenswelten „dranbleibt", die einen Perfektionismus darin entwickelt hat, rechtzeitig zu erspähen, was sich dort tut und verändert.

Künstliche Besonderungen

Der Diskurs zu den Genderdifferenzen ist dominiert vom Duktus der Besonderung vor allem von Mädchen und Frauen. Dies ist insofern historisch erzwungen gewesen, als die Initialzündung für diesen Diskurs das weibliche Aufbegehren gegen die etablierten Geschlechtsneutralisierungen in Empirie, Theorie und Praxis der

Sozialen Arbeit waren. Um die unhaltbaren Routinen zu verstören, musste das Besondere des weiblichen Daseins hervorgehoben werden. Damit war dann jedoch eine kanalisierende Grundfigur der Weiblichkeitsthematisierung angelegt, die nicht nur produktiv war: die Grundfigur des „Anders-seins".

Diese dramatisierenden Besonderungen sind in ihrer empirischen Stichhaltigkeit nicht nur fraglich, sie produzieren auch Konfrontationen und Exklusionen, wo sie möglicherweise gar nicht nötig sind. Sie verhindern ebenso kollegiale Genderbündnisse, die doch wünschenswert wären. Wenn z. B. Maria Bitzan und Claudia Daigler feststellen: „Deutlich wird immer wieder, dass Mädchen und junge Frauen gerade da auf Unverstand stoßen, wo sie mit eigenen Aktivitäten und neuen Weiblichkeitsbildern nach außen treten" (Bitzan, Daigler 2001, 66), dann unterstellt dies textimmanent unter der Hand, dass dies für Jungen anders ist. Aber ist es das? Können wir sehen, dass man Jungen immer Verständnis entgegen bringt, wenn sie „mit eigenen Aktivitäten" und „neuen Männlichkeitsbildern" in die Öffentlichkeit treten? Wie seriös sind problematisierende Befunde zum Frauenleben, wenn männliche Vergleichsgruppen in den Erhebungen ganz fehlen? So muss es z. B. äußerst nachdenklich machen, wenn als Beleg für die alltägliche Gewalt gegen Mädchen in der Schule die Schülerinnenaussage zitiert wird: „Niemand findet es schlimm, wenn ich geschlagen und geärgert werde" (Heiliger 2002, 40). Von einer solchen Erfahrung wüssten zweifelsohne Jungen genauso zu berichten. Egal, ob man sie gar nicht gefragt hat oder ob man ihr Erleben nicht beachtet hat – diese Segmentierungspraxen machen es erst möglich, die – in diesem Fall – schulischen Gewalterfahrungen diskursiv als ein besonderes und dramatisches Mädchenproblem zu präsentieren. So entsteht ein wirkungsvolles Geschlechterkonstrukt, bei dem aber die Frage ist, wozu und wem es letztlich nützt. Alle isolierenden Äußerungen zu Mädchen und Frauen – und dies gilt ebenso für die zu Jungen und Männern – provozieren unentwegte Vergeschlechtlichungen von sozialen Phänomenen, die möglicherweise so gar nicht haltbar sind. Doch solange der Prüfblick auf das andere Geschlecht als männliche Vergleichsgruppe fehlt, ist kein Korrektiv verfügbar.

Das Problem mit den Deutungen

> „Die eigentlich intellektuelle Anstrengung, die wirklich schwere Arbeit, liegt nicht so sehr im Sammeln von 'Tatsachen' als darin, ihnen ihre Bedeutung zu entlocken und sie zu einem organischen Ganzen zu systematisieren."
> (Bronislaw Malinowski: Korallengärten und ihre Magie: Bodenbestellung und bäuerliche Riten auf den Trobriand-Inseln. Frankfurt am Main 1981, Bd. 3, englisch: 1935)

Realitätstaugliche Befunde zu ermitteln, ist das eine Problem. Das andere ist, wie sie dann gedeutet werden. Es wurde schon weiter oben angesprochen: In der Genderdebatte haben sich eine Reihe von Realitätsdeutungen herausgebildet, die sich unter der Hand schleichend verewigt haben. Sie entwickelten einen Selbstläufercharakter. Man weiß sofort, was dieser und jener Befund bedeutet und wie er zu bewerten ist, ohne noch zuzulassen, ob möglicherweise auch andere Deutungen plausibel wären. Angesichts der Wirkungsmächtigkeit des weiblichen Benachteiligungsparadigmas wird alles, was man zu Mädchen und Frauen sieht, vorzugsweise als Bestätigung der weiblichen Benachteiligung eingeordnet, während alles, was man zu Jungen und Männern sieht, vorzugsweise als Bestätigung der männlichen Privilegierung eingeordnet wird. Es fällt schwer, versuchsweise andere Deutungen als die vertrauten und eingespurten auszuprobieren. Gerade dort, wo es ausgefeilte Diskurse gibt – und dies trifft zweifellos auch auf die Genderfrage in der Sozialen Arbeit zu –, erzeugen diese, ob man will oder nicht, eine eigene Sogwirkung. Das, was gesehen wird, wird genau so gesehen wie es der diskursive Mainstream sieht. Anderes Querliegendes kann damit nicht erkannt und gedacht werden.

Erstarrtes Expertenwissen

Karin Walser hat sich in einem Aufsatz dieser Problematik, die nicht allein die Genderdebatte betrifft, ausführlich zugewandt. Sie zeigt auf, wie hinderlich sich Expertenwissen auf das angemessene Verstehen von Realitäten auswirken kann – dann nämlich, wenn es sich als allwissend verabsolutiert, Denken kolonialisiert und alle kritischen Anfragen im Keim erstickt. Dieses Expertenwissen umgibt uns überall, und es ist auch von der Genderforschung hervorgebracht worden. Es sagt uns, wie die Realität ist und wie sie zu verstehen ist. Es ist eine der Paradoxien wissenschaftlicher Produktion, dass ihre Ergebnisse oftmals zu kanonisierten Wissensbeständen werden, die sich schwergewichtig über die Realität legen, damit Wahrnehmungen und Deutungen bahnen und kritische Weiterentwicklungen verhindern. Befunde und Erkenntnisse erstarren zu vermeintlichen Wahrheiten, die nur noch die Funktion haben, immer wieder – wie bei einer self-fullfiling prophecy – bestätigt zu werden. „Geschlossene Denksysteme tendieren zum Totalitären und zum Sektierertum. Die Problemdefinitionen entsprechen dann kaum mehr der Realität, sondern bloß noch den Bedürfnissen von Professionellen, die ihr Wissen als Experten verwerten wollen." (Walser 2000, 253)

Dem Expertenwissen steht als Gegenpol das Laienwissen gegenüber. Seine Position ist schwach angesichts mächtiger wissenschaftlicher Fachdiskurse. Weil es nicht nach ihrer Gestalt geformt ist, kann und wird es als „dumm" verworfen. Weil es in einem anderen Modus entstanden ist, ist es sperrig, stört es die Fachroutinen, wirft es Fragen auf, die man nicht hören will, weil sie nicht so schnell zu beantworten sind. In der Konkurrenz zum Expertenwissen kann es sich kein Gehör verschaffen. Es wird nicht als diskurswürdig anerkannt und deshalb abgedrängt.

Diese Sperrigkeit ist es jedoch, die auch zur bereichernden Diskurschance werden könnte. Die Beiträge des Laienwissens können helfen, in der Konfrontation mit ihnen Beschränktheiten des hegemonialen Wissens sinnfällig werden zu lassen und dies zu Weiterentwicklungen zu nutzen. „Es gilt, die Beschränktheit des Laien-Wissens nicht einfach durch die Beschränktheit des wissenschaftlichen Wissens zu ersetzen, sondern die unterschiedlichen Denksysteme füreinander so zu öffnen, dass lebendiges Denken und neues Wissen entstehen kann." (Walser 2000, 255) Es geht nicht darum, das Laienwissen als das eigentlich „richtige" zu idealisieren, sondern in anerkennender Kommunikation mit ihm zu bleiben, weil es nicht einfach unterentwickelt ist, sondern auf eigenen Wegen eigene Erkenntnisse über die Welt hervorbringt.

An einer Reihe von sozialpädagogischen Praxisbeispielen veranschaulicht Karin Walser, wie dieses Expertenwissen Praxisdeutungen von Professionellen verengt.

„Eine Berufspraktikantin erzählt, es sei schade, wie wenig Kinder und Jugendliche in die Einrichtung kämen. Die Mitarbeiter würden vermuten, es seien vielleicht die überwiegend ausländischen Eltern, die die Kinder und Jugendlichen am Kommen hindern. Der Leiter brüte seit Wochen an einem neuen Konzept. Er beschäftige sich mit besonderem Interesse mit den durch den Computer gegebenen Möglichkeiten, den Geldgebern gegenüber alles graphisch eindrucksvoll zu präsentieren. Zum Sommerfest, zu dem auch die Eltern eingeladen worden seien, seien überwiegend Mütter gekommen. Er selbst habe daran lediglich drei Minuten teilgenommen.

Kommentar:

Die Laiin weiß, dass man sich für Leute, die man einlädt, persönlich interessiert, sie begrüßt, ihnen Fragen stellt, plaudert. Wenn man die Sprache der Gäste nicht versteht, so lernt man vorher ein paar Brocken, oder man organisiert eine Übersetzerin. Statt zu spekulieren, die Eltern hinderten vielleicht die Kinder daran, in die Einrichtung zu kommen, sollte man sie danach fragen, was sie von ihren Kindern wissen und was sie denken, was die Einrichtung Sinnvolles für sie anbieten könnte. Mit diesen und den eigenen Ideen ließe sich dann ein Angebot konturieren. Lieber aber mobilisieren und pflegen Professionelle ihre angelesenen Vorurteile über die 'Defizite' ihres Klientels, als sich für die lebendigen Menschen, mit denen sie es zu tun haben, wirklich zu interessieren. Lieber sprechen sie über die Klienten als mit ihnen." (Walser 2000, 256)

Die Praxisgeschichte macht nachvollziehbar, wie Fachwissen dem eigenen Anspruch zum Trotz ungewollt zu einem Entwicklungshindernis werden kann. Die nicht nur in diesem Fall, sondern in der Kinder- und Jugendhilfe allgemein viel gepflegte Deutung, dass ausländische Eltern ihre Töchter und Söhne von öffentlichen Einrichtungen fernhalten wollen, bietet zwar eine einsichtige Erklärung für Praxisschwierigkeiten an, verstellt aber den Blick auf die eigenen institutionellen Beiträge zu diesen Schwierigkeiten. Das Problem wird externalisiert, und man ist als Institution entlastet. Und je mehr von Fachleuten zu den sich absondernden Migrationsmilieus und den „Parallelgesellschaften" zu lesen und zu hören ist, desto mehr meint man, mit der Deutung auch zweifelsfrei richtig zu liegen. Dass der Sachverhalt des gering frequentierten Jugendhauses auch durchaus anders gesehen werden kann, deutet sich in den Schilderungen der Berufspraktikantin an, die als relative „Laiin" zu dem verbreiteten Expertenwissen der KollegInnen (noch) eine gewisse

Distanz hat, zumindest nimmt sie Aspekte wahr, die das Problem der Einrichtung ebenso plausibel, vielleicht auch gewinnbringender erklären können wie die These von den elterlichen Verhinderungen.

Wie groß die Verführung ist, bekannte Deutungen über Situationen zu legen und wie fragwürdig die Ergebnisse sind, wird auch an der nachfolgenden Geschichte aus der Begleitung von Berufspraktikantinnen und Berufspraktikanten ersichtlich: Eine Berufspraktikantin, tätig in einem Kinderhaus, erzählt davon, dass einige ältere Mädchen und Jungen sich regelmäßig im Toberaum zu sexuellen „Spielen" in der Gruppe zurückziehen. Sie fühlt sich unbehaglich dabei, ist irritiert, weil die Kinder doch noch so jung sind, 'kräftiges' sexualisiertes Vokabular benutzt wird und die anderen Mitarbeiter das ganze ignorieren. In der Seminargruppe dreht sich das Gespräch schnell darum, dass hier möglicherweise Übergriffe der Jungen stattfinden, gegen die sich die beteiligten Mädchen nicht wehren können. Man rät der Berufspraktikantin zu klären, wie die Mädchen das ganze erleben und den Mädchen auf jeden Fall zu helfen, Grenzen zu setzen. Dabei wird darauf verwiesen, dass ja bekannt wäre, wie schwer Mädchen dieses fällt.

Wie schon in der ersten Geschichte wird auch in dieser greifbar, wie schnell – unbeabsichtigt und unbewusst – das Repertoire an Expertenwissen letztlich nur noch dazu dient, das Gesehene in die vorhandenen Deutungsmuster einzufügen und so Bekanntes zu bestätigen, nämlich die Übergriffigkeit der Jungen und die Ausgeliefertheit der Mädchen. Es wird nicht danach gefragt, ob diese Kinderpraxen nicht Ausdruck des Wunsches sein können, selbst auszuprobieren und zu erkunden, was sie als mediale – vielleicht auch direkte – Inszenierung aufregender Sexualität an vielen Orten sehen können, ob sich darin nicht auch das Bestreben zeigen könnte, auf diese Weise – indem man sich sexuell betätigt – dem Kinderstatus zu entrinnen, also eine Statuspassage zu vollziehen, die reizvoll und ersehnt ist. Es wird auch keine Parallele hergestellt zu den eigenen sexuellen Spielen, die man in der Kinderzeit ausprobiert hat, z. B. das Flaschendrehen mit all seinen aufregenden Varianten und dem eigenen Erleben dabei. Die Szene wird nicht dazu genutzt, die kindlichen Mädchen- und Jungenwelten von innen heraus zu verstehen, sondern sie wird reduziert auf die Funktion eines Beweismaterials für die problematische Sexualität zwischen den Geschlechtern. Das schnelle einigende Einverständnis, das sich unter Bezug auf das gemeinsame feministische Wissen herstellt, verhindert das, was fachlich wünschenswert ist: lebensweltliches Verstehen, nicht Nachweis der eigenen „Gebildetheit" durch Bedienung von Fachtermini.

Damit sind mehrere Chancen vertan: Kindliche Aneignungstätigkeiten und Selbsterkundungen werden nicht in ihrer subjektiven Sinnhaftigkeit für die AkteurInnen verstanden. Dramatisierende Bilder zum Geschlechterverhältnis werden weiter dramatisiert und zur Begründung eines spezifischen pädagogischen Bedarfs im Kinderhaus ausgebaut: nämlich der Notwendigkeit präventiver Sexualpädagogik mit Mädchen. Dabei könnte es in dieser Fallgeschichte durchaus sein, dass solche Maßnahmen gar nicht erforderlich sind, weil die Mädchen die Situation durchaus auf ihre Weise „im Griff" und Spaß daran haben. Oder es könnte sein, dass sich die Jungen überrumpelt fühlen. Danach ist schließlich angesichts der Einigkeit zur Mädchenproblematik in der Seminargruppe gar nicht geschaut worden.

Ist den skizzierten Deutungsfallen überhaupt zu entrinnen? Sicherlich gibt es keine Werkzeuge mit Garantie. Jeder Diskurs, nicht nur der spezialisierte ExpertInnendiskurs, auch der laienhafte des „gesunden Menschenverstands" erzeugt Imaginationsgrenzen. So kann das Plädoyer nur dahin gehen, kritische Wachsamkeit und Mut zu „verstörenden Ungezogenheiten" zu schulen. Um nicht unentwegt selbstreferentiell in geschlossen Gedankengebäuden zu kreisen, ist Wachsamkeit gegenüber wohlbekannten Deutungen, eindimensionalen Bewertungen von Nöten angesagt. Und es ist Mut erforderlich, auch das zu registrieren, zu denken und auszusprechen, was nicht in die Diskursroutinen passt. Das, was sich als Selbstverständlichkeit schnell aufdrängt, muss nicht unbedingt das Vernünftigste sein, kann von wichtigen Fragen ablenken und sie zudecken. Dies gilt auch für die Genderfachdebatte. Auch sie muss die Fähigkeit kultivieren, mehr gedankliche Spielräume bei der Deutung von Gender-Phänomenen zu wagen und sich offensiv irritieren zu lassen. Die Genderpädagogin Regina Rauw schildert, wie Irritationen Weiterentwicklungen ermöglichen:

„Wie wäre es mit der These: 'Mädchen sind brav und freundlich, angepasst und emotional – und dies sind sie nicht von Natur aus sondern als Ergebnis ihrer Sozialisation.'? (...)

Diese Sozialisationsaussagen sind mit der wertvollen Intention angetreten, die Sozialisation von Mädchen überhaupt als eine „andere" als die allgemeine wahrzunehmen und damit zugleich die „allgemeine" Sozialisationsforschung als eine am männlichen Jugendlichen orientierte zu entlarven. (...)

Diese Betrachtungsweise stellt aber m. E. die Sozialisation von Mädchen in einem falschen Bild dar, insbesondere dadurch, dass Aussagen darüber gemacht werden, wie Mädchen und Frauen *sind* – und dies meist im Gegensatz zu Jungen und Männern. Dies wurde mir besonders dann verdeutlicht, wenn sich bei Referaten zur weiblichen Sozialisation immer wieder Zuhörende zu Wort meldeten mit Aussagen wie: 'Bei mir war das alles anders.' 'Meine Tochter ist da wohl die große Ausnahme.' etc.

Diese Einwände konnten oberflächlich dadurch entkräftet werden, dass es sich lediglich um die Beschreibung von Tendenzen weiblicher Sozialisation handele – aber genau gesehen gibt es ja nur ganz wenige solcher 'typischer' Frauen in meinem Umfeld, und auch sonst, wenn wir genau hinsehen – gibt es sie eigentlich überhaupt?

Diese Verunsicherung hat mich dazu gebracht, die Aussagen zur weiblichen Sozialisation grundlegend zu überprüfen." (Rauw 2001, 15)

Die fachliche Weiterentwicklung hat zwei Voraussetzungen – dies demonstriert der Erfahrungsbericht: Zum einen braucht sie die Bereitschaft, kritische Anfragen aus „unverbildeten" Richtungen überhaupt zuzulassen und nicht als Laien- oder

Kritikergeschwätz abzutun. Dies kann auch heißen, in sich selbst den möglicherweise keimenden kritischen Anfragen Raum zu geben. Zum anderen erfordert es die Haltung, diese Anfragen als Herausforderung zu Neuem offensiv anzunehmen, statt sie mit den Werkzeugen des eigenen Fachwissens zu diskreditieren und zu demontieren.

Genderungleichheiten – nicht immer ein Problem

Gewohnte Deutungspraxen kritisch zu befragen, schließt auch ein, den Gedanken zuzulassen, dass eine registrierte Ungleichheit auch harmlos sein könnte, vielleicht sogar gut. Diese Empfehlung ist heikel. Zu nah und aktuell ist die Geschichte, in der Geschlechtertrennungen und Geschlechterungerechtigkeiten mit dem selbstredenden Verweis auf das Gottgewollte und Natürliche dieser Aufteilung legitimiert und vor Infragestellungen geschützt wurde. Doch der dadurch entstandene Generalverdacht gegenüber jeglichen traditionellen Geschlechterpraxen und Ungleichheiten birgt Fragwürdigkeiten. Ein Bericht aus einer genderbezogenen Fortbildungsstudie für Fachkräfte der Früherziehung kann in diesem Zusammenhang anregend sein.

„Eine Erzieherin arbeitet lange Zeit allein bzw. mit einer Kollegin in ihrer Einrichtung. Die Frauen haben nach und nach Fertigkeiten erworben, die normalerweise den Männern unterstellt werden, wenn es um handwerkliche Dinge geht. Es muss nicht mehr der Hausmeister geholt werden, nein, die Erzieherinnen können sich mehr und mehr von traditionellen Dienstleistungen unabhängig machen und erleben dies als befreiend. Dennoch wünschen sie sich einen männlichen Kollegen aus dem Gefühl heraus, dass es für die Kinder besser wäre. Schließlich kommt ein neuer Kollege. Nach und nach beginnen sich – sehr subtil – die Verhältnisse zu ändern: Immer häufiger nehmen die Erzieherinnen bei handwerklichen Problemen, die sie vorher selbst gelöst haben, die Dienstleistungen des Kollegen in Anspruch. Dies wäre ihnen vielleicht auch nicht besonders unangenehm aufgefallen. Es wird an der Stelle zu einem unübersehbaren und von der Erzieherin selbst schließlich so empfundenen Rückschritt, als sie, die bisher immer Hosen zur Arbeit trug, plötzlich beginnt, sich morgens besonders sorgfältig hübsch zu machen und Kleider und Röcke anzuziehen. All dies ist ihr nicht sofort bewusst, sondern fängt erst nach einer Weile an, sie zu beschäftigen.

Die Fähigkeit, wie in diesem Beispiel zwischen *dem* hin und her wechseln zu können, was traditionellerweise mit männlich und weiblich charakterisiert wird, wurde auch in unserer Fortbildungsstudie immer wieder diskutiert. Dass es letzten Endes im Zusammensein beider Geschlechter dann doch auf die Inszenierung des eigenen Geschlechts hinausläuft, muss nicht als Negativum gewertet werden. Wenn es denn Unterschiede zwischen Männern und Frauen gibt – einerlei woher sie kommen und wie sie aussehen –, dann könnte ja das Vorhandensein zweier Geschlechter, also diese Unterschiedlichkeit, als die zwei Aspekte eines menschlichen Ganzen gesehen werden. (...) Es wäre nicht nur eine individuelle Frage, ob und wie man mit bzw. ohne das andere Geschlecht leben und arbeiten kann. Es wäre auch die Frage, welche Möglichkeit ein Team bietet." (Büttner 2003, 42f)

Wahrscheinlich sind die Spontanreaktionen beim Lesen dieser Geschichte bei vielen ähnlich gewesen, vor allem bei gendergeschulten LeserInnen: „Wie furchtbar, dass die Frau, nachdem sie sich mit ihrer Kollegin erfolgreich männliche Terrains erobert hat, also auf dem richtigen Weg ist, nun wieder ins „Weibchenschema" zurück fällt!" Vermutlich mobilisiert die Geschichte auch die Erinnerungen an die Trümmerfrauen, die doch im Krieg und nach dem Krieg opferbereit, tapfer und kompetent die Männeraufgaben übernommen haben, die sie dann aber sofort wieder abgaben, als die Männer zurückkehrten. Unausgesprochen war und ist diese Geschichte mit der Warnung an Frauen unterlegt, hier sehr wachsam zu sein, damit dies ihnen nicht wieder passiert.

Doch wie passend sind diese Reaktionen? Warum sind geschlechtsspezifische Trennungen und Inszenierungen per se verdächtig? Leben wir in unserer Welt nicht sehr viele traditionelle normative Unterschiede, bei denen wir uns gar nichts denken, die wir gar gezielt erarbeiten oder für richtig halten? Wir inszenieren Unterschiede zwischen Kindern und Erwachsenen, zwischen einem Vorschulkind und einem Schulkind, zwischen Alltagsrollen und Festtagsrollen, zwischen Berufs- und Funktionsrollen, zwischen Erlebnisstilen und Gruppenkulturen und vieles mehr. Beim Elternabend in der Schule sitzen alle Erwachsenen pünktlich genau zu Veranstaltungsbeginn in der Klasse – obwohl sie sonst bei vielen Terminen unpünktlich sind – und demonstrieren damit ein spezifisches Verhältnis zwischen Eltern und Lehrkräften. Im Zuge des Älterwerdens merken wir eines Tages, dass wir in der Discothek nur noch von Jüngeren umgeben sind und bleiben fortan fort. Vom Kellner erwarten wir, dass er uns das Essen bringt, und wir gehen nicht selbst in Küche. Die italienischen Kirchen betreten wir als Touristinnen nicht in kurzen Hosen und knappen Tops. Den jüdischen Friedhof betreten wir mit einer Kopfbedeckung. Als Hochschullehrerin tragen wir an unserem Arbeitsort nicht unsere Freizeitkleidung. Gleichzeitig zeigen wir uns als Hochschullehrerin eines sozialen Fachbereichs im Outfit anders als die Kollegen von den Wirtschaftswissenschaften. Von den Studierenden erwarten wir, dass sie sich in der Seminarsituation gesittet verhalten und nicht essen, mit dem Handy spielen, zwischendurch hinausrennen. Die Liste ließe sich endlos verlängern. Sie zeigt an, dass soziales Leben von sozialen Normen und Distinktionen durchzogen ist. Diese sind immer wieder auch umkämpft, werden verschoben oder auch restituiert. Aber sie sind nicht als solche problematisch, sondern können durchaus auch sozial produktiv sein.

Dass beispielsweise der Hebammenberuf in exklusiver Frauenhand ist, wird größtenteils fraglos für gut befunden, und dass wir nur Männer zum Wehrdienst heranziehen, auch. Und warum sollten Mädchen in einem Reitstall nicht auch unter sich sein können, Frauen bei einem Volkshochschulkurs oder beim Elternnachmittag im Kindergarten, Jungen in einer Vereinsgruppe und Männer an einem Stammtisch? Es fällt schwer, solche Gedanken für die Genderdifferenz zuzulassen. Doch vielleicht lässt sich dabei Neues entdecken. Zumindest sollte es mutiger ausprobiert werden. Möglicherweise tritt dann gar nicht ein, was immer befürchtet wird, wenn der kritische Kampf gegen Gendertraditionen gelockert wird – die mächtige Re-Maskulinisierung im Gesellschaftlichen? Eckhard Giese merkt denn auch an: „Bei der Analyse der Geschlechterverhältnisse in verschiedenen Bereichen sollte man diese differenziert in den Blick nehmen; nicht immer ist automatisch der Unterdrückungsverdacht weiterführend. (...) Es kann ja auch auf der Grundlage freiwilliger Präferenzen oder einvernehmlicher Geschlechterarrangements zu Ungleichverteilungen kommen." (Giese 2001, 63) Dies zu denken, muss erlaubt und wünschenswert sein.

Gender als Ressource in der professionellen Hilfebeziehung

Bei der Teamsitzung eines Kindergartens kommt es zu folgender Szene:

„Im Zusammenhang mit der Diskussion um weibliche Identität unterhalten sich die Erzieherinnen und der Erzieher über Fantasien, die sie beim morgendlichen Anziehen für den Kindergarten haben und, im Unterschied dazu, wie sie sich für eine Arbeit im Büro anziehen würden. Plötzlich lacht die Leiterin und erzählt, genau deshalb habe sie einen Job bei der Bank aufgeben müssen, weil ihr gesagt worden sei, sie sei nicht 'richtig', d. h. nicht attraktiv genug, gekleidet. Die Kolleginnen bestätigen, dass sie sich für ihre Kindergartenarbeit bequem und überhaupt nicht auf ihre Weiblichkeit bedacht anziehen. Der Erzieher berichtet daraufhin von einem Konflikt des Teams mit dem Personalrat der Stadt: Für eine Faschingsfeier sei das Motto 'Al Capone' ausgegeben worden. Auf dem Einladungszettel sei vermerkt worden, dass die Männer mit Hut und Mantel, die Frauen 'natürlich mit Strapsen' kommen sollten. Von einer Kollegin aus dem Team sei er daraufhin gefragt worden, ob er sich mit den Frauen gegen die in der Einladung enthaltene Diskriminierung solidarisieren werde. Er habe geantwortet: soll ich die Frage als Mann oder als Kollege beantworten? Nach einer Rückfrage, was denn an dieser Einladung als Diskriminierung empfunden worden sei, sagt eine Erzieherin, dass man sich gedrängt gefühlt habe, mit Strapsen kommen zu *müssen*. Vor allem das 'natürlich' habe sie wütend gemacht. Sie würde lieber im Clownskostüm kommen. Nach einigen Überlegungen über das szenische Umfeld von Al Capone und die Rolle der Frauen in diesem Szenario entsteht in der Gruppe das Bild des weiblichen Clowns neben Al Capone. Alle lachen. Es wird deutlich, dass die Erzieherinnen sich mit kleinen Kindern beschäftigen möchten, bei denen Erotik in den Beziehungen angeblich (noch) keine Rolle spiele. Für die kleinen Jungen jedoch scheint die Identifikation mit Al Capone oder ähnlichen Symbolfiguren von Männlichkeit kein Problem und auch die Mädchen beschäftigen sich bisweilen gerne mit weiblich-erotischen Attributen." (Büttner 2003, 30)

Fachkräfte der Sozialen Arbeit sind Frauen und Männer, und sie inszenieren eine spezifische Weiblichkeit und Männlichkeit in ihrem beruflichen Handeln. Die Geschichte legt die These nahe, dass Soziale Arbeit möglicherweise ein berufliches

Feld ist, in dem eher unauffällige Genderinszenierungen bevorzugt sind – zumindest bei den Frauen. Der berufliche Habitus zielt eher auf Genderneutralisierung ab. Dies zu prüfen, könnte jedenfalls eine spannende Aufgabe im Rahmen der Genderfachdebatte sein. Stimmt die These, und wenn ja, warum ist das so?

Die Geschichte verweist aber noch auf eine andere Frage: Was bewirken die spezifischen Genderinszenierungen in der beruflichen Interaktion? Was lösen sie bei den Zielgruppen aus? Und was passiert, wenn diskrepante Genderinszenierungen wie in der obigen Geschichte aufeinander treffen? Was passiert, wenn Erzieherinnen sich „bequem und überhaupt nicht auf ihre Weiblichkeit bedacht anziehen", während die Mädchen, also die eigenen Klientinnen der Einrichtung sich mit Vergnügen weiblich-erotisch ausprobieren?

In die berufliche Interaktion fließen wechselseitig Genderbilder und Genderwahrnehmungen ein. So wie Professionelle die Genderpräsentationen ihrer Zielgruppen wahrnehmen und emotional bewerten, wie sie Genderbilder zu ihren Zielgruppen mehr oder weniger bewusst in sich tragen, die Projektionen auslösen und ihre Erwartungen, Problemwahrnehmungen, Deutungen und die Hilfekonzepte mit bestimmen, ist immer davon auszugehen, dass Gleiches auf Seiten der Klientinnen und Klienten stattfindet. Auch sie tragen Geschlechterbilder in sich, nehmen die Fachkräfte als VertreterInnen eines Geschlechts wahr und bewerten den erlebten Genderhabitus. Je nachdem, welche Beziehungserfahrungen mit Frauen und Männern sie in die Arbeitsbeziehung mitbringen, welche Vorstellungen sie von richtiger Weiblichkeit und Männlichkeit haben, fühlen sie Nähe oder Distanz, Vertrautheit oder Irritation, Sympathie oder Angst und Abwehr. Mit ihrem Geschlecht werden die Professionellen für Klientinnen und Klienten zu Projektionsflächen für Gefühle aus anderen Situationen. Diese wechselseitigen Projektionen können der Arbeitsbeziehung förderlich sein oder auch nicht. Dennoch scheint die Bedeutung des Geschlechts der Fachkräfte für die berufliche Beziehung zu KlientInnen nur wenig untersucht. Tim Rohrmann resümiert jedenfalls für die Arbeit mit Kindern:

„Ob und wie es sich auf Jungen und Mädchen auswirkt, ob ihnen ein Mann oder eine Frau als Pädagoge gegenübersteht, ist erstaunlicherweise bislang kaum untersucht. Die wissenschaftlichen Belege für die Annahme, dass die An- und Abwesenheit von männlichen Fachkräften in Bildungs- und Betreuungseinrichtungen für Kinder von Bedeutung ist, sind bislang ausgesprochen dürftig." (Rohrmann 2006, 121)

Und dies, wo allenthalben mit Nachdruck behauptet wird, dass viele Nöte der Jungen auf die fehlenden Beziehungserfahrungen mit Männern zurückzuführen sind. Andere Arbeitsfelder bieten hier schon mehr. Die Suchtforscherin Irmgard Vogt stellt für die Drogenhilfe fest:

„Die Distanz zwischen Beraterinnen und der Klientel ist geringer als die zwischen Beratern und der Klientel. Die größere Nähe erleichtert in gewissem Umfang die Kontaktaufnahme und den Aufbau von Vertrauen. Dazu kommt, dass vor allem Männer sich an Frauen wenden, wenn sie Hilfe bei psychischen Problemen suchen.

Frauen als Beraterinnen sind also begehrt. Schwierig wird ihre Situation dann, wenn es um ihren Status als Expertinnen geht und wenn sie Forderungen an die Klientel stellen und auf deren Durchsetzung pochen. Im Unterschied zu den Beraterinnen fällt es Beratern etwas schwerer, das Vertrauen der Klientel zu gewinnen, aber es fällt ihnen leichter, sich mit Forderungen durchzusetzen." (Vogt 2001, 170)

Diese Befunde aus der Drogenhilfe bestätigen, dass die Geschlechtszugehörigkeit der Fachkräfte offenbar den Verlauf der beruflichen Interaktion mit KlientInnen mitbestimmt, auch wenn die ermittelten statistischen Zusammenhänge noch nicht viel Qualitatives über den kausalen Zusammenhang sagen können. Ist es das Geschlecht an sich, das bei der Klientel verschiedenartige Projektionen und damit verschiedenartige Verhaltensweisen gegenüber weiblichen und männlichen Beratern auslöst? Oder vermittelt sich im professionellen Habitus der weiblichen und männlichen Berater Unterschiedliches, das die verschiedenartigen Reaktionen auf weibliche und männliche Berater erklären könnte? Dies muss noch offen bleiben und verweist gleichzeitig auf Reflexionsbedarfe einer genderqualifizierten Sozialen Arbeit. Was lösen das eigene Geschlecht und die eigene geschlechtliche Präsentation in den AdressatInnen aus? Was lösen das Geschlecht und die geschlechtlichen Inszenierungen der AdressatInnen in den Professionellen aus? Unter welchen Bedingungen entstehen förderliche Beziehungskonstellationen, unter welchen nicht?

Exkursion in das heilpädagogische Reiten

Auch wenn es im ersten Moment etwas abwegig erscheinen mag – in der Fachliteratur zum heilpädagogischen Reiten finden sich aufschlussreiche Denkanstöße zur möglichen Bedeutung des Geschlechts der Professionellen in der beruflichen Interaktion mit Klientinnen und Klienten. Die dort angestellten Überlegungen dazu, welche Rolle das Geschlecht des Pferdes für den Verlauf von Heilungsprozessen haben kann, liefern Hinweise auch zu möglichen Bedeutungen des Geschlechts der Fachkräfte in der Sozialen Arbeit. Die Reitpädagogin Susanne Kupper-Heilmann weist in ihrem Buch zum psychoanalytisch orientierten heilpädagogischen Reiten (1999) darauf hin, dass das heilpädagogische Reiten sich zwar viel Gedanken zu der Eignung eines Pferdes für Heilungsprozesse gemacht hat, bei der Temperament, Gang- und Bewegungsqualitäten, Rasse, Größe und Gebäude bedacht worden sind. Vernachlässigt blieben jedoch die Aspekte der Geschlechtlichkeit hinsichtlich des gezielten problemadäquaten Einsatzes von Stuten, Hengsten und Wallachen. Schon für Kinder – und dies gilt auch für behinderte Kinder – ist das Geschlecht der Pferde an den körperlichen Geschlechtsmerkmalen, an spezifischen Verhaltensweisen oder auch am Namen identifizierbar und wird als bedeutungsvoll wahrgenommen. So ist die Vermutung der Autorin, dass spezifische Ängste aktualisiert, spezifische Beziehungserfahrungen bearbeitet werden, je nachdem, ob das Kind im Kontakt mit einem männlichen, einem weiblichen oder einem kastrierten Pferd steht.

„In einer Gruppe von 8 Kindern aus einer Schule für Erziehungshilfe (3 Mädchen/5 Jungen) im Alter von 10–12 Jahren, zeigte sich folgendes Phänomen: alle fünf Jungen hatten Angst vor Balou, einem schwarzen Wallach. Balou wirkt manchmal etwas griesgrämig, läßt aber alles mit sich machen – von Gruppenübungen auf ihm bis hin zum freien Galoppieren zu zweit. Insbesondere Vertrauensübungen und das Reiten in Trab und Galopp an der Longe oder frei waren für alle Jungen stark angstbesetzt. Auf Vicky, dem zweiten Pferd, einer braunen Stute, traten die Ängste in dieser Form nicht auf. Die drei Mädchen zeigten keine Unterscheidung hinsichtlich beider Pferde, was Angstgefühle anging. Sie bauten u. a. eine Dreierpyramide auf Balou, fielen dabei durch Instabilität herunter und übten anschließend auf ihm weiter und galoppierten zu zweit auf dem Außensandplatz. Für die Jungen wäre dies unvorstellbar gewesen. (kursiv im Original, L. R.)*

Meine erste Interpretation (...) ging davon aus, daß die Gruppe 'gut' und 'böse' nicht nur auf die Pferde aufteilte, sondern auch auf die Pädagoginnen. Bei der Kleingruppenarbeit hatte die Leitung das Pferd Vicky und die Co-Leitung Balou. Wir gingen davon aus, daß es bei der Gruppe zu einer Aufteilung, d. h. Spaltung kam in 'gute Mutter', Leiterin und das Pferd Vicky, und 'böse Mutter', Co-Leitung und das Pferd Balou. Schwache und aggressive Anteile wurden auf die Co-Leitung und das Pferd Balou projiziert. Erst bei genauerem Hinsehen wurde deutlich, daß die Angst nur bei den Jungen bestand. (...)

Es ist (...) unwahrscheinlich, daß den Kindern, hier insbesondere den Jungen, entgangen sein sollte, daß bei Balou die Hoden fehlten. Sollte dies doch der Fall gewesen sein – es wurde nicht direkt angesprochen, und die Kinder fragten auch nicht danach – so kann vermutet werden, daß dies nicht geschehen 'durfte', jedoch als Konflikt bestand und verdrängt werden mußte. (Vielleicht war es 'taktvoll' von den Mädchen, daß sie dieses Thema nicht 'anschnitten' – oder es war ihnen kein Bedürfnis, weil ihnen der dahinter liegende Leidensdruck fehlte?!)

Es ist zu vermuten, daß hier eine latente Kastrationsangst (...) eine Rolle gespielt hat. Ein männliches Wesen, dem die Hoden fehlten, ist kastriert worden. Wem so etwas angetan wurde, der muß auch etwas 'Böses' getan haben – ergo: Balou ist 'böse'.

Im Laufe der Zeit schafften es 4 der 5 Jungen, die Zuschreibung Balous als gänzlich 'böse' durch reale Erlebnisse positiver Art mit ihm zugunsten einer realistischeren Einschätzung seines Wesens und seiner Eigenheiten aufzugeben.

Nicht bearbeitet blieb der geschlechtliche Aspekt, der uns erst in der Nachbereitung und Reflexion des Projektes auffiel. Es wäre zu überlegen, inwieweit die gleiche vehemente Spaltung beim Einsatz von zwei Stuten erfolgt wäre. Und es wäre sicherlich gut gewesen, per Deutung bzw. Verbalisierung der Tatsache, daß das Pferd kastriert ist, der Angst der Jungen Beachtung und Raum zu geben." (Kupper-Heilmann 1999, 48f)

Die Fallgeschichte lässt erahnen, welche Phantasien möglicherweise auch von männlichen und weiblichen Fachkräften aufgrund ihres Geschlechts bei Mädchen und Jungen, Frauen und Männern als KlientInnen Sozialer Arbeit ausgelöst werden können. Warum soll die Psychodynamik im Kontakt mit Tieren eine so viel andere sein als im Kontakt mit Menschen? Und wie in der Geschichte kann es bei fehlender Geschultheit dann auch hier passieren, dass eben erst sehr spät oder schlimmstenfalls gar nicht verstanden wird, dass Interaktionsphänomene von diesen Phantasien eingefärbt sein können. Was aktualisiert die Mitarbeiterin als Frau in den Klientinnen und Klienten? Was aktualisiert der Mitarbeiter als Mann in den Klientinnen und Klienten? Und zu fragen ist sicherlich auch: Gibt es im professionellen Habitus eventuell auch symbolische Zeichen der Kastration, die Angst machen? Ganz abwegig scheint diese Frage nicht. Wenn relativ offensichtlich ist, dass im professionellen Habitus der Sozialen Arbeit die anreizende Inszenierung des eigenen Geschlechts für beide Geschlechter eher verpönt ist und eher entsexualisierte Neutralität kultiviert wird, betrachtet man Kleidungsstil und Körpergesten, so scheint es sinnvoll danach zu fragen, welche geschlechtliche „Ich-Botschaft" sich darüber bei den Zielgruppen vermittelt und welche Folgen dies für die Beziehungsprozesse hat.

Exkursion in die Beratung

Aus einer ganz anderen Richtung lassen sich weitere Anregungen zum Thema entdecken. In einem Beitrag zu Gender in der Beratung berichten Agnes Joester und Stefan Brandt von einem spannenden Experiment:

„Der vorliegende Fall scheint uns von daher spannend, als er die, bei uns schon zur Regel gewordene Konstellation einer zusammengesetzten Familie darstellt. Er scheint auf den ersten Blick wenig Geschlechtsspezifisches zu bieten und läßt vermuten, daß die Stieffamilienproblematik die zentrale Bedeutung einnehmen würde. Es handelt sich um eine Selbstmeldung der Familie. In die Institution, eine Schulpsychologische Beratungsstelle, kommt die Mutter (Helga Meier) mit ihren 3 Kindern (Sarah Müller, David Müller und Manfred Meier) und ihrem jetzigen Partner (Hans Schulze). Als Wortführer der Familie präsentiert sich der Stiefvater, der den Wunsch ausdrückt, daß etwas mit Manfred (dem Indexpatienten, „IP") geschehen solle. Manfred ist der Verspielte in der Familie, der Familienclown, der Kleine, der noch sehr versorgt werden muß, der sich noch nicht einmal richtig selbst anzieht und wäscht.

Die Mutter signalisiert sehr viel Verständnis für die Probleme ihrer Kinder, insbesondere für ihren jüngsten Sohn, den IP. Sarah ist in der Familie sehr hilfsbereit, Helferin der Mutter, ist fürsorglich, kümmert sich sehr um ihren kleinen Bruder Manfred. David gibt zu erkennen, daß er perfekt für sich selbst sorgen kann und sich auch noch um Manfred kümmert.

Zu den leiblichen Vätern besteht jahrelang kein Kontakt, soll nach den Vorstellungen der Mutter auch nicht stattfinden, aber Sarah hat kürzlich gegen den Wunsch der Mutter ihren Vater (Klaus Müller) besucht. Interessant ist, daß David den Namen von Sarahs Vater trägt und nicht den seines Vaters (Bernd Meier), mit dem die

Mutter zum Zeitpunkt von Davids Geburt noch nicht verheiratet war. Über die frühere Familie von Herrn Schulze wird zunächst nur mitgeteilt, daß die beiden Söhne alle 2 Wochen das Wochenende bei ihrem Vater in seiner jetzigen Familie verbringen. (...)

Um zu erfahren, ob und in welcher Weise eine geschlechtstypische Sicht auf diesen Fall geworfen wird, haben wir am Institut für Psychologie der Technischen Universität Berlin klinische Fachkolleginnen und -kollegen in eine weibliche und eine männliche Gruppe aufgeteilt und ihnen zunächst nur das Genogramm gegeben mit der Aufforderung, in ihren geschlechtshomogenen Teams die IP-Person der Familie auszumachen. In einem zweiten Schritt legten wir die Personenbeschreibung vor mit dem Auftrag, vermutete Störungen aufzulisten, Diagnosen zu erstellen und Interventionspläne zu formulieren." (Joester, Brandt 1993, 54f)

Was ergab nun das Experiment? Die beiden Gruppen fallen bei ihrer Beurteilung des Falls nicht unbedingt eklatant auseinander, dennoch zeichnen sich gewisse Unterschiedstendenzen ab: Bei der Identifizierung der IP-Person fällt es den Frauen schwer, sich zu entscheiden. Es könnten für sie alle drei Kinder sein. Gleichzeitig liegt ihnen Sarah am nächsten. Für die Männer ist David am ehesten die IP-Person. Bei der Entwicklung der Diagnosen und Interventionen zeichnet sich folgendes ab.

„Die Diagnosen der Frauen und Männer sind recht ähnlich, bei der Gewichtung gibt es aber einige Differenzen: Bei der Diskussion der Therapiepläne entstand jedoch eine heftige Kontroverse, bei den Interventionen wurden deutlich andere Wege gegangen, wobei der Geschlechterstreit über die Methode ausgetragen wurde. (...)

Ein weiterer Unterschied bei den Interventionen besteht darin, daß die Frauen die Probleme in ihrer Intervention allgemeiner angehen, daß sie die Beziehung und Rollenklärungen in den Mittelpunkt rücken, sich Zeit für die Beobachtung des Familienspiels nehmen und nicht sofort eine spezifische Verschreibung entwickeln. Dagegen entscheiden sich die Männer klar für einen IP und entwerfen sogleich eine gezielte Maßnahme. Die Frauen planen, mit allen Familienmitgliedern gemeinsam zu arbeiten, während bei den Rezepten der Männer eher separierende Methoden – wie z.B. die Einzeltherapie für die Frau – im Vordergrund stehen." (Joester, Brandt 1993, 57f)

Das Experiment zeigt, dass die jeweilige Geschlechtszugehörigkeit der Fachkräfte sie verschieden mit dem vorgetragenen Fall umgehen lässt. Dieses Ergebnis ist verführerisch, lädt es doch dazu ein, nun endlich der Genderdifferenzen in der Profession habhaft zu werden und sie festzuschreiben – nach dem Motto: Frauen sind vorsichtiger in der Diagnose, wollen sich Zeit lassen, arbeiten ganzheitlicher, systemischer, wenden sich eher den Töchtern zu, Männer sind schnell in der Entscheidung, arbeiten isolierender, wenden sich eher den Söhnen zu, usw. Gewonnen ist damit kaum etwas, schließlich sind solche pauschalisierenden, zuschreibenden Genderbefunde allgemein wenig tragfähig. Mehr gewonnen ist jedoch damit, wenn man die Geschichte erst einmal nur als Hinweis darauf begreift, dass Fachkräfte verschiedene Blickweisen auf Problemfälle mitbringen können – mehr nicht. Bei diesen Verschiedenheiten kommt vieles zum Tragen, unter anderem auch das Geschlecht. Vielleicht hätte das Experiment einer altersspezifischen Trennung des Personals auch spannende Differenzen bei der Fallbearbeitung zutage gefördert – oder auch eine Trennung nach der eigenen Position in der Geschwisterkonstellation oder eine Trennung nach einem ganz anderen sozialen Kriterium.

Gender offenbart sich dann als Ressource im sozialen Verstehen und professionellen Unterstützen. Das eigene Frau-sein und Mann-sein lässt je Eigenes in der Geschichte der Hilfesuchenden erkennen und je eigenes als Lösung anbieten. Und sie lassen ebenso je Eigenes übersehen und je Eigenes an Hilfe verweigern. Jede Blickweise hat ihre Stärken und Schwächen. Die eine ist nicht fehlerbehafteter als die andere. Vielmehr schließt jede etwas auf, was die andere nicht kann. Nimmt man dies ernst, muss genderbezogene Qualitätsentwicklung zur kollegialen Perspektivenverschränkung animieren: Wie stellt sich eine Problemkonstellation für wen warum dar, und was kann man aus den verschiedenen Perspektiven für die Lösung des Problems lernen? Und es fordert auf zu prüfen, wo und wie das eigene Geschlecht die berufliche Interaktion kanalisiert. Agnes Joester und Stefan Brandt bieten hierzu eine Reihe Fragen an:

„Welche Fragen stelle ich als Therapeutin oder Therapeut nicht an die Frau und nicht an den Mann?

Welche Konfrontationen vermeide ich mit ihr oder mit ihm als Therapeutin oder Therapeut?

Welche Botschaften transportiere ich durch meinen 'heimlichen Lehrplan' als Therapeut oder Therapeutin?

Über welches Familienmitglied suche ich den ersten Zugang zur Familie? Als Therapeut oder Therapeutin?

Welche Widerstände nehme ich als Therapeutin oder Therapeut wahr und wie akzeptiere ich diese?

Wo gerate ich aufgrund meines Geschlechts in Loyalitätskonflikte und Loyalitätsvermeidungskonflikte, Verbrüderungen (Kumpanei und Schulterschluß unter Männern) und Verschwesterungen (Solidaritätsmythos unter Frauen)?

Wo kann ich es mir leisten emotional zu werden – als Therapeut oder Therapeutin?" (Joester, Brandt 1993, 64)

Wie wird über weibliche und männliche Klienten geredet?

Die Frage danach, wie Gender die berufliche Interaktion kanalisiert, führt auch zu der Frage, welche Bilder der Beruf zu seinen KlientInnen und Klienten konstruiert und hat. Immer werden in sozialen Interaktionen Bilder zum Gegenüber wirksam. Weil man sich die Menschen, denen man gegenübertritt, in einer bestimmten Weise vorstellt, verhält man sich ihnen gegenüber in einer bestimmten Weise. Hier können Vorerfahrungen mit den entsprechenden Menschen einfließen. Sie können gespeist sein aus öffentlichen Bildern, allgemeinen Vorurteilen, die durch einzelne wahrgenommene Merkmale mobilisiert werden. Sie können auf eigene Projektionen zurückgehen. Dies gilt im Grundsatz auch für professionelle Interaktionen. Dies wirft die Frage auf, in welcher Weise Männer und Frauen, Jungen und Mädchen in der Sozialen Arbeit konstruiert werden. Wie wird über sie geredet, wenn über sie – als geschlechtliche Wesen – geredet wird? Was wird ihnen zugeschrieben, was wird von ihnen erwartet, welche Emotionen werden ausgelöst? Lassen sich hierbei charakteristische Muster ausmachen? Und was bedeuten diese Muster für die Praxis?

Ganz neu sind die Fragen nicht, hat doch die Genderfachdebatte sich in der Vergangenheit immer wieder kritisch mit den offenen und verdeckten Normalitätskonstruktionen der Sozialen Arbeit zu Weiblichkeit und Männlichkeit beschäftigt. So ist angeprangert worden, dass Soziale Arbeit überwiegend auf Frauen als Zielgruppe 'abzielt', weil sie als die familienrelevanten Akteurinnen erscheinen. Wenn es um Sicherung der Familie als soziale Ressource geht, wenn für das Aufwachsen von Kindern förderliche Bedingungen hergestellt werden und familiale Krisen abgewandt werden sollen, dann stehen immer die Mütter im Zentrum der Aufmerksamkeit. Sie sind verantwortlich für das kindliche Wohlergehen und die Familiensituation. Damit werden traditionelle Geschlechterverhältnisse institutionell zementiert. Ebenso wurde im Rahmen der Erziehungshilfeforschung aufgedeckt, wie bürgerlich-puritanische Weiblichkeitsideale bei der Problemdefinition bei Mädchen und jungen Frauen wirksam werden: Mädchen und junge Frauen geraten vor allem dann in den Fokus öffentlicher Interventionsmaßnahmen, wenn sie der sittsamen Frauenrolle nicht entsprechen – wenn sie sich zu Hause ungebührlich verhalten, wenn sie ausreißen, wenn sie sich zu früh oder zu stark sexuell inszenieren, wenn sie viele und wechselnde Sexualkontakte haben.

Um zu verstehen, dass die Konstruktionen von Geschlecht und Geschlechterverhältnissen nachhaltige Folgen für institutionelle Verfahren und den Umgang mit KlientInnen haben, hilft auch hier wieder ein Blick in eine andere Fachdisziplin: das Rechtswesen. Viel lernen lässt sich z. B. aus einer Analyse des spektakulären Strafverfahrens gegen Monika Böttcher, die die Juristin Dagmar Oberlies vorgelegt hat (Oberlies 2002). Sie entdeckte drei Bilder, die zur Angeklagten von verschiedenen Seiten erzeugt wurden:

„In ihrem 1997 erschienenen Buch, das sie gemeinsam mit der Journalistin Ruth Geiger (…) geschrieben hat, nutzt sie die Gelegenheit zu zeigen, wie sie gerne gesehen werden möchte (…) Das Buch enthält alle Ingredienzien weiblicher Auflehnung, ja geradezu einen Appell an die (feministische) Fan-Gemeinde: eheliche Misshandlungen, Streit wegen der geschlechtsspezifischen Arbeitsteilung, Ausbruchversuche aus einer unbefriedigenden Ehe, sexuelle Befreiung, Wunsch nach finanzieller Unabhängigkeit, Rückkehr in den Beruf. (…)

Ihr Verteidiger Maeffert entwirft (…) das Bild der einfachen, ehrlichen Frau: 'Seit Marianne Bachmeier hatte ich keine Mandantin in einem mehrere Monate dauern-

den Prozess, die zu jedem Vehandlungstag so pünktlich, so zuverlässig und so unentwegt, egal wie es um sie stand und wie sie sich fühlte, erschienen war wie Monika Böttcher.' (...)
Eine ganz andere Person präsentiert uns das Gericht. Es zeigt uns gleich eingangs eine Frau, die höchstwahrscheinlich kurz vor dem Tod der Kinder versucht hat, ihren Mann zu vergiften (...) Eine Frau, die ihre Kinder tötet, weil sie fürchtete, die Liebe ihres Lebens zu verlieren und die Kinder nicht bei dem verachteten, für unfähig gehaltenen Vater lassen wollte. Eine Frau, die zielgerichtet, kühl und überlegt handelte, 'falsche Spuren legte, eine Entführungsgeschichte erfand und glaubwürdig schauspielernd fast einen Monat lang an dieser 'Legende' mitwirkte.' Eine Frau, vor der man sich in Acht nehmen muss, weil sie lange Zeit viele getäuscht hat – so sieht sie das Gericht und so verhält sich das Gericht. Es will sich nicht – wie so viele – von Monika Böttcher täuschen lassen." (Oberlies 2002, 220 ff)

Es hat also Konsequenzen, was sich eine Instanz wie ein Gericht zu einem Menschen denkt: Weil die Angeklagte – nach solider Arbeit, das soll und kann hier gar nicht bezweifelt werden – als raffiniert täuschende und eigennützige Frau erscheint, fällt das Urteil so aus, wie es ausfällt, setzen sich Zweifel und damit der juristische Grundsatz „in dubio pro reo" nicht durch. In diesem Diskurs fungieren dann Weiblichkeits- und Mütterlichkeitsideale als Unterstützung. So stellt der Staatsanwalt zu der Nachtversion der Angeklagten, dass sie sich angesichts der toten Kinder schlafen gelegt hätte, fest: „Jede Mutter hätte in dieser Nacht entweder Rettungsversuche unternommen (...) oder man hätte in der Nachbarschaft Hilfe geholt (...) oder man hätte bis zur Besinnungslosigkeit auf den Täter eingeschlagen – das jedenfalls wäre die Reaktion meiner Frau gewesen!" (Oberlies 2002, 223 f) Und dies wird unterstellt, obwohl die Gutachterin aussagt, dass es „Urreaktionen" in Krisensituationen nicht gäbe.

Emotionalisierende „Subtexte"

Was hier für einen juristischen Diskurs vorgeführt wird, muss auch im Kontext einer genderbezogenen Sozialen Arbeit nachdenklich machen. Welche Bilder werden hier von wem zu wem gehandelt – mit welchen Folgen für die Betroffenen? Liest man die einschlägige Fachliteratur, drängt sich der Eindruck auf, dass mit den rational und empirisch begründeten Genderdiagnosen immer auch versteckte emotionalisierte „Subtexte" entstehen, in denen Geschlechterverhältnisse hergestellt und bestätigt werden. So entdeckt die Suchtforscherin Irmgard Vogt im Mainstream-Diskurs der Drogenforschung und Drogenhilfe besondere Diskreditierungen weiblicher Patientinnen:

„Süchtige Frauen gelten im Vergleich zu süchtigen Männern als besonders 'verderbt' (vgl. Hoppe 1904). Im heutigen Jargon spricht man nicht mehr von Verderbtheit, sondern zum Beispiel von Krankheit, insbesondere von psychischen Belastungen und Störungen. Danach sind süchtige Frauen 'kränker' als süchtige Männer und sie gelten gerade deswegen als besonders schwer zu behandeln und werden deshalb auch als besonders 'therapieresistent' charakterisiert (...). Die moderne Diagnostik bestätigt diese Deutung mit immer neuen Befunden (...), ohne sich Rechenschaft abzulegen über den zugrundeliegenden Geschlechter-Bias. Das hat zur Folge, dass süchtige Frauen im Vergleich zu süchtigen Männern in den Suchttheorien insgesamt negativer gezeichnet werden" (Vogt 2001, 167).

Anzunehmen ist, dass solche Wertungen in der praktischen Arbeit mit den entsprechenden KlientInnen ihre Spuren hinterlassen und diese nicht unbedingt förderlich gestalten. Von daher ist kritische Distanz zu den kursierenden diskursiven Konstruktionen ratsam. Dies ist nicht einfach, da diese ihre eigenen Sogwirkungen erzeugen, die verhindern, sich außerhalb des Diskurses zu stellen und von dort zu erspähen, welchen ideologisierenden – und damit praxisbegrenzenden – Wahrheitsmustern seine rationalen Realitätsdiagnosen unterliegen. Dies gilt auch für die Genderdebatte. Auch sie ist nicht frei von heimlichen „Untertönen", wenn sie über Frauen und Männer spricht, wie das nachfolgende Textbeispiel zum geschlechtstypischen Bewältigungshandeln, zeigen kann.

Männer „sind in ihrem Bewältigungsverhalten eher 'außen-orientiert', externalisiert, spalten Hilflosigkeit eher ab, rationalisieren sie, indem sie nach Gründen suchen, die außerhalb ihrer Betroffenheit liegen, projizieren ihre Hilflosigkeit auf Schwächere". Demgegenüber kann Frauen ein innengerichteter Bewältigungsmodus zugeschrieben werden. „Sie sind eher in der Lage, ihre innere Befindlichkeit zu thematisieren, sie spalten ihre Hilflosigkeit aber auch oft gegen sich selbst, nach innen ab: Autoaggressivität, Schuldübernahme (zum Beispiel für die Familie) und Zurücknahme der eigenen Interessen sind Ausdrucksformen dafür. Selbstkontrolle, Gewalt gegen sich selbst und Selbsthass zeigen sich nicht selten im frauentypisch häufigen Medikamentenmissbrauch oder auch in der Magersucht bei Mädchen." (Böhnisch, Funk 2002, 51 f)

Unabhängig von der Debatte, ob dieser Befund empirisch tragfähig ist, lohnt ein Blick auf seine immanenten diskursiven Botschaften. Während die Männlichkeitsdiagnose eine Liste von eindeutigen „Schlechtigkeiten" enthält, bei der nicht mehr viel Sympathieerzeugendes übrig bleibt, wirkt die Weiblichkeitsdiagnose insgesamt freundlicher. Zumindest wird den Frauen eine Kompetenz zugeschrieben, nämlich die, dass sie aufgrund ihrer Innengerichtetheit eher in der Lage sind, „ihre innere Befindlichkeit zu thematisieren". Auch die Liste der weiblichen Symptome hat einen weniger abstoßenden Beigeschmack wie die männliche Liste. Bei aller psychosozialen Problematik wohnen doch beispielsweise der Schuldübernahme oder der Zurücknahme der eigenen Interessen auch sozialverträgliche Handlungsweisen inne. Und auch die weibliche Autoaggressivität ruft in der Regel mehr sympathisierendes Verständnis hervor als die männliche Aggressivität gegen andere. Dass Frauen ihre Hilflosigkeit nicht abspalten, erzeugt einen gewissen Respekt vor ihnen. Dass Männer ihre Hilflosigkeit abwehren, macht sie dagegen subtil zu bösen Figuren. Männer stellen sich nicht sich selbst. Damit verletzen sie eine unausgesprochene „Anstandsregel" und Progressionsidee, die die sozialpädagogische und therapeutische Fachpraxis zentral bestimmt. Könnte es also auch sein, dass die Diskriminierung der männlichen Selbstreflexionsverweigerung Ausdruck des Ärgers über Klienten ist, derer Soziale Arbeit mit ihren Methoden nicht habhaft werden kann?

Was in dieser Textsequenz nur zwischen den Zeilen gelesen werden kann, findet an anderen Stellen auch unverstellt Ausdruck: „Sicher ist der männliche Mechanismus der Abspaltung der eigenen Hilflosigkeit sozial prekärer als der weibliche Mechanismus, Hilflosigkeit auf sich selbst zu beziehen, da der Abspaltungsmechanismus zu Gewalt gegen andere führen, also sozial destruktiv wirken kann." (Böhnisch, Funk 2002, 15) Während die männliche Bewältigungsstrategie als fremd-zerstörerisch und antisozial wahrgenommen wird, erscheint die weibliche Bewältigungsstrategie zwar selbst-zerstörerisch, aber letztlich damit absurderweise auch „sozialverträglich". Beim männlichen Bewältigungshandeln kommen andere zu Schaden, beim weiblichen nur die Frauen selbst.

Diese Polarisierung ist fragwürdig. Es ist eine Illusion, davon auszugehen, dass Autoaggression anderen keinen Schaden zufügen würde. Diese Vorstellung ist nur aufrecht zu erhalten, wenn man diese individuelle Praxis isoliert und damit die Augen davor verschließt, wie Mitmenschen durch solche Verhaltensweisen sehr wohl auch enorm in Mitleidenschaft gezogen werden können. Was ist z. B. mit den Eltern magersüchtiger Töchter, mit den Kindern medikamentenabhängiger Frauen, mit den FreundInnen und LebensgefährtInnen suizidaler Frauen? Ebenso ist kritisch daran zu erinnern, dass die Außenorientierung auch eine wertvolle Kompetenz und Kraftressource darstellt, die individuelle und gesellschaftliche Progression ermöglicht.

Wer hat wofür Verantwortung?

Eine andere polarisierende Linie betrifft die Verantwortung. Wie und wofür werden Klientinnen und Klienten in der Genderdebatte verantwortlich gemacht? Bei der Lektüre der einschlägigen Literatur stellt sich – vorsichtig formuliert – der Eindruck ein, dass männliche Klienten eher für ihr Auftreten und ihr Verhalten verantwortlich gemacht werden als Frauen. Das Bild lässt sich wie folgt zuspitzen: Männer könnten anders, wenn sie wollten, wenn sie bereit wären zu lernen, sich bemühen würden, sich Hilfeangeboten öffnen würden. Frauen können dagegen nicht anders, solange die Verhältnisse so sind wie sie sind. Männer stehen sich selbst im Weg, Frauen steht die Gesellschaft im Weg. Männern geht es schlecht, weil sie „schlecht" sind, Frauen geht es schlecht, weil andere und anderes schlecht zu ihnen sind: Menschen, strukturelle Zumutungen, fehlende Anerkennung u. ä. Dieses wird niemals so explizit ausgesprochen, sondern vermittelt sich nur implizit. Das macht den textanalytischen Nachweis schwer. Die wahrgenommenen Codes sollten von daher dazu herausfordern, sie im Rahmen einer Genderqualitätsdebatte weiter zu prüfen und nach möglichen anderen Konstruktionslinien aufmerksam zu fahnden.

Vergleicht man beispielsweise die Muster, wie in der Genderdebatte über die männliche Gewalt gegen Frauen und wie über die mütterliche Gewalt gegen Kinder gesprochen wird, so wird deutlich, dass dies nicht in derselben Weise gemacht wird, obwohl es doch – so könnte man erst mal meinen – beide Male um Gewalt von Menschen gegen Menschen geht. Während die männlichen Täter als Täter konstruiert werden, die für ihre Taten verantwortlich sind und verantwortlich gemacht werden müssen, sieht das bei den weiblichen Gewalttäterinnen etwas anders aus. Wenn Mütter ihren Kindern Gewalt antun, ist es erlaubt und üblich, lebensbelastende Faktoren zu suchen und zu benennen, die sie zur Gewalttat „getrieben" haben. So wird ihnen Verantwortung für die Tat abgenommen, werden sie als Täterinnen auch ein wenig zu Opfern.

Vor langer Zeit schon hat Karin Walser in der Debatte zum sexuellen Missbrauch damit einen Eklat verursacht, dass sie aufzeigte, wie im Diskurs als auch in der Praxis Frauen als Täterinnen eigentümlich „geschont" werden. Das Zerstörerische des Missbrauchs wird allein im Männlichen lokalisiert. Die Spur wird hin zum Mann als Urheber des Problems und weg von der Frau gelegt.

„In den Konzepten feministischer Beratungsarbeit mit missbrauchten Mädchen und Frauen fällt (...) auf, wie schwer sich Beraterinnen damit tun, sich dem Anteil der Mütter an der Vorgeschichte von Gewalt und Missbrauch wirklich zu stellen. Zwar sehen sie, wie wenig die Mütter ihre missbrauchten Töchter zu schützen in der Lage sind, wie sie oft jahrelang um das Geschehen wissen, aber es nicht wissen wollen. Wenn die Beraterinnen sich aber Gedanken darüber machen, was für die Mädchen wichtig wäre, erwähnen sie lediglich Wut und Hass auf den Vater, den die Töchter, von den Beraterinnen unterstützt, zulassen und ausleben sollen. Die doch ebenso notwendige Auseinandersetzung mit der Mutter, die der Tochter keinen Schutz gab, bleibt vollkommen ausgespart." (Walser 2005/1988, 101)

Die Art und Weise wie die Profession mit dem Trauma des Missbrauchs umgeht, spiegelt spezifische Genderkonstruktionen wider: Täter ist der Vater, nicht die Mutter. Im Fokus der Therapie steht die aggressive Abarbeitung am Vater, nicht an der Mutter. Innerhalb des fachlichen Diskursmusters leuchtet dies logisch ein. Doch stellt Karin Walser die kritische Frage, ob hierbei nicht „Halbierungen" vorgenommen werden, die der Aufgabe der Heilung nicht unbedingt förderlich sind. Sowohl die betroffenen Mädchen und Frauen werden „halbiert", weil nur ihre Beziehung zum männlichen Täter anvisiert wird, nicht aber die zur Mutter. Auch die Objektbeziehungswelt wird „halbiert": Negiert wird der libidinöse Aspekt in der Beziehung zum Mann. „Einem, der ohnehin in die Wüste geschickt gehört, muss man auch nicht nachtrauern." (Walser 2005/1988, 103) Abgetrennt wird ebenso das Destruktive in der Beziehung der Mutter zur Tochter. Es wird dem sezierenden Blick entzogen, weil es als durch die männliche Dominanz erzwungen hingestellt wird. Dies löst Schutzmechanismen aus: Wer Opfer ist, kann nicht kritisch befragt werden. Auch wenn zugute zu halten ist, dass sich im entsprechenden Diskurs seitdem vieles verändert hat, kann dieses Beispiel doch als ein 'Lehrstück' dazu gelesen werden, dass und wie Gender in den sozialen Problemdiagnosen hergestellt wird und dass und wie dies die Fachpraxis kanalisiert – und dies entgegen der guten Absicht nicht unbedingt immer zum Besseren der KlientInnen.

Lehrreich ist an dieser Stelle auch ein Text des schwedischen Genderforschers Christian Kullberg (2001) zu „Gender and social work". Nach der Zusammenschau verschiedener Studien zu Geschlechterverhältnissen in der Sozialen Arbeit resümiert der Autor, „that the question of which gender is favoured in contacts with the welfare institutions is not easily answered" (Kullberg 2001, 318) und er kritisiert „simplified interpretations of the treatments of male and female clients" (ebd. 317). Bei der Frage der genderspezifischen Wahrnehmung von KlientInnen und Problemen bestätigt sich zunächst der oben schon angesprochene Befund von der Zuweisung der Familienverantwortung an Frauen. Im Weiteren wird das Bild jedoch differenzierter.

So stellt er fest, „that the social welfare officers place more responsibility on male clients than on female clients with respects to how soon they are expected to be able to contribute to supporting themselves" (ebd. 318). Von Männern wird demnach also eher die Fähigkeit zur Selbsthilfe erwartet. Zu den genderbezogenen Verantwortungszuweisungen heißt es, dass Männer eher für ihre Nöte und ihr Fehlverhalten verantwortlich gemacht werden: „(...) research shows that men to a greater extent than women seem to be assigned personal responsibility for psycho-social problems, crimes they commit, but also offences that they are exposed to, for example sexual abuse." (ebd. 320) Dem gegenüber erscheinen Frauen für ihr Fehlverhalten eher nicht verantwortlich: „Women are more often than men described as having problems that make them not responsible for the crimes commited." (ebd. 321) Problemwahrnehmungen gestalten sich auch verschieden je nach dem Geschlecht der Verursacher.

„After questioning professional social workers and psychologists, the researchers discovered that sexual abuse and physical abuse (...) were considered more serious if they were committed by the father than by the mother. The authors note, on the basis of the results, that it is certainly not unreasonable to assume that the differences found in the professionals assessment could correspond to the knowledge of the professionals, concerning the degree of damage that abuse from the mother or the father causes the child." (Kullberg 2001, 320f)

Vermutet wird also, dass die intensiv geführte Debatte um väterliche Gewalt und Missbrauch einen Gender-Bias bei der Gewaltwahrnehmung erzeugt. Weil intensiv entfaltet ist, welchen Schaden Kinder durch die väterliche Gewalt nehmen, aber unterentwickelt ist, welchen Schaden Kinder durch mütterliche Gewalt nehmen, erscheint die mütterliche Gewalt „harmloser". Doch ist sie das? Hellhörig muss auch Kullbergs Hinweis machen, dass die Profession vor allem dort sensibilisiert ist, wo Frauen und Männer in Nöten sind, die nicht den genderspezifisch erwarteten Nöten entsprechen.

„Another conclusion that can be drawn from studies of attribution of responsibility for social problems is that individuals who differ from expected signs of „deviation" or social problems that are ascribed to their gender are perceived to have more serious problems than those individuals who meet gender-specific expectations. This, for instance, seems to be the case with men suffering from mental problems (...). This also seems to be the case with women who do not meet expectations as regards their responsibility for their children's situation (...) or, for example, in the case of women who have committed crimes (...)." (Kullberg 2001, 322)

Kullbergs Text liefert wertvolle Innovationsimpulse für die Genderdebatte in der Sozialen Arbeit. Die Befunde müssen nicht als unumstößliche Wahrheiten gehandelt werden, sie sollten aber Diskussionen auslösen. Sie fordern dazu heraus sich für das zu sensibilisieren, was im „Untergrund" der Praxis ungeahnt kursiert und möglicherweise Hilfeprozesse konterkariert: Genderbilder, genderspezifische Zumutungen und „Halbierungen" von sozialen Systemen und biografischen Komplexitäten. Sie helfen auch den genderkritischen Blick auf die Soziale Arbeit zu vervollständigen. Denn bei der vielfach vorgebrachten Kritik an dem Bild der Alleinzuständigkeit der Frauen für das Familien- und Kinderwohl, das in der Sozialen Arbeit gepflegt wird, schlich sich hinterrücks die unausgesprochene Unterstellung ein, dass Männer für nichts verantwortlich gemacht werden. Es ist jedoch tatsächlich verwickelter. Es gibt Nöte, für die Frauen verantwortlich und nicht verantwortlich gemacht werden, und Nöte, für die Männer verantwortlich und nicht verantwortlich gemacht werden. Es gibt Nöte, die bei Frauen übersehen werden, und Nöte, die bei Männern übersehen werden. Es gibt Fähigkeiten und Schwächen, die von Frauen erwartet werden, und Fähigkeiten und Schwächen, die von Männern erwartet werden. Gut ist dies alles für beide Geschlechter nicht. Kullberg liefert hier wichtige Korrekturen und schärft den Blick für die komplexe Gender-Matrix in der Sozialen Arbeit.

Dies umreißt eine Zukunftsaufgabe der genderbezogenen Qualifizierungen in der Sozialen Arbeit. Wie Genderkonstruktionen unerkannt eingehen in die Wahrnehmung von sozialen Nöten und Hilfebedarfen von Männern und Frauen, wie sie die Hilfekonzepte durchziehen, dies ist bislang nur wenig diskutiert und erforscht. Wie wird über Männer und Frauen, Jungen und Mädchen gesprochen? Was weist man ihnen zu? Was erwartet man von ihnen? Wie erklärt man sich ihr Verhalten? Wie meint man ihnen zu helfen? Die Diskurse hierzu entscheiden darüber, ob Soziale Arbeit in ihrer Praxis Genderungerechtigkeiten schafft oder sie ausgleicht.

Leerstelle: Männliche Klienten

Vergleicht man den Umfang der Thematisierung weiblicher und männlicher KlientInnen in der Genderdebatte, fällt auf, dass männliche Klienten bisher weniger Aufmerksamkeit finden. Dabei sind sie wie Frauen Adressaten Sozialer Arbeit. In allen Feldern des Berufes finden sich Männer und Jungen. Dennoch werden sie nur selten explizit zum Reflexionsgegenstand – als eine weitere geschlechtsspezifische

Zielgruppe neben der der Frauen und Mädchen. So ist das Bild zu ihnen wenig empirisch differenziert und zeigt viele Leerstellen, die gefüllt werden müssten. Denn nicht anders als Mädchen und Frauen treffen auch Jungen und Männer geschlechtsspezifische Normalitätserwartungen, praktizieren sie Doing Gender, und wie für Mädchen und Frauen kann dieses auch für sie Konflikte und Belastungen mit sich bringen. „Mann zu sein, das steigert (...) in einigen Bereichen die Wahrscheinlichkeit, in eine Situation der Hilfsbedürftigkeit zu geraten und damit zum Adressaten Sozialer Arbeit zu werden. Trotz dieses offenkundigen Sachverhalts fehlt die Kategorie Männer und Männlichkeit in den gängigen Auflistungen sozialpädagogischer Klienten- und Adressatengruppen. Bezogen auf Männer hat sich bislang eine für Geschlechterunterschiede sensibilisierte Betrachtungsweise in der Sozialen Arbeit noch keineswegs durchgesetzt." (Scherr 2002, 377)

Männliche Zielgruppen gehen offenbar in der Regel „im Allgemeinen" auf: ihre Probleme sind allgemeine, weniger geschlechtsspezifische; die Arbeit mit ihnen ist allgemein, weniger geschlechtsspezifisch. Sie haben im Diskurs der Sozialen Arbeit nicht als Männer an sich Bedeutung, sondern nur dann, wenn sie zu einer anderen ausgewiesenen Adressatengruppe Sozialer Arbeit zugerechnet werden können, etwa den Obdachlosen, den Alkoholabhängigen oder den Arbeitslosen usw. Dass männliche Hilfebedarfe, Konflikte, Dissozialität oder ihr Risikoverhalten mit ihrem Mann-sein zu tun haben könnten, gerät seltener in den Blick.

„In der institutionellen Praxis zeigt sich (...), dass Probleme, die Jungen/Männer machen und die sie haben, (...) als normal definiert werden, d.h. sie werden als Themen bearbeitet, deren Deutung und Bearbeitung nicht (auch) auf Ursachen der Probleme in Geschlechterkonstruktionen rekurrieren müssten. Es werden z. B. (sexuelle) Gewalt, Rechtsextremismus, Drogengebrauch, Gesundheitsprobleme usw. isoliert von ihrem Zusammenhang mit Männlichkeitspraxen thematisiert." (Scherr, Sturzenhecker 2004, 310)

Angesichts dessen muss Genderqualifizierung in der Sozialen Arbeit heißen, auch den Jungen und Männern mehr als bisher Aufmerksamkeit als Jungen und Männer zu schenken. In welchen Praxisfeldern der Sozialen Arbeit finden sich beispielsweise viele oder vorwiegend Männer und Jungen, wo finden sie sich weniger? Warum? Weshalb geraten sie in den Fokus Sozialer Arbeit? Albert Scherr liefert hier einen Hinweis, der nachdenklich machen muss: „Männer finden weniger als Menschen in problematischen Lebenssituationen, sondern als Mitverursacher der Probleme von Mädchen und Frauen Beachtung." (Scherr 2002, 381 f) Ist dem tatsächlich so? Und wenn dem so ist, warum ist das so? Und ist das richtig so?

Ebenso nachdenklich muss zudem die Tatsache machen, dass Jungen und Männer zu einem großen Teil zu den Klientengruppen gehören, „die sich nicht einfach nur in einer problematischen Lebenssituation befinden und deshalb als hilfsbedürftig gelten, sondern die als Straf- und Gewalttäter in den Blick der Instanzen sozialer Kontrolle geraten und dann im Rahmen der Jugendgerichtshilfe oder als Gefängnisinsassen zu Klienten Sozialer Arbeit werden" (ebd. 377). Dieser Genderbias muss als Ausdruck von strukturellen Geschlechterverhältnissen überhaupt erst in der Genderdebatte registriert und ernst genommen werden, will man das Phänomen der männlichen Straf- und Gewalttäter nicht personalisieren nach dem Motto: Männer haben selbst Schuld, wenn sie durch ihr Verhalten in den Fokus von Kontroll- und Strafinstanzen geraten.

Mehr als bisher ist auch danach zu fragen, wie männliche Klienten die angebotenen Hilfen erleben? Wie geschlechtsadäquat sind sie für sie? Während Frauen- und Mädchenarbeit dafür gesorgt haben, dass die Frage nach der Frauen- und Mädchenpassung Sozialer Arbeit intensiv diskutiert wurde, ist sie für Männer und Jungen weniger dringlich gestellt worden. Liegt dies daran, dass Soziale Arbeit für die männlichen Zielgruppen schon längst gut „passt"? Wohl kaum. Anhaltspunkte dafür, dass gängige Konzepte sozialer Einrichtungen kritisch zu prüfen sind, inwiefern sie für Männer genauso wie für Frauen geeignet sind, liefert exemplarisch der Bericht einer Beratungsstelle:

„Aus unserer Erfahrung können wir (...) von interessanten geschlechtsspezifischen Unterschieden in der Nutzung unserer verschiedenen Angebote berichten. Unsere Angebote lassen sich grob danach unterscheiden, ob es sich um telefonische Kontakte (Telefon-Service), um telefonisch vereinbarte persönliche Kontakte (Clearing-Gespräche und langfristige Beratungen) oder um persönliche Kontakte ohne telefonische Vereinbarung (Info-Treff und „einfach vorbeikommen") handelt. Über mehrere Jahre hinweg ergeben sich dabei relativ stabile Unterschiede bei der Geschlechterverteilung der NutzerInnen. Das Verhältnis bei den rein telefonischen Kontakten liegt bei ungefähr 65% Frauen zu 35% Männern. Recht ähnlich mit einem leicht höheren Männeranteil ist das Verhältnis bei den telefonisch vereinbarten Kontakten: 60% Frauen und 40% Männer. Das Verhältnis ändert sich, wenn das Telefon weg bleibt: Zu unserem Info-Treff, wo man ohne Anmeldung erscheinen kann, kommen 50% Frauen und 50% Männer. Das einzige Angebot, das in der Mehrzahl von Männern genutzt wird, ist eines, das es eigentlich gar nicht gibt. Nämlich irgendwann unangemeldet vor der Tür zu stehen. Dies machen zu 60% Männer und zu 40% Frauen." (Frederking, Schulz 2004, 41)

Genderqualifizierung in der Sozialen Arbeit muss also danach fragen, welche Formate für welche Geschlechtergruppe geeignet sind, d.h. von dieser gut angenommen werden und welche nicht. Und sie muss dann gegebenenfalls konzeptionelle Korrekturen vornehmen, d.h. sich Gedanken dazu machen, mit welchen „Maßschneiderungen" man der marginalisierten Gruppe besser entgegenkommt. Wenn die Erfahrung zeigt, dass Männer bei Beratungsstellen „mit Vorliebe unangemeldet vor der Tür stehen", dann ist darüber nachzudenken, warum dies so ist und wie man diesem „eigensinnigen" Zugang, der bislang die institutionelle Routine vermutlich vor allem gestört hat und möglicherweise auch Antipathien gegen diese Ratsuchenden hat entstehen lassen, weil sie sich eben nicht an die institutionellen Rahmungen halten, zu seinem Recht verhelfen kann.

Zu fragen ist schließlich auch danach, wie Männer eigentlich eine Institution erleben, in der so viele Frauen tätig sind. Könnte es sein, dass hier ungeahnt und ungewollt subtile territoriale Barrieren entstehen, die den Zugang für männliche Adressaten erschweren und zu Unbehagen und Missverständnissen bei ihnen führen? Für Frauen ist dies bereits ausgiebig und zu Recht thematisiert worden, was es für sie bedeutet, Räume der anderen Geschlechtergruppe zu betreten: eine Kneipe, eine Autowerkstatt, einen Ausbildungsplatz in einem Männerberuf oder einen Männerverein. Sie fühlen sich deplaziert und verunsichert. Genauso stellt sich dies natürlich auch dar, wenn Männer Frauenräume betreten. Und könnte es nicht sein, dass Soziale Arbeit an vielen Stellen sich als Frauenraum manifestiert – mit deutlichen Zeichen weiblicher Kulturhoheit? Erste Anregungen für entsprechende Auseinandersetzungen liefert beispielsweise das Projekt „Aktive Väter in Kindertagesstätten":

„Väter sind zumeist nur Zaungäste an der Tür zur Kindertagesstätte. Sie selbst fühlen sich dort wenig zu Hause. (...) In der Kindertagesstätte selbst setzt sich (...) fort, was für die meisten Männer heute noch zu ihrem Familienkonzept gehört und was sie in ihrem Familienalltag erleben. Auch hier sind zumeist Frauen in der Verantwortung für die Einrichtung und das Wohl der Kinder. 'In der von Frauen gestalteten Lebenswelt des Kindergartens fühlen sich viele Männer dann unsicher und unwohl. Die Angst, 'nicht genau Bescheid zu wissen' oder pädagogisch nicht kompetent zu sein, passt natürlich nicht zum Bild des 'sicheren Mannes' – da bleiben viele lieber gleich weg.' Umgekehrt scheint auch den Erzieherinnen in der Regel der Umgang und die Zusammenarbeit mit den Vätern größere Schwierigkeiten zu bereiten als mit den Müttern, sie sind doch die Spezialistinnen für einen traditionell Frauen zugeordneten Lebensbereich. Auch sie fühlen sich als Gesprächspartnerinnen wenig kompetent und unsicher, wenn es um die Lebenswelt der Väter geht. Hinzu kommt, dass ihre Sprache und ihr Erfahrungsschatz gemäß der ihnen übertragenen Aufgabe zumeist beziehungsorientiert ist, während Männer eher versuchen, Dinge technisch zu betrachten und in den Griff zu bekommen. Sie sind dabei mehr an der Sache orientiert und wirken damit auf die Erzieherinnen oftmals wortkarg, kälter und weniger interessiert. *Dies wird von den Erzieherinnen dann als Defizit beschrieben.* Im Blick auf die Elternarbeit in den Kindertagesstätten bleibt das nicht ohne Konsequenzen. Väter sind hier unterrepräsentiert." (Aktive Väter in Kindertagesstätten 2005, 98, Kursiv im Original)

Auch wenn die Problemanalyse in sehr einfache dichotomisierende Raster verfällt, was durchaus kritisch diskutiert werden kann und muss, liefert sie dennoch wichtige Fingerzeige für eine Debatte um mögliche geschlechterkulturellen Ausschlussmechanismen in der Sozialen Arbeit. Es fordert dazu heraus, sich im Rahmen der Genderfachdebatte damit zu beschäftigen, ob und wie Raumgestaltungen, Beziehungsgestaltung, methodische Settings und professionelle Habitusformen ungeahnt weibliche Symboliken in sich tragen, die für männliche Klienten dann zwangsläufig zu Distanzsignalen werden. So, wie sich viele Väter im Kindergarten fremd und befremdet fühlen, kann dies im Prinzip auch für Männer und Jungen in anderen Feldern der Sozialen Arbeit gelten. Z. B. wäre auch darüber nachzudenken, ob die starke Sprachorientierung im sozialpädagogischen Methodenarsenal nicht eine weibliche Interaktionspraxis aktualisiert, die für Männer nicht unbedingt „passt". Zumindest sind ja die Klagen über sprachlose und wenig selbstreflexive Männer und Jungen vielfach zu lesen, was dann regelmäßig zu den wohlmeinenden Zielformulierungen führt, dass Männer und Jungen lernen sollen, über sich zu sprechen. Doch vielleicht müsste diese geschlechterkulturelle Differenz auch dazu herausfordern, der „nicht-sprechenden" Sozialen Arbeit mehr Aufmerksamkeit zu schenken. Vor diesem Hintergrund lässt sich z. B. der Boom um die Erlebnispädagogik in ihren vielen Varianten auch als Ausdruck der Profilierung weniger sprachlastiger Methoden und damit mehr „vermännlichter" Räume in der Sozialen Arbeit verstehen, die für männliche Adressaten dann weniger Irritation erzeugen.

Wie wird über weibliche und männliche Fachkräfte geredet?

In einem Beruf, in dem Frauen und Männer arbeiten, bleibt es nicht aus, dass auch wechselseitige Bilder zu den dort tätigen Frauen und Männern kursieren. Wie wird im und vom Beruf über die professionellen Frauen und Männer gedacht und gesprochen? Mit welchen Folgen? So intensiv auch die Genderdebatte geführt wird, so wenig Aufmerksamkeit ist bislang den genderbezogenen Konstruktionen der Profession zum eigenen Personal geschenkt worden.

Männer für's Harte

Auf der Suche nach Antworten können die ExpertInneninterviews mit HochschulprofessorInnen und PraxisvertreterInnen, die im Rahmen des schon erwähnten Forschungsprojektes „Jugendarbeit studieren" zum Qualitätsstand und zu den Qualifikationsbedarfen in der Kinder- und Jugendarbeit durchgeführt wurden (Rose 2005) erste Anhaltspunkte liefern. Bei den Gesprächen war das Thema Gender für einige eng verwoben mit der Frage, welche Personal-Geschlechtergruppe in der Kinder- und Jugendarbeit profitiert.

Hochschullehrer: „Meine eigenen Erfahrungen zeigen mir, dass es Jugendarbeiterinnen zum Teil wesentlich einfacher haben, im Jugendhausalltag zu bestehen als Jugendarbeiter. Dies liegt zum Teil auch an ihren spezifisch weiblichen Kompetenzen, die sie mitbringen. Zudem habe ich häufiger beobachtet, dass Jugendarbeiter wesentlich stärker als Reibungsfläche für Jugendliche wirken. Um noch einen weiteren Aspekt einzubringen: Wir dürfen uns nicht wundern, wenn junge Frauen, Mädchen in den Jugendhäusern doch oftmals in der Minderheit sind, wenn in der offenen Jugendarbeit so wenige Jugendarbeiterinnen tätig sind."

Interviewerin: „Aber wohin drängen die denn dann, in welche Felder?"

Hochschullehrer: „Das sind vor allem stärker strukturierte Felder – etwa im Bildungsbereich, Gesundheitsbereich, Altenarbeit – in denen sich nicht so unmittelbar die Frage stellt, wofür wirst du eigentlich bezahlt, und wo die Verbindlichkeit größer geschrieben wird. In der offenen Jugendarbeit haben wir doch immer wieder die Situation, dass sich die Jugendlichen eine bestimmte Aktion wünschen, diese intensiv vorbereitet wird und dann kommt niemand, wenn die Aktivität umgesetzt werden soll. Das sind solche Situationen, mit denen viele auch nicht umgehen können, die zu einer persönlichen Belastung werden können, wo gefragt wird, ob ich etwas falsch gemacht habe."

Diese Sequenz liefert zunächst einmal eine aufschlussreiche Beobachtung zu den geschlechtsspezifischen „Nutzungen" des Personals durch die Zielgruppen im Jugendhaus: Es sind die männlichen Kollegen, die von den Jugendlichen als Konfliktpartner gesucht und gefordert werden. Die Fachkräfte agieren nicht als geschlechtsneutrale Wesen im Feld, sondern ihre Geschlechtlichkeit ist eine relevante Größe in den pädagogischen Beziehungen. Männer ziehen andere Projektionen von Seiten der Zielgruppen auf sich als Frauen, mit ihnen wird anderes biografisch bearbeitet – was wiederum auf zentrale Qualifizierungsbedarfe der Fachkräfte verweist, denn sie müssen damit adäquat umgehen können.

Darüber hinaus ist aber eine weitere Dimension in diesen Text eingelagert. Jugendarbeiterinnen haben es „einfacher", heißt es. Sie haben damit in der geschlechtsspezifischen Arbeitsteilung des Jugendhauses den bequemeren, konfliktfreieren, attraktiveren Part. Während die männlichen Kollegen als „Reibungsfläche" hart angegangen werden, was immer auch Belastung, Stress, Angst bedeutet, bleiben die weiblichen Kolleginnen von alledem verschont. Dieses Stimmungsmuster setzt sich fort nach der Zwischenfrage der Interviewerin. Der dann zitierte Fakt, dass Frauen stärker in die strukturierten Berufsfelder drängen, verbindet sich ebenfalls mit dem Subtext, dass sie damit bequemere Aufgaben wählen. Sie müssen nicht an der fehlenden Verbindlichkeit der Zielgruppe leiden, müssen sich nicht selbst zweifelnd fragen, wofür sie eigentlich bezahlt werden, worin der Sinn ihrer Tätigkeit liegt.

Warum wird das männliche Dasein im Jugendhaus als fordernd und anstrengend entworfen, das weibliche als angenehm? Verbirgt sich darin Neid auf den weiblichen Part der „guten Mutter"? Spiegelt sich darin auch Enttäuschung wider über die fehlende Wahrnehmung und Wertschätzung zu dem, was Männer in den Jugendhäusern leisten? Was wird in diesen polarisierenden Realitätskonstruktionen übergangen? Zumindest müsste doch irritieren, dass, obwohl es das weibliche Personal „einfacher" hat, es dennoch seltener in den Jugendhäusern zu finden ist, wie selbst angemerkt wird. Dies könnte doch als Indiz dafür interpretiert werden, dass es für das weibliche Personal möglicherweise doch nicht so einfach in diesem Feld ist. Das Bild von den Härten männlicher Tätigkeit setzt sich an einer anderen Stelle fort. Eine Hochschullehrerin stellt fest:

„Also die wenigen Männer, die hier sind, da ist ein Großteil dabei, der in die Jugendarbeit geht, ja und die Frauen mehr in die Kinderarbeit. Also wenig Männer, die in die Kinderarbeit gehen, ja. Also wenn ich jetzt Kinder- und Jugendarbeit zusammen nehme. Also ich denke, und Sucht- und Bewährungshilfe, da stelle ich jetzt auch noch fest, dass die Männer da reingehen."

Angesprochen werden hier zielgruppen- und berufsfeldspezifische Differenzen. Während weibliche Fachkräfte eine hohe Affinität zu jüngeren Altersgruppen zeigen, zieht es männliche Fachkräfte zu den Jugendlichen. Dieses polarisierende Schema verlängert sich dann in einer symptomatischen Weise. Der nachfolgende Verweis, dass Männer auch mehr in der Sucht- und Bewährungshilfe anzutreffen sind, reiht nicht nur die Arbeit mit Jugendlichen in die Linie der „harten" Sozialarbeit ein, sondern assoziiert ebenso die harte Sozialarbeit mit Männerarbeit.

Das Bild der harten Männerarbeit und leichten Frauenarbeit lässt zwei Lesarten zu: Es kann gedeutet werden als Versuch der Abwertung von Frauenarbeit und der Sicherung männlicher Abgrenzung in einem feminisierten Berufsterrain. Es als Mann zu betreten, setzt ihn der Gefahr der „Entmännlichung" aus, dies macht den Griff zu männlichen Überlegenheitsstilisierungen plausibel. Es kann aber auch als Indiz für reale geschlechtsspezifische Arbeitsteilungen gedeutet werden, die nachdenklich machen sollten. Gilt auch in der Jugendarbeit die allgemeingesellschaftliche Regel, dass der Mann die „groben" Arbeiten zu verrichten hat, wie dies schon Warren Farell (1995) nachgezeichnet hat? Gibt es auch dort die unausgesprochene, aber nachhaltig wirksame Erwartung, dass sich Männer der „schmutzigen" und gefährdenden Arbeiten annehmen müssen, dass sie als Kavaliere Frauen vor diesen Tätigkeiten schützen müssen?

In einer Praxisbegleitveranstaltung berichtete z. B. ein Student, dass eine Kollegin angesichts einer Schlägerei im Jugendhaus nach ihren männlichen Kollegen rief. Er selbst warf sich, so erzählte er mit einem gewissen Stolz, erfolgreich zwischen die Streithähne, während die Kollegin in einiger Entfernung daneben stand. Die Schilderung muss zu denken geben, offenbart sie doch eine Arbeitsteilung, die die männlichen Fachkräfte in eine riskante Situation bringt und den weiblichen Fachkräften Schutz sichert. Sie muss aber erst recht nachdenklich machen angesichts der völligen Selbstverständlichkeit mit der die Szene berichtet und von den Zuhörenden aufgenommen wurde. Weder von dem betroffenen jungen Mann gab es eine Geste, dass der Ruf nach den Streit schlichtenden männlichen Kollegen ihn irgendwie irritierte, verunsicherte, vielleicht auch empörte, noch kamen aus der Seminargruppe Signale, dass das Gehörte in irgendeiner Weise Unbehaglichkeiten und Fragen erzeugte. Für alle schien die Geschichte alltäglich, normal, nicht hinterfragbar.

Gibt es in der Sozialen Arbeit tatsächlich die gute Sitte, dass sich Männer der schmutzigen und gefährdenden Arbeiten annehmen müssen und dass sie Frauen vor diesen Tätigkeiten bewahren müssen? Und umgekehrt: welche Arbeiten sind es dann, die Frauen übernehmen müssen, und die von den männlichen Kollegen so selbstverständlich eingefordert werden können, wie die Streitschlichtungshilfe von den Männern? Zu der These des „Groben für die Männer" passt jedenfalls die nachfolgende Äußerung einer Praxisvertreterin, die eine Jugendhilfeinstitution leitet: „Ich hätte gerne mehr Männer. (...) Vor allem in solchen Bereichen, die dann in die Jugendhilfe reinfallen, Jugendgerichtshilfe, auch im Allgemeinem Sozialen Dienst wäre ein Mann schon sehr von Vorteil."

Geht man davon aus, dass Jugendhilfe, Jugendgerichtshilfe und ASD in der Regel als jene Praxisfelder zitiert werden, in denen soziale Problemkonstellationen sich zugespitzt haben und die von daher als konfliktintensive Arbeitsbereiche gelten können, muss die Frage gestellt werden, warum hier eigentlich mehr Männer gewünscht werden. Können Frauen diese Arbeit nicht gut machen? Oder will man nicht, dass sie diese Arbeit machen, dass sie ihnen zugemutet wird? Sind Männer für diese Aufgaben prädestiniert? Verweist dies alles nicht auf eine Lücke im Genderdiskurs der Sozialen Arbeit, nämlich die Lücke um die geschlechtsspezifische Normierung der Fachkräfte?

Unfähige Männer

Diese Fragen drängen sich einmal mehr auf, wendet man sich den Männlichkeitsdiskriminierungen zu, die im Interviewmaterial neben den schon erwähnten Idealisierungen sichtbar wurden. Eine Praxisvertreterin äußert sich zu den Männern in der Jugendarbeit.

„Welche Männer gehen überhaupt noch in die Jugendarbeit. Also wir haben einfach total wenig männlichen Nachwuchs in der Kinder- und Jugendarbeit. Und dann, bei denen, finde ich, ist das aber genau so differenziert: Also da gibt es irgendwie viele Schlafmützen, und da gibt es irgendwie Leute, die sich auch weiterentwickeln wollen."

Neben dem oben schon eingehend thematisierten Problem der zahlenmäßigen Minderheit des männlichen Personals tritt ein weiteres zutage: die große Zahl von männlichen „Schlafmützen". Unmissverständlich ist die abwertende Geste: Diese Männer sind auf keinen Fall brauchbar für das Berufsfeld. Entfaltet man die Metapher der „Schlafmütze", fehlt ihnen die Wachheit, Lebendigkeit, Spannung, der Elan und Esprit, um Jugendarbeit zu bereichern. Noch härter geht ein anderer Hochschulexperte mit dem männlichen Jugendarbeitsnachwuchs ins Gericht. An seinem Fachbereich sind nach eigener Aussage nur noch 15 % männliche Studierende zu finden.

„Von diesen 15 % Männern sind sehr viele, die ich im Alltagshandeln als im hohen Maße unsicher erlebe, wo man sagen kann, so richtiges Standing fehlt, nicht als chauvinistischer, aber als männlicher Mann im guten Sinne. (...) Also wenn Leute, also wenn die Stimme fast umschlägt, wenn sie beim Hochschullehrer das Büro betreten vor Habacht-Haltung, also das macht mich schon fast aggressiv und das erleb' ich hier zurzeit gehäuft.

Also wir haben hier die falschen Männer. Die wenigen, die hier da sind, wenigstens zur Hälfte, sind nicht unbedingt die, die den Beruf als männlicher Sozialarbeiter, als männlicher Sozialpädagoge ausüben sollten oder zumindest nicht im Jugendarbeitsbereich. Das ist 'n Problem, und da denken wir auch drüber nach."

Die männlichen Studenten entsprechen nicht dem Idealbild des „guten Jugendarbeiters", weil sie unsicher, unterwürfig, autoritätsängstlich sind. Sie sind für das Berufsfeld kein Gewinn, schlimmstenfalls sogar eine Gefahr. Zumindest erscheint es ratsam, sie nicht diesen Beruf ausüben zu lassen. Dieses Zeugnis ist sicherlich ernst zu nehmen als ein Hinweis auf ein Ausbildungsproblem in den Hochschulen. Es gibt offenbar die Erfahrung, dass Menschen das Studium der Sozialen Arbeit aufnehmen, die für den Beruf von vornherein als ungeeignet erscheinen. Lehrende geraten damit in die absurde Situation, Menschen Qualifikationsangebote zu machen, die sie selbst als sinnlos erleben müssen und die in der starken Gefahr stehen, auch sinnlos zu sein angesichts der zugrunde liegenden negativen Affekte gegenüber diesen Studenten. Zu fragen ist dabei jedoch auch, welche Projektionen in die Äußerungen eingehen. Welche Gesten der männlichen Studenten erzeugen warum eine solche Empörung? Welches Idealbild gibt es warum vom männlichen Studenten? Welche eigenen Anteile werden in der Beziehung virulent?

Weibliche Beziehungsarbeit

Resümiert man die Darstellungen der befragten ExpertInnen bleibt ein heterogenes, aber dennoch spezifisches Bild zu den Männern in der Sozialen Arbeit zurück: Sie sind härter gefordert, sie werden für die Arbeit mit der „heftigen" Klientel gebraucht, gleichzeitig gibt es große Enttäuschungen zu versagenden Männern. Welche Bilder werden nun im Gegenzug zu den Frauen konstruiert? Die Interviewauszüge deuten es schon an: sie haben, so scheint es, das leichtere Geschäft zu bewältigen – oder bösartiger formuliert: sie sichern sich das leichtere Geschäft, indem sie in die leichteren Berufsfelder gehen. Dass an diesem ersten Eindruck tatsächlich mehr dran sein könnte, zeigt sich bei der Lektüre eines Buches zum Management in der Sozialen Praxis (Gehrmann, Müller 1999). Dort heißt es:

„Studienanfänger in den Ausbildungsgängen Sozialwesen nennen bei Befragungen immer noch deutlich geschlechtsspezifisch unterschiedliche Motive für die Studienfachwahl, die sich bis in die Praxis als berufliche Identität fortsetzen. Studentinnen wählen dieses Studium überwiegend, weil sie 'mit Menschen arbeiten' oder 'etwas Nützliches tun' wollen, '... und dies alles in einem möglichst geschützten Arbeitsfeld ohne die in der übrigen Arbeitswelt vermutete Ellenbogen- und Konkurrenzgesellschaft' (...) Männliche Studenten, für die der soziale Beruf noch viel öfter ein Mittel für sozialen Aufstieg darstellt, äußern hingegen viel mehr arbeitsmarktbezogene Motive.

Für uns bestätigt sich auch hier unsere These, daß die Professionalisierung der Sozialen Arbeit nicht über die Schiene des hergebrachten Frauenbildes laufen kann. Wer in seiner Berufstätigkeit zwischenmenschliche Wärme sucht, verstellt sich den Blick auf die harte gesellschaftliche Wirklichkeit. Es entsteht der Wunsch, Klienten gegenüber nur Gutes tun zu wollen, um ihnen das von der Gesellschaft ohne eigenes Zutun angetane Leid zu lindern. Klienten wären nach diesem Bild durchweg gute Menschen, wenn man sie nur ließe. Dabei wird leicht übersehen, daß Klienten aus der sozialen Unterschicht im Kampf ums Überleben oft harte Bandagen entwickelt haben. Aus Scheu vor dieser Klientel, so unsere Vermutung, streben insbesondere Studentinnen in 'weiche' Arbeitsbereiche, wie zum Beispiel Beratung, Kinderarbeit oder in solche mit 'weißem Kragen'. (...)

Für Frauen in der sozialen Arbeit bedeutet dies, daß sie (...) die 'Beziehungsarbeit' (ein für die Profession und die Verbesserung der Frauenrollen in sozialen Berufen schädlicher Begriff), also die direkte Arbeit mit den Klienten der verwaltenden oder leitenden Tätigkeit vorziehen. Sie mögen die 'kalten Sozialmanager' nicht und keine überwiegende Bürotätigkeit." (Gehrmann, Müller 1999, 99f)

Der Text lässt sich auf verschiedene Weise entziffern. Er dokumentiert den sachlichen Versuch, Professionalisierungsschwächen in der Sozialen Arbeit zu ergründen. Dies zu tun, ist sinnvoll und notwendig. Thesen zu entwickeln bringt die Debatte hier weiter. Gleichzeitig hinterlässt das Dargebotene doch auch ein gewisses Unbehagen angesichts der präsentierten Weiblichkeitsklischees. Hinter den schlichten empirischen Befunden zu den geschlechtsspezifischen Berufsmotiven lauert ein brisanter Subtext: Es wird der Eindruck erzeugt, als wären es die Frauen, die mit ihrer emotionalisierten Neigung zur „Arbeit mit Menschen" der Professionalisierung im Wege ständen. Mehr noch: Sie haben naive Vorstellungen von den sozialen Widrigkeiten, sind gegen eine ungehobelte Klientel nicht gewappnet, weichen in die weniger fordernden Berufsnischen aus. Hier soll nicht angezweifelt werden, dass es Haltungen gibt, die für den Beruf problematisch sind. Dies muss benannt und diskutiert werden. Diskriminierung beginnt jedoch dort, wo spezifische Haltungen einer sozialen Gruppe unisono zugeschrieben werden – wie in diesem Fall den Frauen – und wo Komplexitäten vereinseitigt werden. Die Tendenz der Frauen für Beratung und Kinderarbeit als Flucht vor der harten Sozialarbeit zu deuten, dabei aber zu unterschlagen, dass auch der männliche Aufstieg in Leitungspositionen, um den es in dem Buch ja auch geht, genau dasselbe Motiv haben kann, diskriminiert weibliche Fachkräfte. Den weiblichen Wunsch nach Beziehung und Arbeit mit Menschen als „schädlich" zu etikettieren, unterschlägt das Potential, das genau darin steckt. Wo käme der Beruf der Sozialen Arbeit schließlich hin, wenn niemand mehr mit den hilfesuchenden und hilfebedürftigen Menschen zu tun haben wollte und alle nur noch Verwaltungs- und Leitungstätigkeiten übernehmen wollten?

Männliches Leitungsstreben

Diskriminierungen treffen aber genauso männliche Fachkräfte. Dies offenbarten schon die ExpertInneninterviews weiter oben. In der Genderfachliteratur findet sich aber noch eine weitere männerbezogene Diskriminierungsschiene: die männliche Dominanz in Leitungs- und Machtpositionen des Berufes. Viel zitiert ist die Formel vom „Frauenberuf in Männerregie". Und zahlreich wird angesprochen und mit historischen und empirischen Befunden untermauert, dass Männer, obwohl sie insgesamt seltener in der Sozialen Arbeit beschäftigt sind, dann dennoch mehr als

Frauen in verwaltenden und leitenden Entscheidungsfunktionen zu finden waren und sind. Elfriede Fröschl erinnert bei ihrer Skizze zur Berufshistorie an die Aufspaltung der Männer- und Frauentätigkeiten, die von Beginn an in der Sozialen Arbeit vorfindbar waren. Während die Frauen im Außendienst eingesetzt waren, die Basisarbeit vor Ort für Not leidende Menschen leisteten und dabei „sehr schlechte Arbeitsbedingungen, ein geringes Einkommen und wenig Entscheidungsbefugnisse hatten", war die Fürsorgebürokratie in Männerhand. Männer waren „in der Verwaltung und im Innendienst tätig, die über wenig Spezialwissen hinsichtlich sozialer Probleme verfügten" (Fröschl 2001, 288f).

Dieser Befund provoziert seine eigenen „Untertöne": Frauen werden zu den wirklichen, wenn auch nicht öffentlich anerkannten „Heldinnen" der sozialen Profession stilisiert, die direkt mit dem menschlichen Elend konfrontiert sind, während Männer als tumbe Figuren erscheinen, die im ruhigeren Innendienst fern ab der bedrückenden Nöte arbeiten und das weibliche Tun mit ihren Entscheidungsbefugnissen letztlich behindern. Auch die aktuelle Realität der überproportional in Leitungsfunktionen sich befindenden Männer wird ähnlich eingekleidet. „Auch in der Sozialarbeit streben Männer meist sehr schnell Leitungspositionen an", schreibt Elfriede Fröschl (2001, 294), und es schleicht sich dabei ein versteckter Vorwurf ein.

Viel bemüht sind hier die Geschichten der wenigen Männer in der Vorschulerziehung, die dann in rasantem Tempo aufsteigen und die Leitung des Kindergartens übernehmen. Sie werden gerne und unwidersprochen mit spöttisch-abfälligen Untertönen als Beweis für die „so typischen" männlichen Unzulänglichkeiten erzählt: Männer können sich nicht von Frauen leiten lassen, und sie müssen vor allem in einem Frauenterritorium alles daran setzen, der Gefahr der Entmännlichung durch das Erklimmen von Machtpositionen zu entgehen. Die Botschaft ist deutlich: Es ist verwerflich, was diese Männer tun. Der männliche Aufstieg erscheint als unrechtmäßiger, zielstrebig ehrgeiziger und persönlich zu verantwortender Akt des Mannes. Was andere – auch die Kolleginnen – dazu beigetragen haben könnten, dass er dort hinkommt, wo er hinkommt, gerät nicht in den Blick. Zudem gerät auch völlig aus dem Blick, dass die Diagnose von den leitungsdominierenden Männern im Erziehungswesen letztlich empirisch fragwürdig ist. Tim Rohrmann stellt nach den Zahlen des Statistischen Bundesamtes (Stichtag 31.12.2002) zum Geschlechterverhältnis in den Kindertageseinrichtungen jedenfalls fest:

„Auffällig ist (...), dass in allen Bereichen Männer in der *Gruppen*leitung deutlich unterrepräsentiert und stattdessen häufiger Ergänzungs- bzw. Zweitkraft sind. Am wenigsten Männer arbeiten mit Krippenkindern (...), vergleichsweise viele im Hort (7,53%) und in der Betreuung behinderter Kinder (9,62%). Die Behauptung, dass Männer 'meistens' Leitungspositionen besetzen, ist dagegen übertrieben. Zwar ist der Männeranteil unter den Leitungskräften mit 4,8% höher als ihr Anteil im Gruppendienst, aber nur 6,41% der in Kitas beschäftigten Männer sind Leitungskräfte; bei den Frauen sind es 5,08%." (Rohrmann 2006, 113)

Die Rede zu den leitenden Männern in der Sozialen Arbeit ist von daher zu problematisieren. Sie scheint getragen von tendenziösen Meldungen, die feindselige Stimmungen erzeugen. Männer werden zu negativen Projektionsflächen, denen nun alles Kritische zugewiesen wird. Es entstehen vereinheitlichende Bilder, die die „anderen" Männer im Beruf übersehen, die in ähnlichen Positionen wie Frauen arbeiten. Und schließlich: Die Besetzung von Leitungspositionen wird aus systemischen Zusammenhängen herausgelöst. Dass am Ende mehr Männer als Frauen diese innehaben, muss zweifellos zu denken geben. Doch dass dafür nur die betreffenden Männer verantwortlich sind, ist zu einfach.

Soziale Arbeit als Frauenberuf

Soziale Arbeit wird mittlerweile relativ selbstverständlich als Frauenberuf bezeichnet. Dies tun nicht nur die ProtagonistInnen des Genderfachdiskurses, sondern auch Fachvertreter der Sozialen Arbeit ohne besondere Genderorientierung. Weil in der Sozialen Arbeit sehr viel mehr Frauen als Männer tätig sind, hat sich die Formel vom Frauenberuf der Sozialen Arbeit eingebürgert.

Das Zahlenverhältnis zwischen Männern und Frauen im Beruf der Sozialen Arbeit präzise zu bestimmen, ist jedoch schwierig, da die beruflichen Klassifizierungen im statistischen Berichtswesen verschiedener Institutionen immer wieder unterschiedlich geschnitten werden. Trotz alledem bestätigen sie alle in der Tendenz ein quantitatives Übergewicht bei den weiblichen Beschäftigten – und dies für einen langen historischen Zeitraum. So ergibt die Volkszählung 1925, dass 97 % der „Sozialbeamten/Kindergärtnerinnen" Frauen sind. Dieser Wert hat sich nach leichten Ab- und erneutem Anstieg nach dem zweiten Weltkrieg in Westdeutschland bei 83 % eingependelt (Cloos, Züchner 2002, 718). „Die in sozialen Berufen erwerbstätigen Frauen stellten in Deutschland im Jahr 1998 knapp 82 % und im Jahr 2000 knapp 83 % des Personals." (ebd. 2002, 718) Für die Kinder- und Jugendhilfe kann im Vergleich zu den sozialen Berufen insgesamt ein leicht höherer Wert von 84 % festgestellt werden (ebd.).

Etwas anders fallen die Zahlenverhältnisse beim Gender-Datenreport (2005, 688) aus. Er notiert in seiner Übersicht zu den Geschlechterverteilungen in den verschiedenen Berufsbranchen für die Sozial- und Erziehungsberufe, bei denen jedoch anderweitig nicht genannte geistes- und naturwissenschaftliche Berufe eingeschlossen sind:

Erwerbstätige in den Sozial- und Erziehungsberufen (absolut in Tausend)

	Frauen	Männer
1999	1.752	944
2004	2.011	959

Quelle: Gender-Datenreport 2005, 688

Grob formuliert lässt sich demnach auch hier von einem aktuellen Frauen-Männer-Verhältnis von 2:1 in der Sozialen Arbeit sprechen. Zudem lässt sich verzeichnen, dass die durchschnittlichen jährlichen Zuwachsraten bei den weiblichen Beschäftigten größer sind als bei den männlichen (2,8% zu 0,3%). Dies würde bedeuten, dass Soziale Arbeit gerade gegenwärtig – warum auch immer – Frauen mehr als Männer anzieht. Eine, wenn auch bereits ältere Statistik klärt darüber auf, dass je nach Einsatzfeld und Qualifikation die geschlechterbezogenen Zahlenverhältnisse noch einmal deutlich variieren.

Erwerbstätige in sozialen Berufen 1996

	Anzahl	% männlich	% weiblich
Soziale Berufe insgesamt, davon:	1.011.000	16,8	83,2
➢ Sozialarbeiter/ Sozialpädagogen	194.000	34,7	65,3
➢ Heilpädagogen	19.000	16,1	73,9
➢ Erzieher	425.000	6,8	93,2
➢ Altenpfleger	241.000	13,3	86,7
➢ Familienpfleger/Dorfhelfer	7.000	6,6	93,4
➢ Heilerziehungspfleger	24.000	38,3	61,7
➢ Kinderpfleger	36.000	4,9	95,1
➢ Arbeits- und Berufsberater	16.000	55,3	45,7
➢ Sonstige soziale Berufe	48.000	36,7	63,3

Quelle: Bentheim u. a. 2004, 90

Die Tabelle zeigt: Es gibt Sparten der Sozialen Arbeit, in denen sich mehr Männer finden, und es gibt solche, in denen sie sich kaum finden.

Wird die soziale Berufsgruppe der SozialarbeiterInnen und SozialpädagogInnen gesondert betrachtet, bestätigt sich noch einmal das 2:1-Zahlenverhältnis. Der Mikrozensus 2000 spricht von 225.000 SozialarbeiterInnen und SozialpädagogInnen insgesamt, davon 35,1% Männer (Hasenjürgen 2002, 137). Dieses berufliche quantitative Geschlechterverhältnis korrespondiert in gewisser Weise mit dem im Studium der Sozialen Arbeit. „Im Winter 2000/2001 studierten an allen deutschen Hochschulen insgesamt 17.526 junge Menschen Sozialpädagogik (davon 73,8% Frauen) und 12.311 Sozialarbeit (davon 68,6% Frauen). Allein unter den Erstsemestern steigt der weibliche Anteil in Sozialpädagogik sogar auf 80,3% und in Sozialarbeit auf ca. 74,7% – Tendenz steigend. In den vergangenen zwanzig Jahren lag der Anteil weiblicher Studienanfänger noch nie so hoch" (Hasenjürgen 2002,

145). Soziale Arbeit kann demnach als Frauenstudium bezeichnet werden, und es gibt offenbar Indizien dafür, dass dies in den letzten Jahren immer mehr gilt.

Die Care-Geschichte als Frauengeschichte

Neben der zahlenmäßigen Frauendominanz im Beruf wird jedoch auch die Professionsgeschichte zum Anlass genommen, Soziale Arbeit als „Frauenberuf" zu titulieren. In den Veröffentlichungen der Genderforschung zur Sozialen Arbeit wird die Berufshistorie vorwiegend als Historie von Frauen rekonstruiert. Danach wurde die Verberuflichung sozialer Hilfen entscheidend durch die bürgerliche Frauenbewegung auf den Weg gebracht. In ihrem Anliegen, Frauen sinnstiftende und geschlechtskonforme Tätigkeiten jenseits der Privatsphäre zu erschließen, wurden vor allem für höhere Töchter soziale Tätigkeiten angeregt – mit dem Verweis auf die natürliche „mütterliche" Disposition der Frauen, die in diesen Tätigkeiten in die Dimension „geistiger Mütterlichkeit" transformiert wurde. Dies geschah anfänglich noch ehrenamtlich. Die Einrichtung von entsprechenden Ausbildungsgängen und Ausbildungsinstitutionen sorgte dann jedoch bald dafür, Fachlichkeit und Beruflichkeit in der öffentlichen Fürsorge herzustellen. Es waren viele Frauen der Frauenbewegung, die hier mit der Gründung von Vereinen, Kursen, Schulen wertvolle und entscheidende Impulse gaben und die mit programmatischen Entwürfen zur institutionellen und inhaltlichen Profilierung des Berufes beitrugen. Als eine zentrale Stifterinnenfigur gilt hier Alice Salomon.

Die von der Genderforschung intensiv aufbereitete Frauengeschichte der Sozialen Arbeit hat bedeutendes Wissen gehoben, das aus dem historischen Gedächtnis des Berufes getilgt war. Weil das weibliche Erbe dort bisher ausgeklammert war und ist, wird es nun um so demonstrativer von GenderexpertInnen platziert: „Ein Erbe, das nicht in Vergessenheit geraten sollte, da es die Leistungen von Frauen aufzeigt und bis heute konstitutiv ist für den gesellschaftlichen Stellenwert und den Charakter Sozialer Arbeit" (Brückner 2003 a, 192).

Die Rekonstruktion der Berufshistorie als Frauenhistorie ist als geschlechterpolitischer Akt insofern sinnfällig, um Übergangenes erkennbar, erinnerbar und zur Ausbildung eines berufsständischen Habitus nutzbar zu machen. Doch solange die genderbezogene Geschichtsschreibung des Berufes eine frauenbezogene ist, erzählt sie nur die eine „Hälfte der Wahrheit".

Ähnlich kontraproduktiv erweist sich im übrigen auch die „Care"-Debatte, die ainternational intensiv geführt wird. Mit Care werden alle Sorgetätigkeiten – ob privat oder institutionell erbracht – bezeichnet sowie die emotionale Dimension des Umsorgens und Sorgetragens. Es sind Tätigkeiten des Helfens, Unterstützens, Wegweisens, Ratgebens, Tröstens, Ermunterns, Förderns, Nährens und Pflegens, die überall dort erforderlich werden, wo Menschen – aus welchen Gründen auch immer – leidend, geschwächt und hilflos oder in Krisen geraten sind. Diese Tätigkeiten werden in unserer Gesellschaft vor allem von Frauen erbracht – so der durchgängige Tenor. „Vergänglichkeit des Lebens, Schmerz, Not und die basale

Abhängigkeit von Anderen scheint derzeit vor allem in sozialen, erzieherischen und pflegenden Berufen auf, ist sonst in die Privatsphäre verbannt und in beiden Fällen Frauen überantwortet." (Brückner 2003 b, 168)

Die Kritik richtet sich zum einen gegen diese weibliche Konnotation von Care, zum anderen aber auch gegen die gesellschaftliche Entwertung von Care. Beides gehört letztlich zusammen, denn es sorgt dafür, dass Frauen marginalisiert werden: Weil sie etwas tun, was wenig soziale Anerkennung findet, ist ihre Statusposition schwach. So einsichtig diese Kritik ist, so birgt die Care-Debatte doch auch ein Problem. Care als ausschließliche Frauenpraxis erscheinen zu lassen, erzeugt eine gut-böse-Aufspaltung zwischen Frauen und Männern: Frauen leisten Fürsorge und sie tun damit etwas Gutes, wenn auch gesellschaftlich ungerechterweise Missachtetes. Männer verweigern sich der Fürsorge und damit einer missachteten, aber angesichts der Begrenztheit und Endlichkeit der menschlichen Existenz unumgänglichen Tätigkeit in einer humanen Gesellschaft. Übergangen werden damit die Formen der männlichen Care, die doch ebenso stattfinden – privat, ehrenamtlich und beruflich erbracht, nicht nur von männlichen sozialen Fachkräften, sondern z. B. auch von Vätern an Kindern, Söhnen an ihren Eltern, Ehemännern an ihren Ehefrauen, von männlichen Ehrenamtlichen in Vereinen, in Initiativgruppen, in politischen Ämtern, von Seelsorgern, Pfarrern, Bestattern, von Helfern im Katastrophenschutz, in den Rettungsdiensten, bei der Feuerwehr, von Männern bei der Polizei und in Medizin. Selbst wenn es natürlich so ist, dass Frauen mehr Care in der Familie leisten und dass die ehrenamtliche und berufliche Care von Männern anders aussieht als die von Frauen, entsteht eine Schieflage bei der Beschäftigung mit Care, wenn männliche Care außen vor bleibt. Zweifellos gibt es Arbeitsteilungen zwischen den Geschlechtern, die nahe legen oder auch festlegen, wer für wen in welcher Weise sorgt. Doch *beide* Geschlechter sorgen letztlich für und sorgen sich um Individuen, die „leidend, geschwächt und hilflos oder in Krisen geraten sind" (Brückner 2003 b, 168) und um das Gemeinwohl.

Soziale Arbeit – auch ein Männerberuf

> „Es muss in diesem Zusammenhang darauf hingewiesen werden, daß die Wohlfahrtspflege, wie sie heute begriffen wird, ein Wirkungsfeld der Frau ist, wenn auch kein ausschließliches. Weite Gebiete aber sind unbestrittenes Reich der Frau und müssen es der Natur ihrer Aufgabe nach auch bleiben. Dagegen bedürfen andere, wie z. B. das der männlichen Jugendpflege, der Geschlechtskrankenfürsorge für Männer, der Trinkerfürsorge durchaus der Mitwirkung männlicher Wohlfahrtspfleger."
> (A. Beerenson: Der Mann in der sozialen Arbeit. In: Soziale Praxis und Archiv für Volkswohlfahrt, Jahrgang XXXV, 19/1926, zit. nach: Matzner 2004, 412)

Der historischen Frauenforschung ist es zu verdanken, dass sie aufgedeckt hat, wie das Bild der von „großen Männern" gemachten gesellschaftlichen Geschichte eine künstliche Produktion ist. Sie ist ein Ergebnis systematischer Unterschlagungen.

Indem weibliche Beiträge zu gesellschaftlichen Entwicklungen nicht dokumentiert oder wieder vergessen wurden, konnte Geschichte im öffentlichen Bewusstsein zu einer Männergeschichte werden, in der Frauen relativ bedeutungslos waren. Historische Befunde bilden nicht einfach eins-zu-eins Entwicklungsvorgänge ab, sondern sie bringen „Geschichte" erst diskursiv hervor. Je nachdem, was hervorgehoben und unterschlagen wird, welche Ablaufmechanismen rekonstruiert werden, in welchem Interesse gesprochen wird, können die Ergebnisse von Geschichtsschreibungen bekanntlich verschieden ausfallen und unterliegen selbst historischen Wandlungen. Und je nach Gestalt der jeweiligen „Geschichten" dienen sie der Legitimation von spezifischen sozialen Verhältnissen.

Blickt man auf die Genderdebatte in der Sozialen Arbeit, entsteht der Eindruck, dass die Gender-Geschichtsschreibung nun – unter umgekehrtem Vorzeichen – das macht, was sie dem Mainstream der Sozialarbeitswissenschaften vorwirft: die selektive Frauen-fokussierende Rekonstruktion der Berufshistorie und Berufsaktualitäten. In dem Bemühen, die vergessenen weiblichen Beiträge und die realen aktuellen Leistungen von Frauen in diesem Beruf selbstbewusst zu heben, werden nun männliche Beiträge abgedrängt. Die entsprechenden Texte lesen sich, als wäre Soziale Arbeit nun ein ausschließlich weiblich inspirierter und getragener Beruf. Gewonnen ist mit dieser Polarisierung nicht viel. Sie ist wenig dienlich, wenn es in einer genderqualifizierten Sozialen Arbeit doch darum gehen muss, die Entwicklungsprozesse des Berufes als Geschichte von komplexen Geschlechterverhältnissen zu begreifen. Und: Wie soll ein Beruf auch für Männer vorstellbar und normal werden, wie von allen Seiten propagiert wird, wenn er in der Genderfachdebatte nun als tendenziell ausschließliche Frauenschöpfung und Frauenberuf entworfen wird. Dies erzeugt genau jene geschlechtsspezifischen Exklusionen, gegen die die Genderdebatte doch immer fachlich und politisch argumentiert.

Sehr wohl hat der Beruf der Sozialen Arbeit auch eine Männergeschichte. Er trägt bis heute Spuren geschlechtsspezifischer Arbeitsteilungen und herrschender Geschlechterideale. Spezifische Funktionen, Aufgaben und Zielgruppen fielen und fallen spezifischen Geschlechtergruppen zu – wie dies u. a. Michael Matzner (2004; 2005) nachzeichnet.

In der sich seit dem 14. Jahrhundert etablierenden öffentlichen Armenpflege waren Männer und Frauen tätig. Während Männer vor allem für die Leitung, Organisation, Versorgung, Disziplinierung und Kontrolle der Armen zuständig waren, kamen Frauen dort zum Einsatz, wo eine Trennung der Armen nach Geschlecht stattfand und Frauen als „Zuchtmütter" für Frauen gebraucht wurden. In den später entstehenden Einrichtungen der Armenkinderpflege waren Männer als Hausväter, Vorsteher, Lehrer und Arbeitsmeister und bei der Erziehung der älteren männlichen Jugendlichen tätig. Frauen waren für die Hauswirtschaft, die Kinderpflege und die Erziehung der älteren weiblichen Jugendlichen zuständig. Demgegenüber war die Familienfürsorge von Beginn an ein Kerngeschäft für Frauen, für das sie vor dem Hintergrund des Prinzips „geistiger Mütterlichkeit" qua

Geschlecht prädestiniert waren. Dies ging so weit, Männer stellenweise von dieser Arbeit explizit auszuschließen. Männern wurde stattdessen die bürokratische Verwaltung und Leitung der von Frauen geleisteten personenbezogenen Fürsorge übertragen. Doch daraus die Geschlechterfigur „weibliche Care unter männlicher Führung" abzuleiten, ist zu einfach. Männer leiteten nicht nur, vielmehr gab es eine Reihe von Zielgruppen und Aufgaben, für die der Einsatz männlicher Fachkräfte propagiert wurde: die Arbeit mit gefährdeten männlichen Jugendlichen und Männern, die Arbeit in Heimen, Geschlechtskrankenfürsorge, Kriegsbeschädigtenfürsorge, Wanderarmen- und Trinkerfürsorge. Zu einem weiteren Antriebsmoment der beruflichen Sozialen Arbeit von Männern wurde die Institutionalisierung der Jugendpflege zu Beginn des 20. Jahrhunderts. Im Zuge der wachsenden staatlichen Bemühungen um die Jugend nahm der Bedarf an ausgebildeten männlichen Fachkräften für die in der Regel geschlechtshomogen gestaltete Jugendarbeit zu.

Diese Arbeitsteilungen aus den Anfängen der öffentlichen Fürsorge setzten sich in ihren Grundzügen bis in die Nachkriegszeit fort. Die Familienfürsorge und Kindererziehung verblieb in weiblichen Händen, während männliche Domänen die Jugendpflege, Jugendsozialarbeit, Heimerziehung, Arbeit mit marginalisierten Männern und Leitungsstellen waren. Aktuell finden sich viele Männer vor allem im Strafvollzug, in der Bewährungshilfe und in der Psychiatrie (Hasenjürgen 2002, 137). In den sechziger Jahren fiel die Zahl männlicher Fachkräfte auf ihren Niedrigstand. Sie nahm dann mit der Akademisierung der Ausbildung deutlich zu, wobei sich in den letzten Jahren wieder Rückgänge verzeichnen lassen. Dies gilt auch für verwandte Studienfächer wie Erziehungswissenschaft und Psychologie.

Auch wenn – soweit statistische Zählungen historisch überhaupt vorliegen – nachweisbar ist, dass öffentliche Fürsorge durch die Jahrzehnte immer von mehr Frauen als Männern ehrenamtlich und professionell geleistet wurde, darf dies nicht zu schlichten Gender-Polarisierungen verleiten. Weder waren und sind nur Frauen in diesem Feld tätig, noch ist die Leitung des Berufes so gut wie ausschließlich in männlicher Hand. Realitätsangemessener ist vielmehr die Feststellung, dass je nach Zielgruppe und Aufgabenstellung die Geschlechtergruppen verschieden vertreten sind. Eine solche Betrachtung platziert nicht nur Männer wieder im Beruf, sondern erlaubt auch differenziertere Betrachtungen zum Geschlechterverhältnis in der Sozialen Arbeit. Ebenso verkürzend und damit verfälschend sind die Versuche, die Professionalisierungsgeschichte der Sozialen Arbeit als Frauengeschichte zu schreiben. Sicherlich ist richtig, dass Frauen wegweisende Stifterinnen und Programmatikerinnen vieler sozialer Ausbildungsstätten waren. Gleichwohl lieferten auch Männer – vor allem in der evangelischen Diakonie – Impulse zur institutionalisierten und formalisierten Qualifizierung von sozialen Fachkräften, so beispielsweise Johann Hinrich Wichern in seinem Rauhen Haus in Hamburg (Matzner 2004, 413f).

Die Berufsgeschichte als Geschlechtergeschichte wirft noch manche weitere Frage auf, die auf Bearbeitung wartet. So deutet Matzner unter anderem die sozialen

Differenzen an, die zumindest in den Anfängen des Berufes quer zu den Geschlechterdifferenzen lagen. „Während sich die erste Generation von Frauen in der Sozialen Arbeit vor allem aus dem Bildungsbürgertum rekrutierten, war dies bei den Männern seltener der Fall. Der Beruf des Wohlfahrtsbeamten oder Jugendpflegers hatte aufgrund des geringen Prestiges, Einkommens und begrenzter Aufstiegsmöglichkeiten für Männer aus dem Bildungsbürgertum eine geringe Attraktivität. Die Mehrzahl der Männer entstammte wohl dem Kleinbürgertum" (Matzner 2004, 416). Was bedeutete diese Situation – viele Frauen mit viel Bildungskapital und wenige Männer mit wenig Bildungskapital – für das Geschlechterverhältnis in diesem Beruf? Und was ist daraus geworden? Welche Frauen und welche Männer ergreifen heute den Beruf der Sozialen Arbeit? Und welche Geschlechterarrangements entstehen daraus?

Zu fragen ist auch, was es für die Berufsprofilierung und die beruflichen Geschlechterverhältnisse bedeutet, dass es mit der Idee der geistigen Mütterlichkeit zwar ein weibliches Berufsethos gab, wenn dieses auch später von Feministinnen kritisch diskutiert wurde, dass aber die Versuche, ein entsprechendes ideologisches Pendant für Männer zu entwickeln – z. B. mit den Konzepten der „Väterlichkeit", der „Ritterlichkeit" oder der „Brüderlichkeit" – allesamt fehlschlugen (Matzner 2004, 419)?

Kann es sein, dass der in den 70er Jahren erreichte Spitzenzahlenwert männlicher Studierender in den sozialen Studiengängen damit zu tun hatte, dass sich mit der Politisierung der Sozialen Arbeit das erste Mal eine gelungene ideologische Grundlage bot, auf der Männer sich im Beruf verorten konnten? Und hängt möglicherweise der zahlenmäßige Rückgang der männlichen Studierenden wiederum mit der erneuten Entpolitisierung zusammen? Und könnte es sein, dass die Ökonomisierung und der „New Managerialism" der Sozialen Arbeit derzeit gar eine neue ideologische Grundlage für einen männlichen Berufsethos schafft – wie dies Ute Straub andeutet? „Durch die Einführung von Managementansätzen in der Sozialen Arbeit scheinen sich 'männergerechte' Arbeitsmöglichkeiten aufzutun" (Straub 2004, 177). Werden mit der Debatte um Paradigmen in der Sozialen Arbeit auch berufliche Geschlechterverhältnisse bearbeitet?

Feminisierung als Professionalisierungsschwäche

Die Diagnose „Frauenberuf" stellt sich selten als leidenschaftslos vorgebrachter, sachlicher Befund oder gar Grund zum Frohlocken dar, was ja im Prinzip auch denkbar wäre, sondern sie ist durchgängig Anlass zu beklemmenden Untertönen. Die Angaben zur zahlenmäßigen Überzahl erzeugen den Eindruck, als läge Soziale Arbeit so gut wie in ausschließlicher Frauenhand. Zuwachsraten für die weiblichen Beschäftigungsanteile werden prognostiziert, als wäre der Beruf auf jeden Fall in Kürze vom weiblichen Geschlecht kolonialisiert und auch der letzte Mann verschwunden. Dies alles erscheint als Furcht erregende Apokalypse, ohne dass dazu noch viel mehr ausgeführt werden muss. Es spricht für sich. Es ist klar, dass die –

vermeintliche – weibliche Personaldominanz nichts Gutes ist. In einem ExpertInneninterview problematisiert eine Einrichtungsleiterin das zahlenmäßige Ungleichgewicht (Rose 2005):

Leiterin: „Ja. Es sind hundert Mitarbeiter, genau hundert, Haushaltsetat von derzeitig 26,4 Mio. Euro, also es ist ein Drittel der Kernverwaltung. Leider Gottes nur drei Männer."

Interviewerin: „Wie, nur drei Männer? Wie meinen Sie das?"

Leiterin: „Die Soziookologie wird etwas gestört dadurch, ich hätte gerne mehr Männer. (...) Es ist ein echtes Problem von uns, dass der Frauenanteil viel zu hoch ist. Nicht, dass Sie glauben, ich habe was gegen Frauen – ganz im Gegenteil."

Der hohe Frauenanteil wird beklagt als Problem, auch wenn es offenbar prekär ist dies auszusprechen, wie der entschuldigende Zusatz zeigt. Man muss sich jedenfalls eilig des Verdachts der Frauenfeindlichkeit entledigen. Warum der hohe Frauenanteil „ein echtes Problem" ist, bleibt offen, aber er erscheint auf jeden Fall als ein Problem. Vergleichbares lässt sich derzeit im Übrigen in der Debatte zur Schulpädagogik beobachten. Auch hier wird die wachsende Zahl von weiblichen Lehrkräften zum Anlass von Problemszenarien. So war beim Bildungsforscher Dieter Lenzen zu lesen:

„Das weibliche Selbstkonzept des Lehrers ist viel stärker auf Soziales und Pädagogisches gerichtet als auf professionelle Wissensvermittlung. Angesichts der Tatsache, dass das Lehrpersonal in Grundschulen zu zirka 95 Prozent weiblich ist, hat dies nachhaltige Folgen für professionelle Wissensvermittlung im Primarbereich. Hier ist die Zahl der Teilzeitbeschäftigten auch besonders groß. Nicht selten nehmen junge Frauen diese Funktion als Ergänzung zu Verpflichtungen in der Familie wahr. Als Arbeitskräfte auf halben, Drittel- der Viertel-Beschäftigungspositionen können die Professionalitätserwartungen ihnen gegenüber allerdings auch kaum größer sein als gegenüber Teilzeitkräften, die in Supermärkten als Lager- oder Kassierpersonal arbeiten." (Lenzen 2003, 484)

Man braucht sich an dieser Stelle nicht bei den eingelagerten Diskriminierungen aufhalten, entscheidend ist erst einmal, dass entsprechende Genderkonstruktionen als scheinbar sachliche Befunde vielfach öffentlich kursieren. Sie bereiten den Boden für das, was zum Frauenberuf der Sozialen Arbeit verhandelt wird, wie es sie auch nährt.

Die Feminisierung der Sozialen Arbeit wird von zwei Seiten her problematisiert. Zum Ersten gibt es die Botschaft, dass darunter der Berufsstand leidet: Weil dort so viele Frauen tätig sind, hat er kein öffentliches Ansehen. Es wird ein schlichter, aber eindeutiger Zusammenhang zwischen der Zunahme des weiblichen Personals und der Verschlechterung professioneller Standards und des Berufsprestiges hergestellt. Dies bedeutet dann im Umkehrschluss: Durch eine männliche Übernahme dieses Berufes könnte sich perspektivisch auch sein soziales Prestige wieder verbessern. Diese Konstruktion ist insofern fragwürdig, als komplexe Zusammenhänge geschlechtsspezifischer Arbeitsteilungen und Statuspositionen auf eine einfache genderhierarchische Kausalität reduziert werden: Was Frauen arbeiten hat wenig Ansehen, was Männer arbeiten, hat viel Ansehen. Hier hat sich auch in der Genderforschung ein symptomatischer Diskursmechanismus verbreitet, der überall dort, wo Frauen in ehemaligen Männerreviere treten, den Statusabstieg der betreffenden Reviere diagnostiziert. Diese Kausalität hat etwas Fesselndes für die Genderdebatte: Immer wieder bestätigt sich die vermeintliche weibliche Inferiorität. Was Frauen übernehmen, verliert öffentliches Prestige; oder andersherum: was öffentliches Prestige verliert, wird von Männern für Frauen freigegeben. Wenn Frauen in der Politik auftauchen und sogar Kanzlerin werden, dann geht dies einher mit dem Ansehensverlust der Politik, wenn sie Medizinerinnen werden, dann geht dies einher mit dem Ansehensverlust des Ärztestandes, wenn sie Lehrerinnen werden, dann geht dies einher mit dem Abstieg des Lehrberufes usw. Aber vielleicht ist doch alles ein wenig komplizierter. Hier sei nur angemerkt, dass beispielsweise der Berufsstand der Metzger historisch schließlich einen rasanten Prestigeverfall erleben musste, obwohl er bis heute in Männerhand ist. Es kann also noch andere Gründe für den Niedergang von Berufen geben. Der Fehlschluss beginnt dort, wo aus der statistischen Korrelation zwischen der niedrigen Statusposition des Berufes und der hohen Zahl weiblicher Beschäftigter ein kausaler Zusammenhang gemacht wird. Vielleicht gibt es andere viel entscheidendere Faktoren, die für die berufliche Statusschwäche verantwortlich sind? Das hieße dann auch, dass die Lösung nicht unbedingt in einem Männerschub für den Beruf läge.

Zum zweiten wird die zahlenmäßige Dominanz des weiblichen Personals verknüpft mit dem Bild fachlichen Versagens. Weil in der Sozialen Arbeit keine Männer tätig sind, kann sie ihre sozialintegrativen Aufgaben nicht angemessen erfüllen. Dies wird vor allem für die Jugendhilfe so thematisiert. Solange Frauen Erziehung, Bildung und Betreuung dominieren, fehlt ein wichtiges Moment der Qualitätsentwicklung, mehr noch: die Frauendominanz stellt gar eine bedenkliche „Überdosis" dar, bei der die Klientel letztlich Schaden nimmt. „Zu viel Frau" tut nicht gut, es ist das männliche Ausgleichsmoment auf jeden Fall erforderlich. Dies verweist darauf, dass sich die Vorstellung von der Notwendigkeit männlicher und weiblicher Bezugspersonen und einer einigermaßen gleichmäßig verteilten männlichen und weiblichen Zuwendung für ein gelingendes Aufwachsen relativ selbstverständlich etabliert hat. Die Genderforschung hat hierzu entscheidende Skripts zugeliefert, wenn sie die Problematik der abwesenden Väter vor allem für die männliche Identitätsbildung ausführlich kritisch entfaltet hat. Seitdem werden bei der Diskussion männlichen Fehlverhaltens und Scheiterns die weibliche Okkupation und das „männliche Vakuum" in Kindheit und Jugend vorzugsweise als Ursache hingestellt. Dies hat Eingang gefunden in populärwissenschaftliche und massenmediale Publikationen und ist zu einer alltagstheoretischen Grundfigur geworden, wie folgende Zeitungsmeldung demonstriert.

Unter der Überschrift „Kultusminister schlagen zurück – Lehrerinnen machen Schüler dumm" heißt es:

„Je mehr Lehrerinnen an einer Grundschule arbeiten, desto weniger Jungen schaffen den Wechsel aufs Gymnasium oder an die Realschule. Die Bildungschancen sinken mit dem höheren Frauenanteil dramatisch. (...) Jungen werden durch die weiblichen Strukturen an den Schulen benachteiligt. Frauen vermitteln weibliche Werte wie Teamfähigkeit, haben aber einen völlig anderen Leistungsbegriff. Die typischen Verhaltensmuster von Jungen stoßen bei Lehrerinnen auf eine schlechte Resonanz." (Bild am Sonntag 28. 9. 2003)

In dieser allgemeinen öffentlichen „Feindseligkeit" gegenüber weiblicher Erziehungs- und Bildungsdominanz erscheint auch die Verweiblichung der Sozialen Arbeit bedenklich. Sie schwächt den Beruf, weil sie verhindert, dass die Aufträge gut erfüllt werden – so jedenfalls die Unterstellung. Doch ist die Frauendominanz als solche wirklich so bedenklich, oder ist es nicht vielmehr das Reden über die Frauendominanz, das eigentlich bedenklich ist? Warum kann das Negativbild sich so erfolgreich festsetzen? Welche Funktion hat dies für die Profilierung des Berufsfeldes nach innen und außen und für die Gestaltung von Geschlechterverhältnissen darin? Welchen Interessen kommt dies entgegen? Was wird damit blockiert? Ist dies der Genderfachdebatte förderlich?

Einzuwenden ist jedenfalls sofort, dass der scheinbar so schlagkräftige Feminisierungsbefund letztlich auf tönernen Füßen steht. Er unterschlägt jegliche Differenzierungen – weder die nach Funktionen und Positionen, noch die nach Stundenkontingenten, Bezahlung, Anstellungsdauer und Anstellungsmodalitäten. Um es auf die Spitze zu treiben: Wenn Leitung, Lehre und Wissenschaftsdiskurs der Sozialen Arbeit doch nachweislich in Männerhand sind, könnte man doch auch von einem männerdominierten Beruf sprechen.

Die Diskursfigur des Frauenberufes hat nachhaltige Folgen: Frauen in diesem Berufsfeld werden diskreditiert, allein weil es sie „im Übermaße" gibt, währenddessen Männer besonders begehrenswert werden – und dies völlig unabhängig von personellen und beruflichen Qualitäten. So fällt auf, dass zwar vehement männliche Beschäftigte für die Betreuung, Erziehung und Bildung junger Menschen gefordert werden, dass es aber in der Regel nicht erforderlich ist, qualitativ auszuführen, warum man sie eigentlich so dringend braucht und was man von ihnen braucht. Dass dies so ist, lässt den Eindruck entstehen, dass sie als Mann per se schon bereichernd sind. Weibliche Fachkräfte – und vermutlich auch schon Studentinnen – werden mit dem Etikett des „unerwünschten Kindes" behaftet, während männliche Fachkräfte – und Studenten – in die „Prinzenrolle" geraten. Dass die „Prinzen" dann gleichzeitig in der besonderen Gefahr stehen, an diesen Erwartungen zu scheitern, liegt nahe.

Als Mann in einem Frauenberuf

> *Szene aus einer städtischen Gender-Mainstreaming-Fortbildung für Fachkräfte in Kindergärten*
>
> In der Diskussion kommt man darauf zu sprechen, dass es keine männlichen Fachkräfte in den städtischen Einrichtungen gibt. Einzelne Erzieherinnen protestieren: Vor einiger Zeit hätte es doch in dem einen Kindergarten einen männlichen Vorpraktikanten gegeben. Daraufhin beginnt ein intensives Getuschel zwischen den Erzieherinnen der betreffenden Einrichtung. Es wird gekichert. Schließlich wendet sich eine von ihnen zurück in die gemeinsame Runde mit der Bemerkung: „Das war doch kein richtiger Mann!" Alle lachen lauthals. Es wird ergänzt: „Wer einen solchen Beruf ergreifen will, da stimmt doch irgendwas mit den Hormonen nicht. Der war irgendwie komisch." Auch diese Bemerkung löst große Erheiterung aus. Auf Nachfrage der Fortbildnerin, was denn aus dem Vorpraktikanten geworden sei, heißt es, dass er dann ein Studium für das Lehramt an Grundschulen begonnen hätte.

Männer sind als Studierende und als Berufstätige in vielen – nicht allen – Feldern der Sozialen Arbeit in der Minderheit. Dies legt die Frage nahe, wie sie sich eigentlich in dieser Situation arrangieren. Blickt man auf die Fachliteratur, wird ersichtlich, dass diese Frage bislang noch wenig interessiert hat. „Warum Männer einen 'Frauenberuf' ergreifen und was es heißt, dass sie als Männer in einem Frauenberuf tätig sind, ist bislang nicht erforscht" stellt eine Expertise zur Jungenarbeit fest (Bentheim u. a. 2004, 91). Ausnahmen stellen die kürzlich erschienene empirische Studie „Männer in 'Frauenberufen' der Pflege und Erziehung" (Krabel, Stuve 2006) und eine Untersuchung zu Ausbildung und Tätigkeit von Männern in sozialen Berufen (Brandes 2002) dar. Des Weiteren ist hier eine ältere, englischsprachige US-Studie zu „Men who do Women's work" zu nennen, die die Situation von Männern in den Frauenberufen der Pflege, der Grundschule, des Bibliothekswesen und der Sozialen Arbeit unter die Lupe nahm (Williams 1995). Vergegenwärtigt man sich die ausgiebige Thematisierung der Belastungen, die junge Mädchen erfahren, wenn sie in Männerberufe streben, die Hürden, die Frauen zu nehmen haben, wenn sie in Männlichkeitsterrains vordringen, dann erstaunt die diskursive Leere um die Männer im Frauenberuf Soziale Arbeit. Während es offenbar ein Bewusstsein dazu gibt, dass nicht-geschlechtskonforme Räume für Frauen konfliktträchtig sind, während es eine Bereitschaft gibt, diese Konflikte zu thematisieren, fehlt dieses für Männer. Dabei gibt es keinen Grund, warum sich geschlechterterritoriale Grenzüberschreitungen für Männer anders darstellen sollten als für Frauen.

Sich damit offensiv zu beschäftigen, fällt derzeit offenbar noch schwer. So berichtet Tim Rohrmann von seinen Fortbildungen für Fachkräfte in Kindertagesstätten, wie erfolglos hier oftmals die Versuche verlaufen, Auseinandersetzungen über die Möglichkeiten der Einbeziehung von Männern in die Kindertagesstätte zu initiieren, und dies obwohl die Wichtigkeit diese Themas verbal anerkannt wird: „Auf Fortbildungen zu Geschlechterthemen habe ich mehrfach erlebt, dass eine Arbeitsgruppe zum Thema nicht zustande kam und sich Kolleginnen lieber damit beschäftigten, was sie ohne männliche Unterstützung verbessern und ausprobieren könnten." (Rohrmann 2001, 37) Was sich in den Kinderbetreuungseinrichtungen zeigt, gilt sicherlich auch für andere Felder der Sozialen Arbeit. Wenn es jedoch auch darum gehen soll, Soziale Arbeit als normalen Beruf auch für Männer zu etablieren, muss der Beruf sich mit seinen Ausschlussmechanismen beschäftigen, genauer: müssen Frauen sich mit den Exklusionswirkungen *ihres* Tuns für Männer beschäftigen. Ansonsten bleibt die viel zitierte Forderung nach mehr Männern im Beruf eine „Leerformel".

Ebenso unerforscht ist im Übrigen die Situation von männlichen Schülern und Studierenden in sozialen Ausbildungs- und Studiengängen. Das Lehrforschungsprojekt „Männer in der Minderheit" (Kontos, May 2005) an der Fachhochschule Wiesbaden wird hierzu möglicherweise demnächst erste aufschlussreiche Erkenntnisse liefern. Wie fühlen sich die männlichen Studierenden eigentlich „allein unter Frauen"? Was erleben sie mit ihren Kommilitoninnen und mit den Lehrenden? Trägt es dazu bei, sich fremd zu fühlen, sich zurückzuziehen und auszusteigen oder aber sich herausgefordert zu fühlen, männliches Imponiergehabe hervorzukehren, was dann wieder den Ärger der GenderprotagonistInnen auf sich zieht? Werden Wege geboten, einen professionellen männlichen Habitus gelungen auszubilden, der dem Beruf zuträglich ist? Wie greifen „Doing male" und „Doing professional" förderlich ineinander? Ein Sozialpädagoge erinnert sich an sein Studium:

„Teilweise wurde ich mit eigenen Berührungsängsten konfrontiert. Das hemmte mich vor allem am Anfang des Studiums, weil ich oft der einzige Mann im Seminar war und irgendwie das Gefühl hatte, ich würde stören. Außerdem wurde des öfteren, wenn es um Jungen oder Männer ging, mein Kommentar eingefordert, was mich ziemlich genervt hat. Warum sollte meine Wahrnehmung, Meinung oder Erfahrung exemplarisch für die Kategorie Mann stehen?" (Rehberg 2004, 53)

Der Erzähler fühlt sich deplatziert: Er meint zu „stören", ist „gehemmt". Dass er zudem dann noch mit Vorliebe als „Männlichkeitsexperte" befragt wird, verschärft das Unbehagen, unterstreicht es doch ungewollt für den so Befragten eine Außenseiterposition. Die Frage teilt ihm mit: Er ist in der Studierendengruppe nicht „Gleicher unter Gleichen", sondern verkörpert „das Andere". Diese biografischen Erinnerungen verweisen auf studienkulturelle Exklusionsvorgänge, die bislang in den Auseinandersetzungen um die Ausbildung sozialer Nachwuchskräfte wenig Thema sind. Welche Einschluss- und Ausschlusspraxen finden statt? Welche Normierungen erfahren Studenten und Studentinnen durch Lehrinhalte, Lehrende und KommilitonInnen? Bei welchen Lehrkräften studieren sie besonders viel, bei welchen halten sie sich auf Distanz? Bei wem finden sie Beziehungs- und Mentoring-Angebote, bei wem nicht? Bei wem suchen sie sich diese, bei wem nicht? Welche Seminarthemen, welche Prüfungsfächer belegen sie? Zu welchen Themen verfassen sie ihre Abschlussarbeiten? In welche Praxisfelder gehen sie? Zeichnen sich genderspezifische Studienverläufe und Studieninhalte ab? Ist in der einen oder in der anderen Geschlechtergruppe die Drop-out-Quote signifikant höher? Was lernen die Nachwuchskräfte auf der „Hinterbühne" der Schule und Hochschule zu Doing Gender und Doing Professional in der Sozialen Arbeit? Und was wird daraus im beruflichen Etablierungsprozess? Die Datenlage hierzu ist bislang spärlich.

Am ehesten findet sich in der Kindertagesbetreuung hierzu etwas – vielleicht, weil Männer hier so selten wie sonst nirgendwo in der Sozialen Arbeit beschäftigt sind. Die bisherigen Analysen zu diesem Berufsfeld lenken den Blick auf eine Reihe von „Doppelbödigkeiten", die die männliche Arbeitssituation dort durchziehen. Verbreitet ist die spezifische normative Funktionalisierung „des Männlichen" in der Arbeit mit Kindern. So ist zahlreich zu lesen, dass männliche Fachkräfte in die „Gärten der Frauen" das ausgleichende männliche Element pflanzen sollen, das erst eine gesunde Entwicklung ermöglicht. Sie sollen angesichts des häufigen „vaterlosen" Aufwachsens vor allem den Jungen die fehlenden männlichen Beziehungsobjekte bieten. Dahinter steht die Vorstellung, dass Männer in besonderer Weise auf Jungen eingehen können und sollen. Diese Aufträge sind fragwürdig. Nicht nur muss die selbstverständliche Idealisierung „des Männlichen" verwundern, die nicht mehr danach fragt, „*wofür* Jungen eigentlich Männer brauchen und wie Männer eigentlich sein müssen, um als Vorbilder geeignet zu ein" (Rohrmann 2006, 119, kursiv im Original), auch ist die in die Rede von der „männlichen Kompensationsfunktion" eingelagerte Geschlechterpolarisierung auf jeden Fall kritisch zu befragen. Zudem ist zu vermuten, dass dies alles sich kontraproduktiv hinsichtlich der Integration von Männern in den Beruf der Kindererziehung auswirken könnte.

„Männer entscheiden sich in der Regel nicht für eine Tätigkeit im sozialen Bereich, um eine Gegengewicht zur Vielzahl der weiblichen Beschäftigten zu bilden und männliche Bezugspersonen für Kinder mit Vatermangel zu werden. Die Erwartung, dass sie Jungen klare Orientierung bei der Entwicklung männlicher Identität geben können, ohne dabei in Muster traditioneller Männlichkeit zu verfallen, dürfte für viele männliche Fachkräfte eine Überforderung bedeuten. (...) Es kann (...) sein, dass die Vorstellungen und Wünsche, die ein junger Mann mit seiner Berufsentscheidung verbindet, ganz im Gegensatz zur Erwartung stehen, dass er im Alltag mit den Kindern so etwas wie das 'männliche Element' vertreten soll." (Rohrmann 2006, 120ff)

Dass letzteres bedenkenswert ist, dazu liefert auch Michael Matzner einen Hinweis, wenn er in seinem Beitrag zur Geschlechterordnung in der Sozialen Arbeit Studien erwähnt, die zeigen, dass ein Teil männlicher sozialer Fachkräfte sich mit seiner Berufswahl explizit von den konventionellen männlichen Erfahrungswelten distanzieren will (Matzner 2005, 21). Weil sie – aus welchen Gründen auch immer – in den Welten hegemonialer Männlichkeit keinen Platz finden oder finden wollen, versuchen sie für sich Räume außerhalb zu erschließen und geraten dabei an Berufsorte, wo ihnen stellenweise wieder genau das abverlangt wird, dem sie sich entziehen wollten: der hegemoniale männliche Habitus.

Aus der Sicht der Erzieherinnen soll der männliche Kollege einerseits ein „unmännlicher" Mann sein: nämlich emphatisch, sensibel, teamfähig, humorvoll, offen und von Kindern begeistert. Gleichzeitig soll er ein „richtiger" Mann sein: durchsetzungsfähig und stark – also auf keinen Fall ein „Weichei" (Rohrmann 2006, 123 f). Handwerkliche Aufgaben und sportliche Aktivitäten werden an ihn delegiert, auch schwierige Konflikte mit Jungen – nach dem Motto: „Regel du das mal, du kannst dich besser durchsetzen" (ebd. 122). So stellt sich die Erziehertätigkeit für Männer als Gratwanderung mit Gratifikationen, aber auch Fallstricken dar. Sie sind begehrt als „männliches Element" und eben genau deshalb in der ständigen Gefahr, an den Erwartungen und Funktionalisierungen zu scheitern. Tim Rohrmann resümiert zu ihrer Situation:

„Zunächst einmal haben Männer in pädagogischen Bereichen einige Vorteile:

➢ Sie haben bessere Chancen auf einen Job als Frauen mit gleicher Qualifikation, insbesondere dort, wo es für wichtig gehalten wird, dass Kinder nicht nur von Frauen betreut und unterrichtet werden.

➢ Sie bekommen von Kolleginnen „Vorschusslorbeeren" und werden zunächst weniger streng beurteilt, weil sie sich als Mann überhaupt in diesen Bereich wagen; wiederum insbesondere dort, wo es grundsätzlich für wichtig gehalten wird, dass Kinder nicht nur von Frauen betreut und unterrichtet werden.

➢ Nicht zuletzt werden sie von Kindern meist begeistert aufgenommen. (...)

Neben dieser Bevorzugung gibt es allerdings auch gegenläufige Tendenzen, die sich meist erst nach einer Weile bemerkbar machen:

➢ Nicht alle Frauen sind bereit, Männer in „ihrem" Bereich mitreden und mitentscheiden zu lassen. Gerade im informellen Bereich – in der Pause, beim kleinen Privatgespräch zwischendurch – können männliche Kollegen auch als Störfaktoren im trauten Frauenmiteinander erlebt werden.

➢ Männern wird nachgesagt, dass sie uneinfühlsam seien, mit ihnen kein gleichberechtigtes Miteinander möglich sei oder dass sie mit höherer Kompetenz und Weisungsbefugnis von Frauen nicht zurecht kämen.

➢ Andererseits erfüllen Männer, die eher unsicher auftreten und kein eigenes Profil zeigen, nicht die Erwartungen von Frauen an ihre „Männlichkeit". Nicht selten werden sie schnell als „Weicheier" bezeichnet und deutlich abgelehnt."
(Rohrmann 2006, 125 f)

Was für die Situation der männlichen Fachkräfte im Erziehungswesen herausgearbeitet wird, ist sicherlich nicht umstandslos auf andere Felder der Sozialen Arbeit übertragbar. Dennoch liefert es Impulse für die überfällige Beschäftigung mit der Situation männlicher Fachkräfte auch in anderen Feldern der Sozialen Arbeit. Es deutet an, dass es spezifische Double-Bind-Botschaften an Männer und Geschlechterarrangements geben kann, die Professionalisierungskonflikte für beide Geschlechtergruppen erzeugen. Genderqualifizierung in der Sozialen Arbeit muss von daher heißen, sich diesen Vorgängen zuzuwenden.

Genderqualität in der Sozialen Arbeit: Besondere Praxis?

> „Neueste Erfindung bei Schaumstoffmatratzen sind spezifische Frauen- und Männermatratzen. 'Die in sieben Zonen eingeteilte Matratze berücksichtigt die zwischen Frauen und Männern bestehenden unterschiedlichen Gewichtsanteile der einzelnen Körperzonen', sagt Klaus Kirchner vom Hersteller Diamona aus Wolfsburg. Nicht so überzeugt von der Wirkung von Frauen- und Männermatratzen ist jedoch Warentester Brix. 'Jeder Körper ist individuell gebaut', sagt der Experte."
> (Hessisch-Niedersächsische Allgemeine 15.5.2006)

Die umfangreich vorhandene Fachliteratur zur geschlechtsspezifischen Praxis der Sozialen Arbeit lässt den Eindruck entstehen, dass Mädchen und Jungen, Frauen und Männer geschlechtsspezifische methodische Settings und geschlechtsspezifische Inhalte sozialer Hilfe brauchen. Damit das Hilfeangebot für sie „passt", muss es auf die jeweilige Geschlechtergruppe speziell zugeschnitten sein, muss es Besonderheiten der jeweiligen Geschlechtergruppe adäquat berücksichtigen.

Dieser Grundsatz leuchtet ein. Sollen tragfähige Beziehungen hergestellt, gemeinsame Arbeit ermöglicht, Problemlösungen entwickelt und Entwicklungsförderung stattfinden, müssen Professionelle die Eigenheiten der AdressatInnen anerkennen und mit ihnen passend umgehen. Diese Eigenheiten können kollektiver, aber auch persönlicher Art sein. Sie können genderspezifisch, aber auch altersspezifisch, entwicklungsspezifisch, kulturspezifisch, regionalspezifisch, religionsspezifisch, krankheitsspezifisch oder in irgendeiner anderen Weise sozial spezifisch sein. Normen und Rituale der Lebenswelt der KlientInnen müssen eingehalten werden wie auch die Interaktion der psychischen und physischen Verfasstheit der KlientInnen angepasst sein muss. Es gehört daher zu den Selbstverständlichkeiten einer qualifizierten Sozialen Arbeit, sich mit den „Eigenheiten" der AdressatInnen zu beschäftigen und sich dafür zu schulen, das berufliche Tun möglichst optimal an diesen auszurichten.

Wie kann ich mich erfolgreich kleinen Kindern oder alten Menschen nähern, wie führe ich ein Gespräch mit einer demenzerkrankten Frau oder mit dem Lehrer, wie finde ich Zugang zu den russlanddeutschen Aussiedlerjungen eines Sozialarbeitsprojektes, zur Szene am Großstadtbahnhof, wie leiste ich der Sinti-Familie Hilfe, deren Kinder nicht in die Schule gehen, wie mediiere ich den Konflikt zwischen der Nachbarschaft und dem Wohnheim für Flüchtlinge, woran leiden die Menschen, die die Beratungsstelle aufsuchen, womit ist das Leben der Menschen belastet, die in der Einrichtung stationär untergebracht sind? Diese Fragen stehen exemplarisch für viele andere und zeigen an, dass Soziale Arbeit permanent herausgefordert ist, sich auf spezifische Zielgruppen, ihre Lebenswelten und Problemlagen einzustellen.

Dennoch ist fraglich, ob mädchen- und jungenspezifische, frauen- und männerspezifische Soziale Arbeit tatsächlich etwas ganz Spezifisches aufweisen oder aufweisen müssen, das sie essentiell voneinander unterschiedet. Durchforstet man die Ausführungen zur geschlechtsspezifischen Praxis, stößt man jedenfalls über weite Strecken letztlich auf allgemeine Grundsätze einer modernen qualifizierten Sozialen Arbeit, die für alle Arbeitsfelder und Zielgruppen gelten: Empathie, Parteilichkeit, Ganzheitlichkeit, Lebensweltorientierung, Ressourcenorientierung, Subjektorientierung und Partizipation. Der Jungenarbeitsexperte Benedikt Sturzenhecker merkt denn auch zur Praxis der Jungenarbeit an, dass sie „nichts Besonderes im Vergleich zu allgemeinen sozialpädagogischen Handlungsregeln" ist (Sturzenhecker 2002, 37).

Dennoch transportiert die entsprechende Fachliteratur überwiegend einen demonstrativen Besonderungsgestus. Es gibt mädchenspezifische und jungenspezifische Jugendarbeit, frauen- und männerspezifische Beratung, frauen- und männerspezifische Gesundheitsförderung usw. Ein Auszug aus der Beschreibung der Jungenarbeit einer Beratungsstelle hebt hervor:

„Abmachungen, Regeln und Verbindlichkeiten werden in der Arbeit mit Jungen groß geschrieben. So sehr sie sich in ihrer vorpubertären Phase zunehmend mit mehr Freiheiten ausstatten, werden sie andererseits mit dem Einhalten der Regeln und Befolgen der Gruppenregeln unmittelbar konfrontiert. Ein Fernbleiben von der Gruppe kann nur mit einer entsprechenden Entschuldigung, ein gewalttätiges Auftreten mit einer Wiedergutmachung akzeptiert werden. Beziehungsarbeit heißt hier auch Grenzen benennen und sie akzeptieren lernen." (Zahn 2002, 88f)

Auch wenn es sein mag, dass diese jungenpädagogischen Leitlinien für die Einrichtung einen besonderen Stellenwert haben, ist doch die Frage, ob sie *nur* für die Jungenpädagogik relevant sind. Es spricht vieles dafür, sie auch in der Mädchengruppenarbeit und in anderen Feldern der Sozialen Arbeit konsequent anzuwenden. In einem Text zur Mädchenarbeit heißt es demgegenüber:

„Ein wesentliches Prinzip der Mädchenarbeit ist es, die Angebote um Hilfeformen nicht nur für Mädchen, sondern *mit Mädchen zusammen* zu entwickeln. Beteiligung von Mädchen bedeutet nicht nur, Mädchen an Vorgegebenem zu beteiligen, sondern Formen zu entwickeln, die ihnen ermöglichen, mitzuplanen, sich auszudrücken, Neues zu erfinden. Das erfordert, an verdeckte, tabuisierte Bedürfnisse/ Themen heranzukommen. Sie brauchen 'Sprecherlaubnisse', die sie vom 'Normalsein-müssen' entlasten und ihre Wünsche und Erfahrungen herausfordern." (Bitzan, Daigler 2001, 52)

Auch hier ist zu fragen, ob die als mädchenspezifisch konstruierte Programmatik nicht für die Soziale Arbeit mit sämtlichen Zielgruppen wünschenswert ist. Vielleicht ist der Besonderungsgestus in den Praxiskonzepten frauen- und männerspezifischer Sozialer Arbeit gar nicht beabsichtigt. Doch er stellt sich allein dadurch ein, dass Handlungsweisen und Arbeitsprinzipien im Kontext der Arbeit mit einer Geschlechtergruppe herausgehoben thematisiert werden. Damit wird der Mechanismus in Gang gesetzt, der alles, was gesagt wird, automatisch als etwas Einzigartiges in der Arbeit mit der jeweiligen Geschlechtergruppe erscheinen lässt. Auf diese Weise werden genderbezogene Praxisansätze künstlich polarisiert, werden allgemeine Qualitätsstandards der Gruppenarbeit und Einzelfallhilfe „vergeschlechtlicht" – nach dem Motto: Mädchen und Frauen brauchen etwas *ganz anderes* als Jungen und Männer. Und bei der Suche nach dem *ganz Anderen* gehen dann weitere und möglicherweise entscheidendere Fragen genderbezogener Qualitätsentwicklung verloren. Doch brauchen weibliche Zielgruppen qua Geschlecht und gemeinsam tatsächlich etwas ganz anderes als männliche?

Diese Frage auszusprechen, soll nicht unterstellen, dass die Beschäftigung mit möglichen geschlechterbezogenen Besonderheiten der Zielgruppen grundsätzlich nutzlos ist. Sehr wohl ist es vernünftig zu prüfen, ob und wie Konzepte tendenziell für die eine Gruppe besonders günstig, für die andere besonders ungünstig sind. Wenn in der Drogenarbeit beispielsweise festgestellt wird, dass sich für Frauen die harte Konfrontation, eine Interventionsstrategie, die an der Konfliktaustragung unter Männern orientiert ist, nicht bewährt hat (Vogt 2001, 169), dann ist dies ein wertvoller Impuls zur genderbezogenen Optimierung dieser Arbeit. Zu warnen ist nur davor, bei alledem die Praxis frauen- und männerspezifischer Sozialer Arbeit zu hochgradig spezialisierten, dichotomisierten und exklusiven Programmatiken aufzublähen und substantielle Unterschiedslinien aufzubauen, die letztlich keine sind.

Genderqualität: segmentierte Praxis?

Die bisherige Genderdebatte zeigt darüber hinaus die Tendenz, Genderqualität gleich zu setzen mit besonderen – in der Regel geschlechtshomogenen – Einrichtungen und Praxisangeboten. Diese Praxis isoliert und segmentiert die Frage der Genderqualität. Sie wird an ein spezifisches räumliches, zeitliches, personelles und konzeptionelles Setting gebunden. So wird genau das erzeugt, was von den Genderfachkräften immer wieder beklagt wird: Genderbezogene Qualitätsentwicklung wird aus dem Mainstream der Sozialen Arbeit ausgegrenzt statt integriert.

Die geschlechtshomogenen Praxisangebote erfüllen wichtige Funktionen. Doch es gibt zahlreiche Aspekte genderbezogener Qualitätsentwicklung, die die Banalitäten und Routinen des Alltags Sozialer Arbeit durchziehen und die sich von daher nicht auf besondere Angebote, Inhalte, Zeiten und Räume reduzieren und an einzelne genderpädagogische SpezialistInnen überweisen lassen. Diese integrale Perspektive umfasst die Gesamtgestalt einer Institution, wie sie durch das Agieren von Personen, aber auch durch institutionalisierte Riten, Regelwerke, Redeweisen, Geschichten, räumliche und finanzielle Materialisierungen – gezielt oder auch nicht – produziert wird.

Damit wird das aufgegriffen, was die Genderfachkräfte Regina Rauw und Holger Karl betonen: Genderbezogene Praxis nicht als Methode, sondern als Haltung und Sichtweise. Mädchenarbeit hört dann z. B. nicht auf „in geschlechtsgemischten Situationen vor und nach der Mädchengruppe. Ebensowenig kann Jungenarbeit in der Schule auf die Zeit der Jungen-AG Mittwochs von 15 bis 18 Uhr beschränkt werden, sonst ist sie keine. Denn die geschlechtsbezogene Sichtweise ist keine Brille zum Auf- und Absetzen, sondern (...) eine Haltung. Diese kann sich nicht auf pädagogische Angebote beschränken, sondern wirkt auf Reflexion und Gestaltung des gesamten Umfelds ein: z. B. Architektur/Raumverteilung (...) oder die Frage von Stellenbesetzungen und Mittelverwendungen." (Rauw, Karl 1999, 21)

Genderqualität als materielle Dimension

In einem Teamgespräch formulieren Fachkräfte einer Kindertagesstätte:

„(...) und zwar haben wir festgestellt, daß wir eine sehr weiblich ausgestattete Einrichtung haben – allein schon von der Optik her. Uns fehlt eigentlich vieles: Werkzeuge, eine Werkbank, Männerkleidung, Tore, ein Bolzplatz, ein Raum für grobe Arbeiten. Es ist bei uns alles sehr ordentlich und aufgeräumt. Das wurde sogar von einem Studenten festgestellt als hier eine Begehung war. Er hat gesagt: Haben Sie das jetzt wegen uns aufgeräumt oder ist das hier immer so ordentlich? Wenn einem Mann das schon auffällt (allgemeines Gelächter) ...! Dann haben wir festgestellt, daß wir zu wenig Modenschauen anbieten, bei denen Jungen mitspielen können. Ebenso kaum Bücher für Jungen. Heute hat jemand z. B. ein Wikingerbuch gesucht. Im 'Was-ist-was-Buch' habt ihr dann etwas gefunden." (Büttner, Nagel 2001, 17 f)

Die Erzählung zeigt: Genderqualität kann sich räumlich manifestieren. Wie sind die Räume der Einrichtungen angeordnet, wie sind sie gestaltet, möbliert, beleuchtet? Wie sind sie geschmückt? Welche Musik ist zu hören, welche Speisen, Getränke werden angeboten, in welchem Geschirr? Zu welchen Zeiten sind sie zugänglich, zu welchen Zeiten nicht? Was ermöglichen die Räume und was nicht?

Raumgestaltungen transportieren soziale Botschaften, die mitbestimmen, wie Geschlechterverhältnisse in diesem Raum aussehen. Was bedeutet es für den Zugang der Geschlechter, wenn der Jugendraum im hellen Bistro-Stil oder im Stil einer Kneipe gestaltet ist? Wie wirkt es auf wen, wenn er verwahrlost ist oder gut gepflegt und ästhetisch gestaltet? Welche Folgen hat es, wenn er zentral liegt oder „weit ab vom Schuss" an der städtischen Peripherie? Wie wirkt der Kindergarten auf wen, wenn er perfekt aufgeräumt und mit Fensterbildern und sonstigen Bastelprodukten verziert ist? Wie wirkt das Spielgelände der Heimeinrichtung für wen, wenn es dort nur einen Bolzplatz und eine Skate-Rampe gibt? Wie wirkt das Büro auf wen, wenn es nüchtern sachlich-funktional möbliert ist. Schon vor langer Zeit haben deshalb Jugendarbeitsexpertinnen beispielsweise deshalb genderbezogene Prüfkriterien für Jugendarbeitsräume formuliert:

„Fragen Sie sich für Ihre Einrichtung:

Wo sind bei uns
– Nadelöhre,
– Laufstege,
– Präsentierteller,
– männliche Territorien?

Welche Räume sind eher den Mädchen vorbehalten?

Wo können Mädchen sich von Jungen ungestört aufhalten?

Wodurch können Mädchen Räume als 'ihre Räume' erleben?

Was können sie in den einzelnen Räumen machen?

Welche Freizeitinteressen von Mädchen werden gefördert/behindert durch die vorhandene Raumgestaltung und -aufteilung?" (ISA 1986, 175)

Solche „materiellen" Fragen geraten leicht aus dem Blick. Dabei gestalten sie Geschlechterverhältnisse genauso wie pädagogische Konzepte. Ähnliches gilt für das Geld. Wie und wofür die Finanzen öffentlicher Haushalte verteilt werden – auch dieses entscheidet ganz nachhaltig über die Konturen der Geschlechterverhältnisse. Nicht zufällig avanciert deshalb im Rahmen des Gender Mainstraming gegenwärtig das Genderbudgeting zu einem zentralen Thema. Es lenkt die Aufmerksamkeit auf die Richtungen und Mengen von Geldflüssen und die darin möglicherweise eingelagerten Geschlechterungleichheiten. Genderbudgeting bedeutet, Haushalte von Organisationen – ob groß, ob klein – in ihren Auswirkungen auf die Geschlechter zu prüfen. Einnahmen, Ausgaben, Umverteilungen und Einsparungen – sie alle können unerkannt der einen Geschlechtergruppe zum Vorteil, der anderen zum Nachteil gereichen (von Marschall 2006). Eine genderqualifizierte Soziale Arbeit muss dann danach schauen, welche Leistungen wem zugute kommen, wie viel sie kosten und ob dabei Ungleichheiten erkennbar werden. Gleichwohl wäre es zu schlicht, nur schematisch auf den aktuellen Ausgabengleichstand abzuzielen, vielmehr ist immer auch die qualitative Frage zu stellen: Was wird mit diesen Ausgaben für wen kurz-, mittel- und langfristig erreicht und trägt dies zur Herstellung von Chancengleichheit bei? Es kann schließlich sein, dass eine Gruppe einen momentan höheren Förderbedarf hat, um langfristig in gleicher Weise wie andere partizipieren zu können (von Marschall 2006, 33).

„Bei dem Produkt Jugendförderung kann dies heißen, dass als Output die zahlenmäßige Nutzung von Angeboten verglichen wird und es als ausreichend gerecht betrachtet wird, wenn gleich viele Mädchen wie Jungen die Angebote nutzen und dass, auf die Kosten des Angebotes umgerechnet, genau so viel Geld für Mädchen wie für Jungen ausgegeben wurde. Auf dieser Basis kann dann behauptet werden, dass keine besonderen Angebote mehr für Mädchen notwendig seien, diese sogar eine Ungerechtigkeit gegenüber Jungen darstellen würden. Hier fehlen dann die Schritte den Outcome, die mittel- und langfristige Wirkung zu berechnen und in jedem Einzelfall zu überprüfen, ob und inwiefern die Maßnahme zur Herstellung von Geschlechtergerechtigkeit dient." (von Marschall 2006, 35)

Wenn es in der Sozialen Arbeit darum geht, Menschen gleichberechtigt Entwicklungschancen und soziale Teilhabe zu eröffnen, dann verweist dies auf genderpädagogische Fragen – aber eben nicht nur. Es rückt auch die profanen Dimensionen von Ressourcen, Ausstattungsquantitäten und -qualitäten in den Vordergrund.

Welche Orte stehen wem zur Verfügung? Wer geht wohin und wohin nicht? Was bieten diese Orte? Was kosten diese Orte? Und schließlich: Welche Folgen hätte es für wen und was würde es für wen an Folgekosten produzieren, wenn es sie nicht gäbe?

Genderqualität als responsive Praxis

Diskurs und Praxis zur genderbezogenen sozialen Arbeit neigen mit ihrer Fixierung auf spezifische Settings dazu, ein wichtiges Moment der sozialen Gender-Realität zu übergehen. Im Prinzip ist die Genderthematik im sozialen Leben und damit auch im Alltag sozialer Einrichtungen permanent präsent. Genderdifferenzen werden von Individuen als prominente soziale Distinktionslinie kontinuierlich bearbeitet, sie müssen bearbeit werden, um sich selbst sozial zu verorten, Gruppenzugehörigkeiten und Abgrenzungen zu markieren, Identität zu konstruieren – in Körperinszenierungen, Reden, Spielen, Witz, Anmachen, Gruppenritualen, Konflikten, Diskriminierungen und Übergriffen. Geschlechterkonturen und -unterschiede werden – je nach sozialem Kontext – errichtet, bestätigt, modifiziert, aber auch wieder demontiert und unbeachtet gelassen. Die Inszenierung von Geschlechtsidentität ist somit manchmal zentral, manchmal aber auch nicht. Sie ist aber auf jeden Fall ein vitales biografisches Thema.

Individuen bringen dieses Thema selbst ein, wenn auch das Wie und Wann in der Regel kaum kalkulierbar ist, sondern von sozialen Anlässen, den Prozessdynamiken und Akteuren und Akteurinnen abhängt. So zeigte das Projekt „Evaluation von Bildungsprozessen in der Jugendarbeit" (Müller, Schmidt, Schulz 2005), dass Gender eine Querschnittskategorie darstellte, welche sich letztlich in nahezu allen beobachteten Alltagsszenen der Jugendtreffs wieder finden ließ.

„Es gibt bestimmte Bereiche (im Internet des Jugendhauses, L. R.), die gesperrt sind, das heißt, es können an den Computern bestimmte Einstellungen nicht verändert werden: Sie (die Jugendlichen, L. R.) können keine Sexseiten besuchen und sich auch nichts herunterladen. Jedoch finden vor allem die männlichen Jugendlichen immer wieder Mittel und Wege, den Bildschirmschoner zu ändern. Dies ist eigentlich nicht möglich, allerdings haben die Pädagogen des Hauses diese Lücke immer noch nicht schließen können, obwohl sie intensiv daran arbeiten (und dies die Jugendlichen auch in beiläufigen Bemerkungen wissen ließen), so dass tagtäglich immer wieder ein anderes Hintergrundbild erscheint. Zum Teil sind es schicke, schnelle, große Autos. Zum anderen dann etwas leichter bekleidete Mädchen oder andere Bilder, die der Fantasievorstellung junger Männer entsprechen." (Müller, Schmidt, Schulz 2005, 141)

Diese Praxisbeschreibung liefert exemplarisch Hinweise auf die diffizile Dynamik des Genderthemas. Es ist präsent, schleicht sich aber mit Vorliebe „hinterrücks", spielerisch und provokant, manchmal auch abstoßend und erschreckend ein und ist damit schwer zu greifen. Die Schilderung zeigt: Es geht um die Auseinandersetzung zwischen Jugendlichen und Fachkräften um personelle und gesellschaftliche Kontrollverhältnisse und Generationenverhältnisse, die Sicherung jugendlichen Eigensinns und technischer Überlegenheiten, und schließlich auch: um die Inszenierung von Männlichkeit. Es sind dies Themen, die von Jugendlichen „mitgebracht" werden, sie fordern Fachkräfte heraus, können als Entwicklungsgelegenheit genutzt werden oder ungenutzt bleiben. Genderqualität heißt dann, als Fachkräfte in der Lage zu sein, *responsiv* auf jugendliche Signale zu reagieren und die Alltagsinteraktionen als Bildungsgelegenheiten offen zu halten und auszuschöpfen. Der Blick auf die Praxis der Jugendarbeit – und dies gilt im Grundsatz sicherlich auch für andere Felder Sozialer Arbeit – zeigt jedoch, dass kaum entsprechende professionelle Reflexionsmuster für ein entsprechendes Berufshandeln vorliegen, um diese Bildungs*gelegenheiten* differenziert *wahrnehmen* zu können und in ihnen situativ, rituell adäquat und gleichzeitig produktiv „*antworten*" zu können (Müller, Schmidt, Schulz 2005, kursiv im Original).

Begreift man die Einrichtungen Sozialer Arbeit als soziale Bühne, auf denen Genderkonturen von den Zielgruppen gestaltet, geübt, angegriffen und bestätigt werden, dann zeigt sich die Dringlichkeit gelungenen professionellen Feedbacks. Denn diese Praxen können gelingen oder scheitern, sie können die Betroffenen gesellschaftlich anschlussfähig machen oder auch nicht. So können Genderinzenierungen aufgeführt werden, die verpönt, marginalisiert, auch kriminalisiert sind. Es können solche sein, die schwach und ohnmächtig machen, aber auch solche, die hinter grandiosen Auftritten oder aggressiven Botschaften auch Nöte verdecken. Genderkompetenz bezeichnet danach nur nachrangig die Fähigkeit der Fachkräfte zur Mädchenarbeit und Jungenarbeit, Frauenarbeit und Männerarbeit, sondern zuallererst die Fähigkeit, in diesen informellen, offenen Situationen auf die „Vorlagen" der Zielgruppen spontan, adäquat genderbezogen reagieren und entwicklungsförderlich „antworten" zu können. Dies schließt ein, Inszenierungen je nach ihrer Gestalt zu bestätigen, kritisch zu spiegeln, zu verstören, Alternativen zu eröffnen, auch zurückzuweisen und zu sanktionieren, wo es nötig ist, und sich schließlich auch als Fachkraft anzubieten, das Thema weiter zu bearbeiten. Dieses Wechselspiel zwischen Impulsen der KlientInnen und den professionellen Reaktionen ist diffizil. Es setzt voraus, die Bildungsgelegenheiten sehen zu können, auch wenn sie oft genug für Fachkräfte provozierend und schockierend präsentiert werden, die Gratwanderung zwischen Spiel und Ernst erfolgreich zu schaffen, sich auf das, was kommt, einzulassen und dennoch darin auch aktiv durch eigene Beiträge zu steuern. Dies bedeutet einen weit reichenden Paradigmenwechsel in der Genderdebatte. Denn Genderqualität kann sich jetzt nicht mehr in der Debatte um die initiierten geschlechtshomogenen Angebote erschöpfen, sondern muss sich stärker den diffusen Interaktionsabläufen des Alltags widmen.

Für diese Genderqualitäten gibt es noch keinen rechten Begriff. Sie sind diffus, „überall und nirgends", integral statt separiert, ohne Ort und personelle Zuständigkeit und damit schwer zu greifen. Vielleicht ist es dieses Nebulöse, warum diese Ebene bisher noch zu wenig zum Gegenstand genderbezogener Professionalisierungsanstrengungen wurde, warum stattdessen genderbezogene Praxis vorwiegend als geschlechtsspezifisches Angebot eingefordert wurde und wird? Es gibt noch keinen entwickelten Diskurs dazu, wie Fachkräfte die alltäglichen, in der Regel geschlechtergemischten Normalsituationen ihres beruflichen Alltags *situativ* genderbezogen und gendergerecht gestalten können.

Genderqualität als rituelle Praxis

Die Schulforscherinnen Annedore Prengel und Friederike Heinzel (2004) liefern eine weitere interessante Anregung für die Debatte um Genderqualität in der Sozialen Praxis. Ihre These ist, dass eine demokratische Innovation der Geschlechterverhältnisse Rituale braucht, in denen sich Gleichberechtigung der Geschlechter inszenieren, symbolisieren und tradieren lässt (Prengel, Heinzel 2004, 116). Geht man davon aus, dass Rituale sich wiederholende, gleichförmige Praxismuster sind, in denen soziale Beziehungen und Bedeutungen über das bloß Sichtbare hinaus von den Teilnehmenden hergestellt und bekräftigt werden, lassen sich Rituale als nachhaltig wirksame Normalisierungsinstanzen begreifen. Sie sorgen dafür, dass spezifische Verhältnisse zur selbstverständlichen Normalität werden, die sich in die Körper tief einschreibt und in Handlungen kontinuierlich und automatisiert „bewusstlos" reproduziert wird. Ihre mit der Tradition begründete Fraglosigkeit sichert soziale Stabilität und Kontinuität, verhindert Konflikte und Aushandlungsprozesse. Dies war und ist es dann auch, was Rituale regelmäßig in Verruf bringt. Ihre zementierte Enge löste kritische Revolten aus, weil sie individuelle Freiheiten einschränken, und führt zur Verweigerung und Zerstörung von Ritualen, um Raum für Veränderungen zu ermöglichen. So haben Rituale ein Doppelgesicht: sie verleihen spezifischen sozialen Verhältnissen dauerhafte Stabilität und sie sind damit eine bedeutungsvolle kulturelle Ressource, doch sie verhindern gleichzeitig damit auch immer Umbrüche und Weiterentwicklung. Diese Widersprüchlichkeit lässt sich nicht zu der einen oder der anderen Seite auflösen.

Bezeichnenderweise haben auch enttraditionalisierende Protestbewegungen, die herrschende Rituale angegriffen haben, letztlich jedoch oftmals wiederum zur Neuschöpfung von Ritualen geführt, um den veränderten neuen Verhältnissen symbolischen Ausdruck und Dauerhaftigkeit zu verleihen. Dies lässt sich auch für die Gleichberechtigungsbewegung ausmachen. Prengel und Heinzel stellen fest, dass feministisch orientierte Lehrerinnen in der Vergangenheit immer wieder versucht haben, die Gleichstellung von Jungen und Mädchen durch neue Ritualerfindungen im Unterrichtsraum zu realisieren. Es sind Versuche, dem gewollten, „anderen" Miteinander der Geschlechter praktische Konturen zu geben und es zu einer selbstredenden Alltagsroutine werden zu lassen. Wie sinnig manche dieser Rituale sind, darüber lässt sich zweifellos streiten. So erscheint beispielsweise die in manchen Sportunterrichtsstunden übliche, gut gemeinte Regel des koedukativen

Fußballspiels, bei dem die Tore der Mädchen doppelt zählen, damit gesichert ist, dass auch Mädchen angespielt werden, durchaus kritisierbar. Doch verweisen solche Vorstöße gleichzeitig darauf, dass die Suche nach passenden Ritualen überhaupt eine dringliche, bedeutungsvolle und offenbar nicht so einfache Aufgabe ist.

Im Zentrum steht dabei für die Autorinnen die Frage der sozialen Anerkennung. Ihre Unterrichtsbeobachtungen zeigten ihnen, dass Schülerinnen und Schüler vor allem um Anerkennung konkurrieren. Viele Konflikte kreisen genau darum. Die schulische Institution ist sparsam mit den Anerkennungspraxen, sehr viel ausgeprägter sind die der Missachtung. So besteht eine zentrale Aufgabe genderbezogener Qualitätsentwicklung – nicht nur in der Schule – genau darin, beiden Geschlechtern gleichberechtigt Anerkennung zukommen zu lassen.

„Innovative Ansätze demokratischer Geschlechtererziehung arbeiten mit der bewussten Erfindung neuer Rituale (...). Diese neuen Rituale weisen einige gemeinsame Kennzeichen auf: in ihnen werden Gleichberechtigung und wechselseitige Anerkennung inszeniert, sie lassen Zuordnungen zu zweigeschlechtlichen Strukturen ebenso zu wie weitere Gruppierungen, Individualisierung und Gemeinsamkeit aller Kinder und sie werden explizit flexibel, also für Erneuerung offen, konzipiert. (...) Angesichts der Bedeutung von Ritualen leuchtet zweierlei ein, dass die Demokratisierung der Geschlechter- und Generationenverhältnisse im informell-alltäglichen ebenso wie im institutionell-öffentlichen Raum zum Einen nur mit der Verminderung der auf erstaunlich hartnäckige Weise überdauernden autoritären demokratiefeindlichen Missachtungsrituale und zum Anderen nur mit der Entwicklung neuer Anerkennungsrituale, in denen Prozesse der Gleichberechtigung auch routinisiert werden können, möglich ist." (Prengel, Heinzel 2004, 125)

Diese Ausführungen animieren, die Rituale der eigenen Einrichtung daraufhin zu prüfen, welche Botschaften sie Mädchen und Jungen, Frauen und Männern vermitteln und wie sie wen missachten und anerkennen. Sie fordern ebenso dazu auf, Rituale der Gleichstellung für den Alltag wie auch für besondere Anlässe zu kreieren.

Hindernisse in der intergeschlechtlichen Fachdebatte

Auch wenn im Prinzip regelmäßig festgestellt wird, dass das Genderthema keineswegs nur eines für Frauen ist, sondern dass dieses Thema alle betrifft und angeht, erweist sich die so selbstverständlich eingeforderte gemeinsame Beschäftigung damit in der Praxis als relativ prekär. Männer und Frauen tun sich schwer, *miteinander* die Genderdebatte zu führen, bei dem Thema in einen gelungenen intergeschlechtlichen Dialog zu treten. Dass dem so ist, offenbarte beispielsweise eine Befragung im Rahmen des IRIS-Modellprojektes „Jungenpädagogik". Nur sehr wenige Fachkräfte der Jugendhilfe gaben an, dass der Austausch zu Geschlechterfragen in gemischtgeschlechtlichen Fachkontexten für sie „unproblematisch" wäre. „Hier bildet sich ab, wie hoch aufgeladen und belastet ein geschlechterinteraktiver Diskurs sein kann – und wie wenig fruchtbar und ergiebig er trotz einer hohen ihm zugemessenen Bedeutung sein muss. In Zeiten des Gender-Mainstreaming liegt hier offensichtlich ein gehöriges Potenzial und ein Nachholbedarf" (Neubauer, Winter 2002, 25). Warum nun ist ein gemeinsames solides Fachgespräch so schwierig?

Territorialisierungen

Die entwicklungsgeschichtliche Dynamik der Genderdebatte hat Fachmonopole entstehen lassen. Auf den Weg gebracht und ausgeformt zunächst einmal als Frauen- und Mädchenfrage sind „territoriale" Zuständigkeiten und Ansprüche entstanden, die schon skizziert wurden: Frauen sind für die Belange von Mädchen und Frauen sowie die Bereitstellung einer passenden Praxis zuständig, und Männer sind für Belange von Jungen und Männern sowie die Bereitstellung einer passenden Praxis zuständig. Das heißt in Konsequenz: Jede Geschlechtergruppe hat qua Geschlecht ihr „Ressort", in dem sie „schaltet und waltet", in dem sie die Expertise hat, wo sie weiß und bestimmt, was anliegt und was zu tun ist. Im Umkehrschluss bedeutet dies auch, dass diese Expertise jeder Geschlechtergruppe auch zugeschrieben und überantwortet wird. Folge ist: Man mischt sich fraglos nicht in das Ressort der anderen, weil man hier qua Geschlecht nichts zu sagen hat. Dies geht so weit, schnell Verdächtiges zu vermuten, wenn doch diese Grenzen überschritten werden.

So erlebte es ein männlicher Jugendhilfeplaner, der sich durch Untersuchungen ausgewiesen hatte, in denen Geschlechterdifferenzen auch berücksichtigt worden waren, dass er von der Mädchenbeauftragten kritisiert wurde, weil er eine sozialraumorientierte Stadtteilstudie vorbereitete, in der Studierende Ortsbegehungen machen sollten, bei denen sie Mädchen und Jungen beobachten würden. Damit sollte geklärt werden, wo sich wann welche Kinder aufhalten und was sie dort tun. Von der Mädchenbeauftragten wurde ihm vorgeworfen, dass männliche Studenten im Stadtteil Mädchen beobachten würden. Dies sollte ihrer Meinung nach besser Frauensache sein.

Gerade Männer werden von den einschlägigen Fachfrauen kritisch beäugt, wenn sie sich um Mädchen und Frauen „kümmern". Da trägt sicherlich das in der Genderdebatte immer wieder zitierte Bild übler Männlichkeiten seinen Teil bei, dass so etwas stattfindet. Für Frauen scheint dies schon eher legitim zu sein, über Jungen und Männer zu sprechen und sich ihnen zuzuwenden. Schließlich gibt es eine Reihe von Frauenforscherinnen der ersten Stunde, die sich dann später auch mit ihren Beiträgen zu Jungen und Männern einen Namen machten.

Die langjährig kultivierten Fachgrenzen mit den getrennt geführten Diskursen und Praxisentwicklungen bringen es zwangsläufig mit sich, dass es schwer fällt, als Frauen und Männern *miteinander* über genderbezogene Fachfragen und Qualifizierungsbedarfe in der Sozialen Arbeit zu sprechen. Man steht sich als Fremde aus verschiedenen Welten gegenüber. Es fehlen schlicht Übung und Rituale des Dialogs. Zudem hat man im Vorfeld viel „Schlimmes" übereinander gehört. So mangelt es vielleicht auch an Vertrauen in die andere Seite, dass sie einen nicht überwältigt, wenn man die diskursiven Angriffe und Schutzschilde aufgibt, sich tatsächlich auf einen Dialog einlässt. Ebenso mangelt es möglicherweise an Zuversicht, dass die andere Seite zur Aufgabe der genderbezogenen Qualitätsentwicklung überhaupt auch was Produktives beizusteuern hat. Wenn das Geschlechterverhältnis durchgängig als eines des existentiellen Konflikts entworfen wird, ist dies kaum anders möglich, sondern es bleibt nichts anderes übrig, als sich im Belagerungszustand zu bewachen.

Das Problem der kollektiven Zuschreibungen

> „Beim Blick aus dem Zugfenster hatte Anna nicht den Eindruck, daß der Krieg in den Niederlanden sehr viel zerstört hatte. Die Wiesen waren glatt und gemäht, das Vieh stand wie wohlgenährt auf einer Ansichtskarte mit kleinen Brücken und Kirchtürmen. In der Straßenbahn in Den Haag dagegen konnte Anna kein Panorama genießen. Alle Plätze waren besetzt, in jeder Kurve wurden die Fahrgäste im Mittelgang gegeneinander geworfen. Ein Herr mittleren Alters stand höflich für Anna auf. Mit ihrem unvermeidlichen Requisit, dem Lederkoffer, ließ sie sich auf den Sitz fallen und seufzte 'Danke schön.' 'Was ...', rief der Mann schockiert, 'Sie sind Deutsche! Stehen Sie sofort auf!' Anna, die nur halb verstand, was er sagte, schoß hoch. Alle Gesichter wandten sich mit beschuldigenden Blicken in ihre Richtung. 'Ich verstehe Sie sehr gut, daß Sie nicht mit uns zu tun haben wollen. Aber ich war kein Nazi, ob Sie mir glauben oder nicht. Ich bin eine ganz normale Frau, mein Mann ist gefallen, ich habe niemanden mehr. Etwas anderes kann ich Ihnen nicht sagen ...' Ringsum herrschte vielsagendes Schweigen, man wandte sich mißbilligend ab. Anna hing schief an der Halteschlinge und spürte zum erstenmal, was es künftig bedeuten würde, eine Deutsche zu sein. Für schuldig befunden zu werden von Leuten, die nichts von einem wußten. Nicht ein Individuum zu sein, sondern ein Musterexemplar einer Art, weil man 'danke schön' sagte und nicht 'dank u wel'."
>
> (Tessa de Loo: Die Zwillinge. Roman. München, 463f)

Für Männer aktualisiert das Genderfachgespräch mit Frauen eine besondere Brisanz. Schließlich lassen die üblichen genderkritischen Gesellschaftsanalysen sie tendenziell schlecht wegkommen. Die Dominanz des weiblichen Benachteiligungsparadigmas macht sie als Männer kollektiv zu Vertretern der bevorzugten Geschlechtergruppe. Die Prominenz männlicher Gewalt als Thema des Geschlechterverhältnisses macht sie zudem zu „Musterexemplaren" eines verdächtigen und verwerflichen Menschentyps. In dieser Weise mit einem Generalverdacht etikettiert, können sie eigentlich nur noch alles falsch machen. Ob sie sich völlig raushalten, entschuldigend vorsichtig auftreten, sich als „Feministen" anbiedern, ob sie sich verwehren und Gegenangriffe starten, ob sich sich über den diskursiven Mainstream hinwegsetzen und völlig Unkonventionelles propagieren – beides bestätigt wie in einem Zirkel nur das bestehende Etikett.

Das Problem ist das Ineinander-Fallen von sozialer Strukturdiagnose und persönlicher Zuschreibung. Ihm ist kaum zu entgehen – trotz aller gegenteiligen Formulierungen. So bleibt es nicht aus, dass die allgemeinen Bestandsaufnahmen zum Geschlechterverhältnis sozusagen immer an den einzelnen Individuen „hängen bleiben". Und solange das sozial Zerstörerische in diesen Analysen erst mal vorwiegend auf der männlichen Seite identifiziert wird, gehen Männer unter schwierigen Voraussetzungen in ein Gespräch mit Frauen. Sie bringen aus Frauenperspektive eine „Erblast" mit, wie sie sicherlich auch selbst Projektionen zu Frauen und vor allem Genderfachfrauen entwickelt haben, die das wechselseitige Anerkennen und Verstehen behindern.

Lernen kann man dabei manches aus den Kooperationsinitiativen, die an anderen Stellen und zu anderen Zwecken derzeit verstärkt versucht werden, denken wir z. B. an die Kooperationen zwischen Polizei und Jugendhilfe, zwischen Arbeitsamt und Jugendberufshilfe, zwischen Schule und Jugendarbeit. Hier stoßen jedes Mal verschiedenartige Berufskulturen, professionelle Aufträge und Selbstverständnisse, institutionelle Rahmenbedingungen und Praxisroutinen, gesellschaftliche Statuspositionen und soziales Prestige aufeinander. Es treffen unterschiedliche soziale Kulturen zusammen. Dies erschwert den gemeinsamen fachlichen Dialog und die Kooperation, manchmal verunmöglicht es ihn ganz und gar. Die produktive Bewältigung der bestehenden Differenzen wird damit zur eigentlichen Herausforderung solcher Vernetzungen. Diese Erfahrungen lassen sich zweifellos auch auf die intergeschlechtliche Fachdebatte anwenden. Begreift man die gewohnten Frauenfachszenen und die Männerfachszenen auch als eigene Fachkulturen, wird nachvollziehbar, warum der gemeinsame Dialog voller Tücken ist. Dass er dennoch gelingen kann, zeigen die Kooperationspraxen aus den anderen Feldern auch, die es trotz der Widrigkeiten stellenweise schaffen, das Trennende zu überwinden.

Das Differenz-Tabu in einer Crossing-Situation

> Bei einem Aufstellungsspiel in der Einführungsveranstaltung für eine Erstsemestergruppe an einer westdeutschen Fachhochschule wurden die Studierenden aufgefordert sich nach ihren Herkunftsländern im Raum zu verteilen. Es sortierten sich große und kleine Gruppen im Raum, deren Mitglieder jeweils im gleichen Land geboren waren, einzelne standen auch alleine, wenn es niemanden gab, der auch in ihrem Land geboren war. Nachdem die Seminargruppe fertig aufgestellt schien, trat eine Studentin aus der Gruppe der in Deutschland Geborenen heraus und stellte sich abseits. Als anschließend die verschiedenen Gruppen und Einzelnen ihre Herkunftsländer nannten, stellt sich heraus, dass diese Studentin in einem ostdeutschen Bundesland geboren war.
>
> Beim späteren informellen Zusammensein mit der Seminargruppe in einem Café erzählte die Studentin der Dozentin, dass es sie Überwindung gekostet hätte, den Schritt heraus aus der universalisierenden „deutschstämmigen" Gruppe zu tun. Aber sie hätte irgendwie das Gefühl gehabt, dass sie aus einem „eigenen" Land stammte und dies auch zeigen wollte.

Studium und Beruf sind – wie oben schon angesprochen – geschlechtliche Crossing-Situationen. Sie stellen soziale Räume dar, in denen Männer und Frauen „vermengt" sind und werden. Es trifft „Nicht-Gleiches" aufeinander. Mit dem „Nicht-Gleichen" scheint potentiell Trennendes auf. Dies mobilisiert wiederum Strategien, um den Zusammenhalt nicht zu gefährden. Der Unterschied wird entschärft, stattdessen werden Momente der Gleichheit gestärkt. Diese Abwehrmaßnahmen sind variantenreich.

Dazu gehören beispielsweise Spiele und Witze. Sie erlauben, das Trennende zu thematisieren und gleichzeitig zu besänftigen. Dem Konflikthaften wird das Konflikthafte genommen. Im gemeinsamen Spiel und Lachen wird Verbindung über das Trennende hinweg gesichert. So fällt immer wieder bei Tagungen, Fortbildungen oder Seminaren auf, dass Versuche, Gender zum Thema zu machen, bei der Zuhörerschaft einen starken Drang zu ironischen Bemerkungen, Späßen und Albernheiten erzeugen wie dies bei anderen Themen nicht unbedingt stattfindet. Auf diese Weise verschafft sich die mit dem Thema eingespeiste Gruppenspannung wieder Entladung.

Eine weitere funktionstüchtige Bewältigungsstrategie ist das Tabu: die nicht-Thematisierung des nicht-Gleichen. Man hält die bestehenden Differenzen für irrelevant oder nicht-existent. Sie werden eingeebnet und ignoriert. Oder man erklärt sich mit ihnen einfach einverstanden: Es gibt kein Problem mit dem Unterschied, heißt es dann. Auch dies sichert die soziale Kohäsion in der Gruppe. Auf magische Weise wird das potentiell Zersprengende gebannt. Wenn – wie oft von Genderfachleuten beklagt wird – Fachkräfte der Sozialen Arbeit beharrlich darauf bestehen, dass sie *Kollegen* sind, die eine Arbeit zu tun haben und dass es eigentlich keine Unterschiede zwischen Kollegen und Kolleginnen gibt, wenn sie behaupten: „Wir behandeln doch Männer und Frauen, Mädchen und Jungen gleich" (Böhnisch, Funk 2002, 23), dann ist das zu lesen als Ausdruck des Neutralisierungswunsches der vorhandenen Genderdifferenz im Beruf und in den Teams. Das demonstrative Konstruieren von Genderirrelevanz und Gender-Nichtexistenz verhindert das eventuelle Aufbrechen von Konflikten. Es zeugt also nicht von Unwissenheit oder „Verbocktheit" dem Thema gegenüber, sondern vielmehr von dem Bestreben, eine Differenzlinie aus der beruflichen Interaktion herauszuhalten, die Verbundenheit gefährdet. Es hat eine spezifische Funktionalität. Das ist im übrigen nichts Besonderes geschlechtsgemischter Situationen, sondern kennzeichnet jede Situation, in der soziale Verschiedenheiten aufeinander treffen: alt und jung, behindert und nicht-behindert, Parteienzugehörigkeiten, Musikvorlieben, Geschmacksvorlieben, Berufsstatus usw. In den Crossing-Situationen praktizieren Individuen dies permanent: Kleinhalten, nicht-Aussprechen von Verschiedenheit, stattdessen Betonung des Gemeinsamen, um Vergemeinschaftung zu erzeugen.

Untersucht man beispielsweise den Hochschulalltag, erkennt man deutlich die Tragweite dieser Mechanismen. Hier kommen Studierende zusammen, die allesamt unzählige Differenzen einbringen: sie haben gerade die Schule abgeschlossen oder kommen aus dem Beruf, sie sind jugendlich oder im besten Erwachsenenalter, sie kommen aus Ost und aus West und aus anderen Ländern, sie haben eine eigene Familie gegründet oder auch nicht, sie sind allein-erziehend oder mit einem Partner erziehend, sie leben Liebe und Sexualität verschiedenartig, sie sind katholisch, evangelisch, islamisch oder „ungläubig", sie haben Krankheiten oder keine, sie haben schwere Schicksalsschläge hinter sich oder sind davon noch verschont geblieben, sie kommen aus gut situierten Elternhäusern oder sind in materiell und sozial benachteiligten Lebenslagen aufgewachsen, um nur einiges aufzuzählen. Dies alles bleibt in der öffentlichen Studiensituation in der Regel unbenannt, wird höchstens in privaten Unterhaltungen angesprochen. In dem Bestreben der Hochschule wie auch der Studierenden, einen kollektiven Bildungsort zu schaffen, werden Unterschiede übergangen und nicht systematisch in die öffentliche Wahrnehmung geholt.

Je brisanter eine Differenzlinie im sozialen Dasein erscheint, je konfrontativer sie angelegt ist, desto stärker tritt dieser Mechanismus hervor. Es gibt schließlich viele Unterschiede, die problemlos ansprechbar sind, weil sie als Trennungslinie nicht sonderlich emotional aufgeladen sind: So können beispielsweise Rechts- und Linkshänder und heutzutage auch Protestanten und Katholiken – zumindest im deutschsprachigen Raum – ihre Differenzen in der Regel relativ leicht thematisieren, ohne dabei bedrohliche Konfliktpotentiale befürchten zu müssen. Doch immer dort, wo es um folgenschwere Differenzen geht, wird der Tabuisierungsdruck größer. Was folgenschwere Differenzen sind, dies ist historisch wandelbar und hängt ab von öffentlichen Stimmungen und auch davon, ob institutionelle Rahmungen schwere Folgen für Differenzen organisieren. Doch es deutet einiges darauf hin, dass aktuell die Genderdifferenz sicherlich zu den eher brisanten Differenzthemen gehört.

Vergegenwärtig man sich diese profane Alltäglichkeit, wird mit der Forderung nach genderbezogenen Qualifizierungen in der Sozialen Arbeit im Grunde genommen ein gruppendynamischer Konflikt heraufbeschworen: Es wird etwas in den Mittelpunkt gestellt, was die Beteiligten trennt und was von daher zum eigenen Schutz tabuisiert wird. Dies kann die viel beklagte Zähigkeit des Genderthemas in den Professionalisierungsanstrengungen der Sozialen Arbeit erklären. Und es kann ebenso erklären, warum Fachkräfte immer wieder feststellen, dass das Genderthema doch so viel besser in der gleichgeschlechtlichen KollegInnengruppe zu diskutieren ist. Dann nämlich hat das Reden über Gender etwas Verbindendes in der Gruppe: Man spricht nicht über das Trennende, sondern über das Gemeinsame, das einen von anderen außerhalb trennt. Die in der Genderdebatte häufige Idealisierung gleichgeschlechtlicher Gruppen als optimales Setting genderbezogener Reflexion ließe sich vor diesem Hintergrund kritisch lesen als banaler „Weg des geringsten Widerstands", der die eigentliche Herausforderung vermeidet: Die Enttabuisierung und gleichzeitige Bewältigung des Gender-Unterschieds in der Gender-Crossing-Situation. Genderqualifizierungen in der Sozialen Arbeit haben somit letztlich fast etwas „Kamikazehaftes". Sie fordern auf zur Zerstörung einer beruflich habitualisierten Gemeinsamkeitsroutine. Das ist viel verlangt. Und es geht oftmals auch genau nicht gut aus, wie die folgende Geschichte eines Gender-Trainers zeigt:

„Es passiert mir nicht selten, dass meine Ansichten Frauen zu abwertenden Bemerkungen animieren. Ein ironisches 'ach, die Armen' höre ich öfter, wenn ich über Lebenslagen oder Bewältigungsprobleme von Jungen erzähle. Da kann es schon mal richtig lustig zugehen. Ich habe es z. B. erlebt, dass sich eine junge Frau in einem Hörsaal laut stöhnend aus der Bank fallen ließ, nur weil ich zu Beginn des Vortrags keinen artigen Knicks vor dem Feminismus gemacht habe. Oder es wird gerne im Reflex auf die Schilderung von Jungenproblemen auf weibliche Gewalterfahrungen oder die große Zahl missbrauchter Mädchen hingewiesen. Die Moralkeule sexueller Gewalt oder sexuellen Missbrauchs muss oft schon gar nicht mehr aktiv geschwungen werden; es genügen Ironie, flüstern, kichern oder eine entsprechende Bemerkung, um zu vermitteln: eigentlich geht es den Mädchen und Frauen auf jeden Fall schlechter. Immer." (Winter 2005, 89)

Genderqualifizierungen in Studium und Beruf stehen vor der diffizilen Aufgabe, ein atmosphärisches Setting herzustellen, in dem in einer Crossing-Situation die Crossing-Linie selbst gelingend zum Gegenstand gemacht werden kann. Sie muss so gerahmt sein, dass die instinktive Abwehr gelöst werden kann, dass diese Prozesse Gewinnbringendes für alle zugänglich machen und nicht Zerstörerisches zurück lassen. Wie dies gelingen kann, dafür stehen letztlich noch wenige Vorbilder zur Verfügung. Dass dabei die häufig gepflegten konfrontativen und dramatischen Genderpolarisierungen kaum förderlich sind, müsste einleuchten.

Gender als Qualitätsdimension in der Sozialen Arbeit – „work in progress"

> „Das Schweigen dauerte lange. Alle versuchten, eine Antwort zu finden. Wallander wartete. Der Augenblick war wichtig. Am meisten hoffte er, daß einer von ihnen eine unerwartete Schlußfolgerung zog. Rydberg hatte ihm oft gesagt, daß es die wichtigste Aufgabe des Leiters einer Ermittlung war, seine Mitarbeiter dazu anzuregen, das Unerwartete zu denken. Die Frage war jetzt, ob es ihm gelungen war."
> Henning Mankell: Die fünfte Frau. Roman. München 2001, 416

Der Genderdebatte wohnt eine Paradoxie inne. Die Ausführungen haben gezeigt, dass diese Debatte elaboriert und etabliert ist. Es gibt intensive Auseinandersetzungen dazu, welche Bedeutung die Genderdifferenz für Lebensverläufe hat, welche Aufgaben der Sozialen Arbeit daraus erwachsen und welche geeignete Praxis dazu zu entwickeln ist. Mit dem Einzug von Gender Mainstreaming als neuer politischer Leitfigur haben diese Auseinandersetzungen sich zweifellos noch einmal vermehrt.

Diese Reden zu Gender tragen jedoch wie alle Diskurse ein „Doppelgesicht". Sie dringen in einen Gegenstand sezierend ein, ergründen ihn und tragen dazu bei, ihn zu verstehen. Sie helfen Praxis zu verändern und zu verbessern. Sie sorgen dafür, eine spezifische soziale Frage zu markieren, Alltägliches in den Geschlechterverhältnissen als Zumutung zu denunzieren, empirisches und theoretisches Wissen zur Genderdifferenz zu erweitern, geschlechtsspezifische Lebensbedrängnisse anzugehen und Fachstandards für eine genderqualifizierte Soziale Arbeit zu formulieren und durchzusetzen. Gleichzeitig tragen sie aber immanente Begrenzungen des Sehens, Erkennens, Bewertens und Gestaltens in sich. Denn in den Reden wird der Gegenstand als Wirklichkeit hervorgebracht, formiert und in ein geschlossenes Koordinatengefüge gegossen, d. h. er wird immer auch kanalisierend begrenzt. Es gibt Vorlagen, die den Thematisierungen immer schon voraus gehen und ihnen eine zulässige, gewünschte, einsichtige und nahe liegende Form geben – ganz im Sinne der oben skizzierten Schnappmechanismen. Die Kehrseite dessen aber ist: Es gibt ebenso Auslassungen, Übersehenes, Stummheiten und Untersagungen. Die Reden zu Gender in der Sozialen Arbeit erzeugen eine innere zirkuläre Sogwirkung, bei der das, was diskursiv angelegt und als Praxis vorstellbar ist, sich immer wieder neu als einzige Wahrheit bestätigt. Damit wirkt der Diskurs wie ein Magnetfeld, in dem alles Gedachte, Gesprochene und Getane sich automatisch und dauerhaft in gleicher Weise entlang der vorhandenen imaginativen Magnetlinien ausrichtet.

Der Diskurs zu Gender, so differenziert und stichhaltig er entwickelt ist, übergeht gleichzeitig gewisse empirische Facetten der Geschlechterwelten und Geschlechtergeschichten, lässt viele Fragen, Denk- und Praxisexperimente nicht zu, produziert Fallstricke und Selbstfesselungen. Vieles, was möglicherweise aufschlussreich und weiterführend wäre, kann nicht gesehen und phantasiert werden. Manche, die Anregendes zur Fachdebatte zuzusteuern hätten, werden nicht gehört. Es gibt eingeschlossene und ausgeschlossene DiskursakteurInnen, autorisisierte und nichtautorisierte ExpertInnen. Die moralischen Aufladungen tun ihr übriges zu den schwierigen fachlichen Interaktions- und Entwicklungsdynamiken dazu. Sie schaffen spezifische Aufregungen und Konfrontationslinien. Wechselspiele zwischen investigativen Vorstößen und anprangernden Anklagen einerseits sowie Abwehrmaßnahmen und Sabotagehandlungen andererseits sind so zementiert, dass es fast schon so scheint, als ginge es bei dem Thema einfach nicht anders. Diese Realitäten der Genderdebatte, die bislang eher gespürt als explizit benannt und fachöffentlich thematisiert werden, nachzuzeichnen war Anliegen dieses Buches.

Die Entwicklung einer genderqualifizierten Sozialen Arbeit ist eine ernsthafte, notwendige und schwierige Aufgabe. Doch abhanden gekommen – oder vielleicht auch noch nie da gewesen – ist dabei die quer gelagerte, nüchterne Frage danach, auf welchen Wegen denn diese Aufgabe – ideell und praktisch – organisiert wird. Wer platziert was wo unter welchen Voraussetzungen und mit welchen Wirkungen zum Thema? Was findet keinen Platz – und welche Wirkungen hat dies? Vielleicht sind es diese Fragen, die die Fachdebatte innovativ beleben können? Sie können den Weg dafür bereiten, sich den Sogwirkungen des Diskurses zu entziehen und sich in Distanz zu ihm zu begeben. Ein solcher zeitweiliger Positionswechsel „von innen nach außen" erlaubt zu erkennen, wo sich die Genderdebatte entgegen allen ihren guten Vorsätzen und Bemühungen sozusagen selbst im Weg steht. Die Fragen ermuntern gleichzeitig, bislang Ausgeschlossenes zu denken und auszusprechen. Dieses kann nicht nur helfen, fachliche Horizonte zu erweitern, sondern auch die Diskursbeteiligungen personell neu zu ordnen.

Was am Ende dabei herauskommt, ist offen. Damit zeigt sich der Weg solcher Fragen als ein riskanter. Mit den Suchprozessen und Erkenntnisproduktionen jenseits des Mainstreams gerät man zwangsläufig in experimentelles ungesichertes Terrain. Doch Weiterentwicklungen sind anders nicht zu bewerkstelligen. Das ist nicht nur beim Genderthema so.

Genderqualifizierungen in der Sozialen Arbeit erweisen sich demnach als Balanceakte: Zu registrieren, anzuerkennen, zu lehren und zu nutzen, was schon entwickelt wurde, ist die eine Seite. Doch wenn sie sich im ausschließlichen Zitieren der vorhandenen hegemonialen Wissensbestände und dem bloßen Bekräftigen errungener Fachstandards erschöpfen, ist nicht viel gewonnen. Vielmehr muss es darum gehen, die entsprechende Debatte zu öffnen und dauerhaft offen zu halten, das ist dann die andere Seite. Bislang war die Genderfachdebatte eher angelegt als geschlossenes, selbstreferentielles System, und in der Folge kaprizierten sich Genderqualifizierungsbemühungen häufig auf die Frage der inhaltlichen Bestimmung der zu vermittelnden relevanten theoretischen, historischen, empirischen und handlungspraktischen Sachverhalte und auf die Frage der günstigsten didaktischmethodischen Vermittlungsformen – ein Vorgang, der durch die hochschulischen

Modularisierungsprozesse und die Notwendigkeit der curricularen Konturierung genderspezifischer Lehrinhalte noch intensiviert wurde. Falsch ist dies alles sicherlich nicht. Doch es birgt die Gefahr der lähmenden Dogmatisierung des Themas. Vor diesem Hintergrund besteht die entscheidende Herausforderung darin, wie es gelingt, Genderqualifizierungsprozesse als dynamisches, dauerhaftes und partizipatives „work in progress" für die Profession und die Professionellen zu inszenieren – und eben nicht als alleinige Aneignung und folgsame Anwendung von katechismusförmigem ExpertInnenwissen. Das Modell des „work in progress" signalisiert nicht nur die Vorläufigkeit der momentan verfügbaren Erkenntnisse, sondern auch eine Aufforderung zum eigentätigen Mitdenken und Einladung zu kritischen Anfragen, auch und gerade, wenn sie Diskursroutinen verstören. Genderkompetenz wäre dann weniger eine Wissensdimension, sondern mehr eine Haltungsdimension: die Haltung nämlich, mit gespannter kriminalistischer Neugier im Feld sozialen Lebens und des Berufsalltags Genderfragen aufzuspüren und Antworten zu suchen. Es ginge bei den Genderqualifizierungsprozessen dann vor allen Dingen darum, eine Schule des Sehens zu kultivieren, die dazu animiert, verstehen zu wollen, allein und mit anderen aufklärende Zusammenhänge zu suchen, zu recherchieren, dabei sowohl renommierte Genderfachexpertisen zu nutzen als auch bislang ungenutzte, abseitige Informationsquellen, Erkenntniswege auszuprobieren und wieder zu verwerfen, wenn sie sich als wenig ergiebig erweisen, zu streiten und auf diese Weise allmählich die entdeckten Fragen zu lösen.

Literatur

Abraham, Anke: „Geschlecht" als Strukturdimension sozialer Ungleichheit – auch im Sport. In: Klaus Cachay, Ilse Hartmann-Tews (Hg.): Sport und soziale Ungleichheit. Stuttgart 1998, 27–48

Aktive Väter in Kindertagesstätten. In: Männernetz Hessen e. V. (Hg.): Förderpreis Gender 2003/2004. Reader zur Preisverleihung am 12. November 2004 in Frankfurt/M., o. O. 2005, 98–104

Althusser, Louis: Ideologie und ideologische Staatsapparate. Hamburg, Westberlin 1977

Badinter, Elisabeth: Die Wiederentdeckung der Gleichheit. Schwache Frauen, gefährliche Männer und andere feministische Irrtümer. Berlin, München 2004

Bartjes, Heinz; Hammer, Eckart: Männer und Männlichkeit in der sozialen Arbeit. In: Sozialmagazin 9/1995, 11–28

Bausch, Constanze: Wunderschöne Rituale? Ritualisierungsprozesse von Mädchen im Spannungsfeld von Fernsehbild und Körperpraxis. In: Zeitschrift für Erziehungswissenschaft. Beiheft 2/2004 (Innovation und Ritual. Jugend, Geschlecht und Schule), 143–155

Bentheim, Alexander; May, Michael; Sturzenhecker, Benedikt; Winter, Reinhard: Gender Mainstreaming und Jungenarbeit. Weinheim, München 2004

Bilden, Helga: Die Grenzen von Geschlecht überschreiten. In: Bettina Fritzsche u. a. (Hg.): Dekonstruktive Pädagogik. Opladen 2001, 137–147

Bitzan, Maria: Jugendhilfeplanung im Interesse von Mädchen. In: SPI (Hg.): Neue Maßstäbe. Mädchen in der Jugendhilfeplanung. Berlin 1999

Bitzan, Maria; Daigler, Claudia: Eigensinn und Einmischung. Einführung in Grundlagen und Perspektiven parteilicher Mädchenarbeit. Weinheim, München 2001

Blomberg, Christoph: Pädagogische Apokalypse: Zu den Problematiken einer dramatisierenden Denkfigur am Beispiel des Geschlechterdiskurses. In: Lotte Rose, Ulrike Schmauch (Hg.): Jungen – die neuen Verlierer? Auf den Spuren eines öffentlichen Stimmungswechsels. Königstein/Taunus 2005, 117–141

Böhnisch, Lothar; Funk, Heide: Soziale Arbeit und Geschlecht. Theoretische und praktische Orientierungen. Weinheim, München 2002

Bourdieu, Pierre: Ökonomisches Kapital, kulturelles Kapital, soziales Kapital. In: R. Kreckel (Hg.): Soziale Ungleichheiten. Soziale Welt. Sonderband 2/1983. Göttingen, 183–198

Brandes, Holger: Männer in einem „Frauenberuf"? Konstruktionen von „Männlichkeit" in der sozialen Arbeit. In: Holger Brandes. Der männliche Habitus. Band 2: Männerforschung und Männerpolitik, Opladen 2002, 233–250

Brückner, Margrit: Die Sehnsucht nach dem Kugelmenschen oder Vom Wunsch nach Aufhebung der Geschlechtertrennung. In: Carol Hagemann-White, Maria S. Rerrich (Hg.): FrauenMännerBilder. Männer und Männlichkeit in der feministischen Diskussion. Bielefeld 1988, 194–223

Brückner; Margrit: Gender als Strukturkategorie & ihre Bedeutung für die Sozialarbeit. In: Christine Gruber, Elfriede Fröschl (Hg.): Gender-Aspekte in der Sozialen Arbeit. Wien 2001, 15–23

Brückner; Margrit: Hat soziale Arbeit ein Geschlecht? Gender als Strukturkategorie. In: Joachim König, Christian Oerthel, Hans-Joachim Puck (Hg.): Soziale Arbeit im gesellschaftlichen Wandel. Starnberg 2003 a, 187–202

Brückner; Margrit: Care. Der gesellschaftliche Umgang mit zwischenmenschlicher Abhängigkeit und Sorgetätigkeiten. In: Neue Praxis 2/2003 b, 162–171

Brückner, Margrit: „Re- und Degendering" von Sozialpolitik, sozialen Berufen und sozialen Problemen. In: Zeitschrift für Frauenforschung und Geschlechterstudien. 2 und 3/2004, 25–39

Literatur

Bührer, Susanne; Schraudner, Martina (Hg.): Gender-Aspekte in der Forschung. Wie können Gender-Aspekte in Forschungsvorhaben erkannt und bewertet werden? Karlsruhe 2006

Büttner, Christian; Nagel, Gudrun: 2. Zwischenbericht zur Fortbildungsstudie „Haus Europa – Gleichstellung von Jungen und Mädchen". Frankfurt 2001

Büttner, Christian: Gleichstellung von Jungen und Mädchen in Kindertagesstätten. Ergebnisse einer Fortbildungsstudie. In: Christian Büttner, Gudrun Nagel (Hg.): Alles Machos und Zicken? Zur Gleichstellung von Jungen und Mädchen in Kindertageseinrichtungen. Seelze-Velber 2003 a, 32–44

Büttner, Christian: Mädchen und Jungen in Tageseinrichtungen für Kinder. Geschlechterrollen, Macht und Attraktivität. In: Christian Büttner, Gudrun Nagel (Hg.): Alles Machos und Zicken? Zur Gleichstellung von Jungen und Mädchen in Kindertageseinrichtungen. Seelze-Velber 2003 b, 22–31

Cloos, Peter, Züchner, Ivo: Das Personal der Sozialen Arbeit. Größe und Zusammensetzung eines schwer zu vermessenden Feldes. In: Werner Thole (Hg.): Grundriss Soziale Arbeit. Ein einführendes Handbuch. Opladen 2002, 705–724

Deutscher Bundestag: Drucksache 15/3516 (29.6.2004)

Drogand-Strud, Michael; Rauw, Regina: Geschlechtsbezogene Pädagogik in der Offenen Jugendarbeit. In: Ulrich Deinet, Benedikt Sturzenhecker (Hg.): Handbuch Offene Kinder- und Jugendarbeit. Wiesbaden 2005, 167–180

Engler, Steffani: Studentische Lebensstile und Geschlecht. In: Irene Dölling, Beate Krais (Hg.): Ein alltägliches Spiel. Geschlechterkonstruktion in der sozialen Praxis. Frankfurt am Main 1997, 309–327

Farell, Warren: Mythos Männermacht. Frankfurt/M. 1995

Frederking, Heike; Schulz, Christian: Der Beratungsdiskurs und die Geschlechterverhältnisse. Erfahrungen aus der Praxis. In: Standpunkt: Sozial. Hamburger Forum für Soziale Arbeit. 2/2004, 41–45

Fröschl, Elfriede: Beruf Sozialarbeit. In: Christine Gruber, Elfriede Fröschl (Hg.): Gender-Aspekte in der Sozialen Arbeit. Wien 2001, 285–308

Gender-Datenreport. Kommentierter Datenreport zur Gleichstellung von Frauen und Männern in der Bundesrepublik (erstellt durch das Deutsche Jugendinstitut in Zusammenarbeit mit dem Statistischen Bundesamt, hrsg. vom BMFSFJ). Online Publikation 2005

Gehrmann, Gerd; Müller, Klaus: Management in Sozialen Organisationen. Handbuch für die Praxis Sozialer Arbeit. 3. Auflage. Regensburg, Bonn 1999

Giese, Eckhard: Gender Mainstreaming. Neuer Wein in neue Schläuche? In: Sozialmagazin 12/2001, 60–63

Giese, Eckhard: Und sie verstehen sich doch ...?! In: Sozialmagazin 12/2004, 48–56

Gruber, Christine; Fröschl, Elfriede: Einleitung. In: Christine Gruber, Elfriede Fröschl (Hg.): Gender-Aspekte in der Sozialen Arbeit. Wien 2001, 13–14

Gruber, Christine; Fröschl, Elfriede (Hg.): Gender-Aspekte in der Sozialen Arbeit. Wien 2001

Hagemann-White, Carol: Sozialisation: Weiblich – männlich? Opladen 1984

Hasenjürgen, Brigitte: Profession und Geschlecht. Entwicklungslinien eines Diskurses in der sozialen Arbeit. In: Katholische Fachhochschule Nordrhein-Westfalen (Hg): Jahrbuch 2002. Münster, Hamburg, London 2002, 128–149

Heiliger, Anita: Mädchenarbeit im Gendermainstream. Ein Beitrag zur aktuellen Diskussion. München 2002

Helmig, Elisabeth; Schäfer, Reinhilde: Gender Mainstreaming in der Kinder- und Jugendhilfe. Teilbericht 2. Deutsches Jugendinstitut. München 2004

Hollstein, Walter: Männer. In: Dieter Kreft, Ingrid Mielenz (Hg.): Wörterbuch Soziale Arbeit. Weinheim, Basel 1996, 389–392

Hoppe, Ursula: Sportangebote contra Langeweile und Randale. In: Jugend, Beruf, Gesellschaft 4/2001, 241–246

Huth-Hildebrandt, Christine: Das Bild der Migrantin. Auf den Spuren eines Konstrukts. Frankfurt/M. 2002

Initiative Aachener Boys' Day: Ein Jungenzukunftstag – der Aachener Boys Day. In: Männernetz Hessen e. V. (Hg.): Förderpreis Gender 2003/2004. Reader zur Preisverleihung am 12. November 2004 in Frankfurt/M. O. O. 2005, 152–156

ISS (Institut für Sozialarbeit und Sozialpädagogik): Geschlechterdifferenzierte Jugendhilfeplanung und Gender-Mainstreaming-Prozesse – So geht's. Frankfurt/M. 2001

ISA (Hg.): Soziale Praxis. Heft 2. Mädchenforschung in der Jugendhilfe. 1986

Jacobi, Juliane: Geschlecht. In: Historisches Wörterbuch der Pädagogik. Weinheim 2004, 422–442

Jahoda, Marie: „Ich habe die Welt nicht verändert" Lebenserinnerungen einer Pionierin der Sozialforschung (herausgegeben von Steffani Engler und Brigitte Hasenjürgen). Weinheim, Basel 2002

Jantz, Olaf: Gender Mainstreaming – Neue Chancen für die Jungenarbeit? ? In: AJS Informationen. Analysen, Materialien, Arbeitshilfen zum Jugendschutz 1/2002, 8–18

Joester, Agnes; Brandt, Stefan: „Kunstfehler und/oder Chance?" – eine Fallbetrachtung aus männlicher und weiblicher Perspektive. In: LAG Erziehungsberatung Hessen e. V. (Hg.): Beiträge zur wissenschaftlichen Jahrestagung 1991. Die Bedeutung der Geschlechterrollen für die Beratungsarbeit. Groß-Gerau 1993, 49–66

Kelle, Helga: Geschlechterverhältnisse in Transformation. In: Ingrid Gogolin, Rudolf Tippelt (Hg.): Innovation durch Bildung. Opladen 2003, 109–127

11. Kinder- und Jugendbericht (hrsg. vom Bundesministerium für Familie, Senioren, Frauen und Jugend). Bonn 2002

12. Kinder- und Jugendbericht (hrsg. vom Bundesministerium für Familie, Senioren, Frauen und Jugend). Berlin 2005

Knorr, Wilfried: Alles Gender – oder was? Eine Polemik gegen ein Un-Thema. In: EREV-Schriftenreihe 1/2004 (Gender in der Pädagogik), 23–30

Kontos, Silvia; May, Michael: Studienprojekt „Männer in der Minderheit". Seminar an der Fachhochschule Wiesbaden, Fb Sozialwesen WiSe 2005/2006/SoSe 2006

Krabel, Jens; Stuve, Olav (Hg.): Männer in „Frauen-Berufen" der Pflege und Erziehung. Opladen 2006

Krais, Beate: Die feministische Debatte um die Soziologie Pierre Bourdieus: Eine Wahlverwandtschaft. In: Gudrun-Axeli Knapp, Angelika Wetterer (Hg.): Soziale Verortung der Geschlechter. Gesellschaftstheorie und feministische Kritik. Münster 2001, 317–338

Krauß, Andrea: Identität und Identitätspolitik bei Judith Butler (hrsg. vom SPI Berlin). Berlin 2001

Krüger, Helga: Gesellschaftsanalyse: der Institutionenansatz in der Geschlechterforschung. In: Gudrun-Axeli Knapp, Angelika Wetterer (Hg.): Soziale Verortung der Geschlechter. Gesellschaftstheorie und feministische Kritik. Münster 2001, 63–90

Kullberg, Christian: Gender and social work. Research on gender differences in the treatment of clients in welfare institutions. In: Christine Gruber, Elfriede Fröschl (Hg.): Gender-Aspekte in der Sozialen Arbeit. Wien 2001, 309–327

Kupper-Heilmann, Susanne: Getragenwerden und Einflußnehmen. Aus der Praxis des psychoanalytisch orientierten heilpädagogischen Reitens. Gießen 1999

Kunert-Zier, Margitta: Genderkompetenz. Die Schlüsselqualifikation in der Sozialen Arbeit. In: Sozialmagazin 10/2005, 21–28

Lenzen, Dieter: Diagnose Lehrer. Plädoyer für die Professionalisierung eines Berufsstandes. In: Universitas, Mai 2003, 475–486

Lorber, Judith: Gender-Paradoxien (2. Auflage). Opladen 2003

Luhmann, Niklas: Frauen, Männer und George Spencer Brown. In: Zeitschrift für Soziologie. Heft 1/1988, 47–71

Lutz, Ronald: Wohnungslose Frauen – Zur gesellschaftlichen Konstruktion „besonderer Lebenslagen". In: Veronika Hammer, Ronald Lutz (Hg.): Weibliche Lebenslagen und soziale Benachteiligung. Theoretische Ansätze und empirische Beispiele. Frankfurt am Main 2002, 341–377

Marschall, Andrea von: Gender Budgeting und Jugendarbeit. In: Betrifft Mädchen 1/2006, 32–36

Maurer, Susanne: Geschlecht – Mädchen. In: Wolfgang Schröer u. a. (Hg.): Handbuch Kinder- und Jugendhilfe. Weinheim, München 2002, 311–324

Matzner, Michael: Soziale Arbeit als Beruf von Frauen und Männern. In: Zeitschrift für Sozialpädagogik 4/2004, 407–427

Matzner, Michael: Die Geschlechterordnung in den Berufsfeldern der Sozialen Arbeit. In: Sozialmagazin 1/2005, 20–30

Mogge-Grotjahn, Hildegard: Gender, Sex und Genderstudies. Eine Einführung. Freiburg im Breisgau 2004

Müller, Burkhard; Schmidt, Susanne; Schulz, Marc: Wahrnehmen können. Jugendarbeit und informelle Bildung. Freiburg im Breisgau 2005

Neubauer, Gunter; Winter, Reinhard: So „geht" Jungenarbeit. In: Benedikt Sturzenhecker, Reinhard Winter (Hg.): Praxis der Jungenarbeit. Modell, Methoden und Erfahrungen in pädagogischen Arbeitsfeldern. Weinheim, München 2002, 15–26

Neutzling, Rainer: Besser arm dran als Arm ab. In: Lotte Rose, Ulrike Schmauch (Hg.): Jungen – die neuen Verlierer? Auf den Spuren eines öffentlichen Stimmungswechsels. Königstein/Taunus 2005, 5–77

Oberlies, Dagmar: Weiblichkeitskonstruktionen in Strafverfahren – am Beispiel der Hauptverhandlung gegen Monika Böttcher vor dem Landgericht Frankfurt. In: Margit Göttert, Karin Walser (Hg.): Gender und soziale Praxis. Königstein, Taunus 2002, 217–231

Pease, Allan; Pease, Barbara: Warum Männer nicht zuhören und Frauen schlecht einparken. Ullstein 2000

Prengel, Annedore; Heinzel, Friederike: Anerkennungs- und Missachtungsrituale in schulischen Geschlechterverhältnissen. In: Zeitschrift für Erziehungswissenschaft. Beiheft 2/2004 (Innovation und Ritual. Jugend, Geschlecht und Schule), 115–128

Rainfurth, Claudia: Fallbeispiel „Entwicklung eines Pflegeroboters". In: Susanne Bührer, Martina Schraudner (Hg.): Gender-Aspekte in der Forschung. Wie können Gender-Aspekte in Forschungsvorhaben erkannt und bewertet werden? Karlsruhe 2006, 115–120

Rauw, Regina: Mädchen zwischen den Stühlen. Paradoxieerfahrungen und Entscheidungsspielräume in der Sozialisation von Mädchen. In: Regina Rauw, Ilka Reinert (Hg.): Perspektiven der Mädchenarbeit. Partizipation, Vielfalt, Feminismus. Opladen 2001, 15–47

Rauw, Regina; Karl, Holger: „Traumschiff Koedukation". Geschlechtsbezogene Koedukation im Wechsel der Gezeiten. In: 2. Rundbrief der LAG Mädchenarbeit in NRW. November 1999, 12–24

Rehberg, Frank: (Fast) allein unter Frauen. Als Mann im „Frauenstudium". In: Standpunkt: sozial. Hamburger Forum für Soziale Arbeit 2/2004, 53–55

Rohrmann, Tim: Wofür ein Mann gebraucht wird ... In: KiTa spezial. Sonderausgabe 2/2001, 35–38

Rohrmann, Tim: Männer in Kindestageseinrichtungen und Grundschulen: Bestandsaufnahme und Perspektiven. In: Jens Krabel u. a. (Hg.): Männer in „Frauen-Berufen" der Pflege und Erziehung. Opladen 2006, 111–133

Rose, Lotte; Dithmar, Ute: Geschlechterorientierung in der Kooperation zwischen Jugendarbeit und Schule. In: Hartnuß, Birger; Maykus, Stephan (Hg.): Handbuch Kooperation von Jugendhilfe und Schule. Berlin 2004, 391–409

Rose, Lotte: Genderqualifizierungen in der Kinder- und Jugendarbeit. Ergebnisse der ExpertInnenbefragung. In: Werner Thole, Claudia Wegener, Ernst-Uwe Küster (Hg.): Professionalisierung und Studium. Wiesbaden 2005, 97–129

Rose, Lotte; Schmauch, Ulrike (Hg.): Jungen – die neuen Verlierer? Auf den Spuren eines öffentlichen Stimmungswechsels. Königstein/Taunus 2005

Scherr, Albert: Jungenarbeit, Männlichkeit und Gewalt. In: deutsche jugend 5/1997, 212–219

Scherr, Albert: Männer als Adressatengruppe und Berufstätige in der Sozialen Arbeit. In: Werner Thole (Hg.): Grundriss Soziale Arbeit. Ein einführendes Handbuch. Opladen 2002, 377–385

Scherr, Albert; Sturzenhecker, Benedikt: Was blockiert die Etablierung von Jungenarbeit? Zum Forschungsbedarf über Jungenarbeit in der Jugendhilfe. In: Kirsten Bruhns (Hg.): Geschlechterforschung in der Kinder- und Jugendhilfe. Praxisstand und Forschungsperspektiven. Wiesbaden 2004, 303–315

Schimpf, Elke: Geschlechterpolarität und Geschlechterdifferenz in der Sozialpädagogik. In: Margit Göttert, Karin Walser (Hg.): Gender und soziale Praxis. Königstein, Taunus 2002, 197–216

Schmauch, Ulrike: Was geschieht mit kleinen Jungen? – Ein persönlicher Blick auf die Entwicklungen des Jungenthemas von den 70er Jahren bis heute. In: Lotte Rose, Ulrike Schmauch (Hg.): Jungen – die neuen Verlierer? Auf den Spuren eines öffentlichen Stimmungswechsels. Königstein/Taunus 2005, 26–41

Schmok, Johanna: Gender Mainstreaming. In: Gender Mainstreaming. Dokumentation der Befassung der 122. Mitgliederversammlung der Arbeitsgemeinschaft der Evangelischen Jugend in der Bundesrepublik Deutschland. Hannover 2002, 17–29

Schnack, Dieter; Neutzling, Rainer: Kleine Helden in Not. Jungen auf der Suche nach Männlichkeit. Reinbek bei Hamburg 1990

Schraudner, Martina: Beispiele für Gender- und Diversity-Aspekte. In: Susanne Bührer, Martina Schraudner (Hg.): Gender-Aspekte in der Forschung. Wie können Gender-Aspekte in Forschungsvorhaben erkannt und bewertet werden? Karlsruhe 2006, 5–9

Schweikert, Birgit: Grundlagenpapier zu Gender Mainstreaming. Berlin 19.5.2000 (unveröffentlicht)

Sielert, Uwe: Biografische Berührungen mit den Themen Männlichkeit, Jungesein und Jungenarbeit. In: Lotte Rose, Ulrike Schmauch (Hg.): Jungen – die neuen Verlierer? Auf den Spuren eines öffentlichen Stimmungswechsels. Königstein/Taunus 2005, 42–54

Stanislawski, Milly: Karin Walsers Kritik an Beratung und Beraterinnen – ein Gespräch mit Milly Stanislwaski. In: Dagmar Oberlies, Ulrike Schmauch (Hg.): Anstoß nehmen – Anstoß geben. Ein Rückblick auf 30 Jahre feministischer Diskussionen. Gedächtnisschrift für Karin Walser. Königstein/Taunus 2005, 227–231

Stiegler, Barbara: Wie Gender in den Mainstream kommt. Konzepte, Argumente und Praxisbeispiele zur EU-Strategie des Gender Mainstreamings (hrsg. von der Friedrich-Ebert-Stiftung). Bonn 2000

Stiegler, Barbara: Wenn Gender das Mädchen schluckt – Gender Mainstreaming und die Mädchenarbeit. In: Forum Erziehungshilfen 2/2001, 68–73

Stövesand, Sabine: Gewalt im Geschlechterverhältnis. In: Standpunkt: Sozial. Hamburger Forum für Soziale Arbeit 2/2004, 32–40

Straub, Ute: Gender-reflektiertes Management – Überlegungen zum Abschied von einem geschlechtsneutralen Management. In: Joachim König, Christian Oerthel, Hans-Joachim Puch (Hg.): Soziale Arbeit zwischen Ethik, Qualität und leeren Kassen. München 2004, 177–189

Sturzenhecker, Benedikt: Arbeitsprinzipien der Jungenarbeit. In: Benedikt Sturzenhecker, Reinhard Winter (Hg.): Praxis der Jungenarbeit. Modell, Methoden und Erfahrungen in pädagogischen Arbeitsfeldern. Weinheim, München 2002, 37–62

Sturzenhecker, Benedikt; Winter, Reinhard (Hg.): Praxis der Jungenarbeit. Modell, Methoden und Erfahrungen in pädagogischen Arbeitsfeldern. Weinheim, München 2002

Thole, Werner; Wegener, Claudia; Küster, Ernst-Uwe (Hg.): Professionalisierung und Studium. Die hochschulische Qualifikation für die Kinder- und Jugendarbeit. Befunde und Qualifikationen. Wiesbaden 2005

Thürmer-Rohr, Christina: Gleiche unter Gleichen. In: Forum Wissenschaft 2/2001, 34–37

Vogt, Irmgard: Substanzabhängigkeit. In: Christine Gruber, Elfriede Fröschl (Hg.): Gender-Aspekte in der Sozialen Arbeit. Wien 2001, 167–174

Voigt-Kehlenbeck, Corinna: Gleichheit – Differenz – Dekonstruktion. In: Forum für Kinder- und Jugendarbeit 4/2001, 4–15

Walser, Karin: Professionelles Können in der Jugendarbeit. In: Vera King, Burkhard K. Müller (Hg.): Adoleszenz und pädagogische Praxis. Freiburg 2000, 251–268

Walser, Karin: „Es könnte ja nur etwas Drittes sein ...". Margitta Kunert Zier im Gespräch mit Karin Walser über Frauenstudien und Geschlechterforschung. In: Dagmar Oberlies, Ulrike Schmauch (Hg.): Anstoß nehmen – Anstoß geben. Ein Rückblick auf 30 Jahre feministischer Diskussionen. Gedächtnisschrift für Karin Walser. Königstein/Taunus 2005 a (1989), 143–154

Walser, Karin: Was Sozialpädagoginnen über das Geschlechterverhältnis wissen sollten. Plädoyer für eine Integration des „Frauenthemas" ins Allgemeine des Studiengangs Sozialpädagogik. In: Dagmar Oberlies, Ulrike Schmauch (Hg.): Anstoß nehmen – Anstoß geben. Ein Rückblick auf 30 Jahre feministischer Diskussionen. Gedächtnisschrift für Karin Walser. Königstein/Taunus 2005 b (unveröffentlichter Entwurf ohne Datum, ca. 1989/1990), 155–164

Walser, Karin: Die Fährte „Mann" in der Beratungsarbeit mit Frauen In: Dagmar Oberlies, Ulrike Schmauch (Hg.): Anstoß nehmen – Anstoß geben. Ein Rückblick auf 30 Jahre feministischer Diskussionen. Gedächtnisschrift für Karin Walser. Königstein/Taunus 2005 c (1988)., 99–106,

Weber, Monika: Mädchengerechte Kinder- und Jugendhilfe (hrsg. vom Ministerium für Frauen, Jugend, Familie und Gesundheit NRW). Düsseldorf 1999

Willis, Paul: „Profane Culture". Rocker, Hippies: Subversive Stile der Jugendkultur. Frankfurt/M. 1981

Williams, Christine L.: Still a Man's World. Men who do Women's Work. Berkeley, Los Angeles, London 1995

Winter, Reinhard: Blähungen – Mythen – Diskurse. Ein subjektives Statement zum „Arme-Jungen-Thema". In: Lotte Rose, Ulrike Schmauch (Hg.): Jungen – die neuen Verlierer? Auf den Spuren eines öffentlichen Stimmungswechsels. Königstein/Taunus 2005, 78–92

Zahn, Martin: Beratungsstelle: Normal ist, was vorkommt. Eine Jungengruppe in einer Beratungsstelle. In: Benedikt Sturzenhecker, Reinhard Winter (Hg.): Praxis der Jungenarbeit. Modell, Methoden und Erfahrungen in pädagogischen Arbeitsfeldern. Weinheim, München 2002, 81–92

Erziehungsresistent?

»Problemjugendliche« als besondere Herausforderung für die Jugendhilfe
Hrsg. von **Matthias D. Witte** und **Uwe Sander**
2006. 307 Seiten. Kt. ISBN 9783834000804. € 19,80
Grundlagen der Sozialen Arbeit Band 15

Die »Problemjugendlichen«: Bei diesen Heranwachsenden versagen – aufgrund ihres extrem ordnungsstörenden Verhaltens – anscheinend alle Formen der professionellen Hilfe. Die so genannten »Besonders Schwierigen« sind es, die den Rahmen jeder Institution sprengen: Sowohl niedrigschwellige Hilfen wie Streetwork oder Ambulante Intensive Begleitung als auch freiheitsentziehende Maßnahmen in Form von geschlossenen Heimen, Jugendstrafvollzug, Kinder- und Jugendpsychiatrie, Glenn Mills Schools und intensivpädagogischen Auslandsprojekten tun sich schwer mit diesen jungen Menschen.

Mit dem Band **Erziehungsresistent?** *»Problemjugendliche« als besondere Herausforderung für die Jugendhilfe* geben renommierte Wissenschaftler grundlegend und umfassend Einblick in die aktuelle und brisante Thematik »Umgang mit schwierigen Jugendlichen«. In historischer und aktueller, in internationaler, in medientheoretischer und in interdisziplinärer Perspektive wird der Umgang mit »Problemjugendlichen« nachgezeichnet. Alle Autoren des Bandes liefern über eine (selbst-)kritische Reflexion und kontroverse Diskussion neue Impulse für die (durchaus lohnenswerte) Debatte »Was tun mit schwierigen Jugendlichen?«.

Dieser Band wendet sich in besonderem Maße an Studierende und Hochschullehrer, Sozialpädagogen, Sozialarbeiter und Psychologen, die sich im Rahmen ihrer theoretischen , aber auch praktischen Tätigkeit den »Problemjugendlichen« widmen.

Aktivierende Soziale Arbeit

Theorie – Handlungsfelder – Praxis
Hrsg. von **Heinz-Jürgen Dahme** und **Norbert Wohlfahrt**
2005. VI, 182 Seiten. Kt. ISBN 9783896769138. € 18,—
Grundlagen der Sozialen Arbeit Band 12

Der aktuelle Sozialstaatsumbau fordert eine Aktivierende Soziale Arbeit. Ein traditionsreiches Prinzip der Sozialarbeit / Sozialpädagogik wird damit einerseits aufgewertet, andererseits aber auch in einen neuen Kontext gestellt. Soziale Arbeit soll sich zukünftig vermehrt an sozialpolitischen Zielsetzungen orientieren. Für erforderlich gehalten wird auch, dass sich die Soziale Arbeit zukünftig stärker präventiv und wirkungsorientiert aufstellt und sich durch Leistungsmessung legitimiert.

Der vorliegende in der Reihe „Grundlagen der Sozialen Arbeit" erscheinende Band stellt die theoretischen und sozialpolitischen Grundlagen dieser Anforderung dar. Thematisiert werden die Auswirkungen in unterschiedlichen Handlungsfeldern der Sozialen Arbeit und

Folgen und Wirkungen anhand von Praxisbeispielen.

Er bietet damit einen umfassenden Überblick über den gegenwärtigen Stand und Ausbau einer Aktivierenden Sozialen Arbeit.

Schneider Verlag Hohengehren
Wilhelmstr. 13; D-73666 Baltmannsweiler

Gesundheitsbezogene Sozialarbeit
Eine Erkundung der Praxisfelder
Hrsg. von **Karlheinz Ortmann** und **Heiko Waller**
2005. V, 180 Seiten. Kt. ISBN 9783896769541. € 18,—

Mit diesem Buch werden zwei Ziele verfolgt: Zum einen sollen die wichtigsten und bereits etablierten Praxisfelder der „Sozialarbeit im Gesundheitswesen" in Deutschland vorgestellt werden. Zum anderen soll anhand von ausgewählten Beispielen auf die Bedeutung der „Gesundheitsarbeit im Sozialwesen" aufmerksam gemacht werden, eine überaus wichtige und derzeit vielfach noch unterschätzte Entwicklung innerhalb der Sozialarbeit.

Für diese Erkundungen bestehender und potentieller Praxisfelder der gesundheitsbezogenen Sozialarbeit wurden namhafte Autoren gewonnen. Deren Beiträge sollen den Leser sowohl grundlegend über die Praxisfelder informieren als auch einladen, die angesprochenen Themenbereiche zu vertiefen.

Das Buch wendet sich an alle Leser, die sich in kompakter Form über die Handlungsfelder der gesundheitsbezogenen Sozialarbeit informieren möchten, insbesondere aber an Studierende der Sozialarbeit und Sozialpädagogik sowie an Studierende und Angehörige anderer Professionen und Fächer (z. B. Medizin, Psychologie, Pflege, Gesundheitswissenschaft) mit Gesundheitsbezug.

Mit **Beiträgen** von Christiane Deneke, Norbert Gödecker-Geenen, Rainer Hoehne, Hans Günther Homfeldt, Albert Mühlum, Karlheinz Ortmann, Peter Reinicke, Günter Rosenhagen, Karl-Heinz Stange, Gerhard Trabert, Heiko Waller, Heinz Witteriede, Ralf-Bruno Zimmermann

Werkgeschichte(n) der Sozialpädagogik: Klaus Mollenhauer – Hans Thiersch – Hans-Uwe Otto
Der Beitrag der ersten Generation nach 1945 zur universitären Sozialpädagogik. Von **Cornelia Füssenhäuser**
2005. X, 365 Seiten. Kt. ISBN 9783896769794. € 26,—
Grundlagen der Sozialen Arbeit Band 14

Der Begriff Werkgeschichte(n) der Sozialpädagogik bündelt die zentralen Intentionen des Bandes. Charakteristisch für die professionelle wie die disziplinäre Entwicklung der Sozialen Arbeit sind die Prozessualität ihrer Diskurse und die enge Verknüpfung von Theoriegeschichte, Realgeschichte und zeitgeprägten Denkhorizonten.

Die in diesem Band rekonstruierten wissenschaftstheoretischen Zugänge, Diskurse und Praxisbeziehungen von Klaus Mollenhauer, Hans Thiersch und Hans-Uwe Otto zeigen in ihrer „zeitgeistigen" Bezogenheit und ihrem gemeinsamen Interesse an der Konturierung und Entwicklung des Faches je spezifische Denkmuster. Sie werden als drei, unterschiedlich stark ausgearbeitete, aber dennoch eigenständige Theorieentwürfe sichtbar. Ihre Theorieüberlegungen belegen dabei eine Entwicklung der universitären Sozialpädagogik, die sich von der – vordem geisteswissenschaftlichen Hoffnung – auf eine „pädagogische Autonomie" endgültig verabschiedet hat, die Disziplin sozialwissenschaftlich geöffnet und unter Beibehaltung der erziehungswissenschaftlichen Fundierung neu konturiert hat.

Schneider Verlag Hohengehren
Wilhelmstr. 13; D-73666 Baltmannsweiler